W0277106

Elsbeth Bihler

Du hast uns eingeladen

Elsbeth Bihler

Du hast uns eingeladen

Wortgottesdienste mit Kindern
Lesejahr B

Lahn-Verlag Limburg

Die Deutsche Bibliothek – CIP-Einheitsaufnahme

Bihler, Elsbeth:
Du hast uns eingeladen : Wortgottesdienste mit Kindern /
Elsbeth Bihler. – Limburg : Lahn-Verl.
Lesejahr B. – 1999
ISBN 3-7840-3176-5

Wir danken den Autorinnen und Autoren sowie den Verlagen
für die uns freundlicherweise erteilten Abdruckgenehmigungen.

Trotz sorgfältiger Recherche konnten wir nicht alle Rechteinhaber ermitteln.
Wir bitten ggf. um Benachrichtigung.

Gedruckt auf chlorfrei gebleichtem, umweltfreundlichem Papier.

© 1999 Lahn-Verlag, Limburg
Lektorat: Anne Voorhoeve
Umschlaggestaltung: Theo Rosenfeld, Limburg
Zeichnungen: Gisa Gericke, Wiesbaden
Notensatz: Nikolaus Veeser, Schallstadt
Satz und Litho: Schröder Media, Dernbach
Druck und Bindung: Friedrich Pustet, Regensburg
Printed in Germany
Abdruck, auch auszugsweise, nur mit Genehmigung des Verlags.

ISBN 3-7840-3176-5

Vorwort

In vielen Gemeinden ist es sonntags üblich, einen Wortgottesdienst für Kinder parallel zum Wortgottesdienst in der Eucharistiefeier der Erwachsenen zu feiern. Diese Wortgottesdienste sollen die Mitfeier der Eucharistie nicht ersetzen, sondern eine Hinführung zur Heiligen Messe sein.

Die Erfahrung lehrt, dass es schwierig ist, Kindern unterschiedlicher Altersstufen dieselben Texte, Materialien, Aktionen usw. anzubieten. Diese Buchreihe macht deshalb Vorschläge für die unterschiedlichen Altersgruppen: Kindergartenkinder (ca. 3–6 Jahre), Grundschulkinder (ca. 7–10 Jahre) und ältere Schulkinder (ca. 11–13 Jahre).

Für jeden Sonntag der Lesejahre A, B und C sind 4 Seiten vorgesehen. Auf der ersten Seite finden sich ein Erzählvorschlag zum Schrifttext des jeweiligen Sonntags, ein Bild zum Ausmalen, Anregungen zur Gestaltung der Mitte (soweit für alle Gruppen gleich) und Liedvorschläge für die verschiedenen Altersgruppen. Bei der Auswahl der biblischen Texte ist jeweils Bezug genommen auf die Texte der entsprechenden Sonntage im Kirchenjahr. Dabei kann es sich entweder um eine der Lesungen oder das Sonntagsevangelium handeln. Auf den folgenden drei Seiten sind Gebetsvorschläge, Stilleübungen, Aktionen und Geschichten zum entsprechenden Thema für jede Altersgruppe enthalten.

Mit dieser Buchreihe, deren 2. Band zum Lesejahr B hier vorliegt, möchte ich den vielen ehrenamtlichen Mitarbeiterinnen und Mitarbeitern danken, die sich Woche für Woche um die Hinführung der Kinder zum Gottesdienst bemühen.

Elsbeth Bihler

Einführung

Bei einem Wortgottesdienst parallel zur Messe am Sonntag handelt es sich nicht um bloße Kinderbetreuung. Die Kinder sollen vielmehr Teile des Wortgottesdienstes besser verstehen lernen, die Frohe Botschaft des Sonntags auf ihre Weise verinnerlichen oder ihr Ausdruck geben.
Das heißt, mit den Kindern wird 20 bis 30 Minuten lang ein kleiner Gottesdienst gefeiert, in dem Lieder, Gebet und Verkündigung des Wortes Gottes einen festen Platz haben.

Gottesdienstraum
Der Wortgottesdienst für Kinder sollte in einem Raum gefeiert werden, der möglichst dicht am Kirchenraum liegt (ideal ist es, wenn er in den Kirchenraum integriert werden kann). Er sollte eine gottesdienstliche Atmosphäre ermöglichen, z. B. durch eine Sitzordnung im Kreis, bei der man die Mitte mit Kerzen, Blumen oder thematisch gestalten kann. Ein Kreuz, das von allen gesehen werden kann, sollte auch nicht fehlen.

Dauer des Gottesdienstes
Der Kinderwortgottesdienst sollte 20 bis 30 Minuten nicht überschreiten, damit die Kinder zur Gabenbereitung wieder in der Kirche sind und evtl. nach den Fürbitten der Gemeinde kurz von ihrem Gottesdienst berichten können. Ist das aus zeitlichen Gründen nicht möglich, kann dieser Bericht auch vor dem Segen am Schluss der Messe gegeben werden.

Ablauf
Der Wortgottesdienst sollte einem festen Ritus folgen. Zu Beginn der Messe werden die Kinder eingeladen, in ihren Gottesdienstraum zu gehen. In manchen Gemeinden werden sie auch von den Messdiener(inne)n dorthin geführt und später wieder abgeholt. Nachdem alle im Gottesdienstraum Platz gefunden haben, kann der Ablauf so erfolgen:

- Entzünden der Kerze
- Begrüßung
- Kreuzzeichen
- Lied
- Still werden
- Gebet
- Schrifttext
- Auslegung: Gespräch / Bildbetrachtung / Geschichte / Freies Gebet / Bild ausmalen oder Aktion.

Wenn gebastelt oder gemalt werden soll, dies aber aus zeitlichen Gründen nicht mehr möglich ist , kann das Material den Kindern auch mit nach Hause gegeben werden.

Zum Aufbau dieses Buches
Die Vorschläge für die einzelnen Sonntage im Jahreskreis umfassen jeweils 4 Seiten:

1. Schriftstellen des Sonntags / Erzählvorschlag zu einem dieser Texte / Gestaltung der Mitte (falls für alle Altersgruppen gleich) / Liedvorschläge / Bild zum Text.
2. Elemente für 3–6-Jährige (Gebet / Lied / Geschichte / Stilleübung / Aktion o. Ä.)
3. Elemente für 7–10-Jährige (Gebet / Lied / Geschichte / Stilleübung / Aktion o. Ä.)
4. Elemente für 11–13-Jährige (Gebet / Lied / Geschichte / Stilleübung / Aktion o. Ä.)

Es handelt sich bei den Vorschlägen um einzelne Elemente, nicht um eine konkrete Reihenfolge des Gottesdienstes. Die Reihenfolge und Auswahl der einzelnen Elemente sollte von dem/der Gottesdienstleiter/in in Anlehnung an das obige Schema vorgenommen werden.

Die Liedvorschläge sind, soweit nicht anders benannt, dem »Schwerter Liederbuch« (SL) entnommen. Es ist zu beziehen bei: BDKJ-Verlag, Domplatz 11, 33098 Paderborn. Die meisten Lieder sind aber auch in anderen gängigen Liederbüchern mit neuem geistlichen Liedgut zu finden.

1. Adventssonntag

Schriftstellen: Jes 63,16b–17.19b; 64,3–7 / 1 Kor 1,3–9 / Mk 13,33–37

Schriftlesung: Nach Mk 13,33–37

Jesus sagte zu seinen Freunden: »Es ist nicht einfach, so zu leben, wie Gott es will. Irgendwann kommt Gott wieder in die Welt. Dann soll er euch wachsam finden! Seht euch also vor und bleibt wach! Denn ihr wisst nicht, wann die Zeit da ist.

Es ist wie mit einem Mann, der sein Haus verließ, um auf Reisen zu gehen. Er sagte seinen Dienern: ›Ihr müsst jetzt mein Haus bewachen und für alles sorgen.‹ Jedem Diener gab er eine bestimmte Aufgabe. Der Gärtner musste den Garten pflegen, andere mussten im Haus Ordnung halten. Dem Türhüter befahl er, wachsam zu sein und keine bösen Leute ins Haus zu lassen. Er sagte zu den Dienern: ›Seid also wachsam! Denn ihr wisst nicht, wann ich, der Hausherr, wiederkomme: ob am Abend oder um Mitternacht, ob beim Hahnenschrei oder erst am Morgen. Er soll euch, wenn er plötzlich kommt, nicht schlafend antreffen.‹«

Und Jesus sagte: »Was für die Diener gilt, das sage ich euch allen: Seid wachsam! Öffnet eure Augen, eure Ohren und eure Herzen, damit ihr erkennen könnt, wann Gott kommt.«

Thematische Stichworte

Wachsam sein / Türhüter / Tür / Adventskalender / Türen an uns

Liedvorschläge für die Altersgruppen

3–13: Seht, die gute Zeit ist nah (SL 108)
Macht hoch die Tür (SL 121)
Andere Adventslieder

Gestaltung der Mitte

Ein Adventskalender mit vielen kleinen Türchen auf einem Tuch

Ausmalvorlage

3 bis 6 Jahre

Gebet
Guter Gott, du willst zu uns
in die Welt kommen.
Wir müssen alle unsere Türen
weit aufmachen,
damit du auch zu uns kommst.
Hilf uns dabei. Amen.

Schriftlesung

Stilleübung: Türen an uns
L spricht:
In der Mitte sehen wir einen Adventskalender. Jeden Tag öffnen wir jetzt im Advent ein Türchen. Wenn alle Türchen auf sind, dann ist Weihnachten.
Dann ist Jesus geboren.
Dann kommt Gott in die Welt.

Wir haben auch Türen an uns,
die wir für Gott öffnen können.
Wir wollen diese Türen jetzt entdecken.

Eine Tür an uns ist das Ohr.
Wir schließen einen Moment die Augen.
Wir hören auf alles, was um uns ist.
Gott, damit du zu uns kommen kannst,
öffnen wir unsere Ohren,
damit wir hören, was du uns sagen willst
durch die Menschen, mit denen wir leben.

Eine andere Tür ist das Auge.
Wir öffnen die Augen und schauen uns um.
Wir sehen die Gesichter der Kinder
und der großen Leute um uns herum.
Wir schauen sie uns gut an.
In jedem Gesicht können wir
dich sehen, Gott.
Wir können sehen,
ob die Menschen fröhlich oder traurig sind.

Eine andere Tür ist der Mund.
Mit dem Mund können wir
anderen Menschen von Dir erzählen, Gott.
Mit dem Mund können wir anderen gute Worte sagen.

Die wichtigste Tür, durch die wir dich hereinlassen können, ist das Herz.
Werden wir einmal ganz still
und spüren unser Herz.
Es klopft in unserem Körper.
Wir spüren es aber auch,
wenn wir andere sehr lieb haben.
Gott, wir möchten dich lieb haben, damit du in unserem Herzen wohnen kannst.

Hinweis
Diese Stilleübung kann auch mit den 7–10-Jährigen durchgeführt, das Lied auf der folgenden Seite auch mit den 3–6-jährigen Kindern gesungen werden.
Für diese Altersgruppe sollte der Tanzvorschlag vereinfacht werden, indem je nach Größe der Gruppe zwei Kinder ein Tor bilden, durch das 10 Kinder hindurchgehen können.
Nach der Stilleübung können die Kinder aber auch die »Türen an uns« malen (siehe Seite 11).

7 bis 10 Jahre

Gebet

Guter Gott, du möchtest,
dass wir bereit sind,
wenn du zu uns kommen willst.
Hilf uns, unsere Türen weit zu öffnen,
damit du kommen kannst. Amen.

Schriftlesung

Lied und Spiel: Macht die Türen auf

2. Tritt herein, tritt herein,
   schau das Wunder an,
   wie ein Kind, wie ein Kind
   uns verwandeln kann.

3. Jesus kommt, Jesus kommt,
   lädt zum Frieden ein.
   Lass den Streit, lass den Streit,
   es darf Weihnacht sein.

T: Wolfgang Longardt M: Detlev Jöcker
Aus: Hört ihr alle Glocken läuten
Rechte: Menschenkinder Verlag, Münster

Tanzvorschlag

Aufstellung paarweise in einer Reihe. Die Partner/innen stehen sich gegenüber und reichen sich die Hände.

Takt 1–4: Die Ersten der Reihe beginnen, die Arme zu heben und ein Tor zu bilden. Alle anderen machen es auch.

Takt 5–6: Die Handfassung wird gelöst, die Arme nach oben gehoben und geöffnet.

Takt 7–8: Die Partner reichen sich wieder die Hände und bilden ein Tor.

Refrain: Die Letzten beginnen und gehen durch das Tor, die anderen folgen. Am Ende der Reihe bilden sie wieder ein Tor usw.

11 bis 13 Jahre

Gebet
Guter Gott, jetzt im Advent bereiten wir uns
auf das Kommen deines Sohnes
Jesus Christus vor.
Wir singen »Macht hoch die Tür«.
Hilf uns, dass wir unsere Türen
für dich öffnen
und aufmerksam sind für alles,
was um uns herum geschieht. Amen.

Schriftlesung

Stilleübung: Türen an uns
In der Mitte liegen vier Bilder, jeweils eins von Auge, Ohr, Mund und Herz. L spricht:
In der Mitte sehen wir Darstellungen der Türen, die wir ständig mit uns herumtragen.

Ob wir froh oder traurig,
glücklich oder unzufrieden sind,
hängt auch von unserer Fähigkeit ab,
diese Türen sinnvoll zu öffnen
und zu schließen.
Wir wollen diesen Möglichkeiten nachgehen.

Da ist das Ohr.
Hören wir den Rat der Menschen?
Hören wir die Not hinter den Worten der Anderen?
Können wir die Ohren verschließen,
wenn wir ganz bei uns sein wollen?
Hören wir die Schönheit der Stimmen?
Hören wir die Schönheit der Musik?

Da ist das Auge.
Sehen wir, was um uns herum vorgeht?
Sehen wir die Schönheit der Natur?
Sehen wir die anderen Menschen
oder sehen wir durch sie hindurch?
Sehen wir die Not der Menschen
oder verschließen wir davor unsere Augen?

Da ist der Mund.
Wissen wir zu entscheiden,
wann wir sprechen
und wann wir schweigen sollten?
Öffnen wir den Mund,
um anderen Gutes zu sagen?
Öffnen wir den Mund,
um andere zu verletzen?
Sprechen wir aus, wenn wir bemerken,
dass Ungerechtigkeit geschieht?

Da ist das Herz.
Die Tür zu unserem Innersten.
Wem öffnen wir diese Tür?
Wen lassen wir bewusst davor stehen?
Wie weit sind wir bereit, diese Tür aufzutun?

Türen an uns
Material: DIN A4-Papier, ein großer Bogen Papier, Buntstifte, Klebstoff
Die vier »Türen« Auge, Ohr, Mund und Herz werden jeweils auf ein DIN A4-Papier gemalt. Die vier gemalten Bilder werden auf einen großen Bogen Papier geklebt. Um jedes Bild wird eine Tür gezeichnet. Um die Tür herum schreiben die Kinder, wie sie in der Adventszeit diese Tür öffnen können, damit Jesus kommen kann.

2. Adventssonntag

Schriftstellen: Jes 40,1–5.9–11 / 2 Petr 3,8–14 / Mk 1,1–8

Schriftlesung: Nach Jes 40,1–11

In der Zeit, als die Menschen im Volk Israel in Not waren, sprach Gott ihnen Mut zu. Er schickte ihnen Propheten, die in seinem Namen redeten. Einer von ihnen war Jesaja. Jesaja sagte zu den Menschen:

»›Tröstet, tröstet mein Volk‹, spricht euer Gott. ›Sagt den Menschen in der Stadt Jerusalem, dass sie nicht mehr leiden müssen. Sie müssen nicht mehr wie die Sklaven arbeiten. Alle ihre Sünden sind vergeben, es lastet keine Schuld mehr auf ihnen.‹

Jetzt ruft euch eine Stimme zu: ›Bahnt für den Herrn einen Weg durch die Wüste! Baut in der Steppe eine ebene Straße für unseren Gott! Jedes Tal soll sich heben, jeder Berg und Hügel sich senken. Was krumm ist, soll gerade werden, und was hüglig ist, werde eben. Dann werden alle Menschen Gott in seiner Herrlichkeit sehen.‹

Eine Stimme sagte zu mir: ›Verkünde!‹ Ich fragte: ›Was soll ich verkünden?‹

›Alles, was auf der Erde lebt ist wie das Gras, und all seine Schönheit ist wie die Blume auf dem Feld. Das Gras verdorrt, die Blume verwelkt, wenn der Atem des Herrn darüberweht. Das Gras verdorrt, die Blume verwelkt, doch das Wort unseres Gottes bleibt in Ewigkeit. Steig auf einen hohen Berg, Zion, du Botin der Freude! Erheb deine Stimme mit Macht, Jerusalem, du Botin der Freude! Erheb deine Stimme, fürchte dich nicht! Sag den Städten in Juda: Seht, da ist euer Gott.

Seht, Gott der Herr kommt mit Macht, er herrscht mit starkem Arm. Seht, er bringt seinen Siegespreis mit: Alle, die er gewonnen hat, gehen vor ihm her.

Wie ein Hirt führt er seine Herde zur Weide, er sammelt sie mit starker Hand. Die Lämmer trägt er auf dem Arm, die Mutterschafe führt er behutsam.‹«

Thematische Stichworte

Trost / Weg / Hirte und Schafe / Frohe Botschaft

Liedvorschläge für die Altersgruppen

3–6: Seht, die gute Zeit ist nah (SL 108)
Tragt in die Welt (SL 112)

7–10: Warten auf Gottes Sohn (S. 22)
Werde still und staune (S. 33)

11–13: Volk in der Wüste (SL 114)
Alle Völker warten (SL 109)
Menschen auf dem Weg (SL 113)

Gestaltung der Mitte

Tücher als Weg legen, Blumen, Hirte und Schafe auf den Wege stellen bzw. legen

Ausmalvorlage

3 bis 6 Jahre

Gebet
Guter Gott, wenn wir traurig sind
brauchen wir jemanden, der uns tröstet.
Oft trösten uns Mama und Papa
oder ein guter Freund.
Du willst auch nicht, dass wir traurig sind.
Du willst uns trösten.
Danke, Gott. Amen.

Schriftlesung
In Auswahl: Abschnitt 1–2 und den letzten Abschnitt der Lesung.

Stilleübung: Trösten
L spricht:
Wir werden einmal ganz still. Wir schließen die Augen.Wir überlegen: Wie war das, als ich einmal ganz traurig war? Vielleicht habe ich geweint. Vielleicht war da jemand, der hat mich in den Arm genommen, jemand hat mir über den Kopf gestreichelt.
Dann war es besser.
Du willst uns auch trösten, Gott.
Jesaja sagt: Du tröstest uns
wie ein guter Hirt,
der die kleinen Schafe
auf seinen Armen trägt.
Wie ein Hirte, der dafür sorgt,
dass es den Schafen gut geht.

Leise Musik einspielen.

Schäfchen und Hirten basteln
Aus Toilettenpapierrollen und Tonpapier werden Hirte und Schäfchen gebastelt.

Hirte

Hut: An der Kerbe den Kreis einschneiden, die Enden zusammenkleben und auf dem Hirten befestigen.

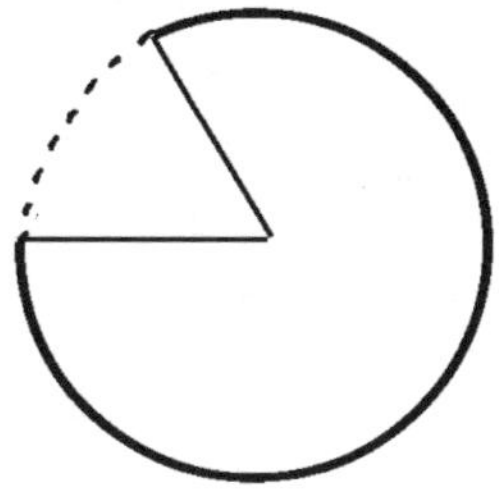

Schaf (evtl. den Körper mit Watte bekleben)

7 bis 10 Jahre

Gebet
Guter Gott, du möchtest, dass wir froh sind.- Du möchtest, dass wir getröstet werden.Du umsorgst uns, wie ein Hirte seine Schafe umsorgt.Danke, Gott, dass du da bist. Amen.

Schriftlesung
Den Schwerpunkt auf die ersten beiden und den letzten Abschnitt legen.

Spielszene: Hirten im Dunkel der Nacht
Die Hirten sitzen um ein Feuer. Sie schweigen. Ein Hirtenjunge kommt hinzu. Er wirft die Hirtentasche mit Brot den anderen zu.
Andreas: Da ist das Brot! Aber das nächste Mal kann es ein anderer holen.
Thomas: Warum so ärgerlich, Andreas?
Daniel: Man könnte meinen, die Leute hätten dich verprügelt.
Andreas: Viel schlimmer!
Tobias: Was wird das schon sein? Es ist doch immer wieder dasselbe. Die feinen Leute im Dorf essen gern das Fleisch unserer Lämmer und machen ihre Kleider aus der Wolle unserer Schafe. Aber mit uns will keiner was zu tun haben. Sie gehen uns aus dem Weg, als wären wir Stinktiere.
Andreas: Genau so war's! Also, ich kam gerade in die enge Gasse von Betlehem, da stürzte mir eine Horde Kinder entgegen. Plötzlich stoppten sie, sahen mich erschrocken an, und einer rief ganz laut: »Ein Stinktier!«, und die anderen hielten sich die Nase zu.
Tobias: Das hast du dir gefallen lassen?
Andreas: Noch eh' ich mit meinem Hirtenstab ausholen konnte, um ihnen eine Tracht Prügel zu geben, hatten die sich in den Häusern versteckt. Ein alter Mann streckte den Kopf zur Tür heraus und sagte: »Kinder, das habt ihr gut gemacht. Hütet euch vor den Hirten. Die sind nicht ehrlich – und am Sabbat laufen sie auf den Feldern herum.«
Tobias: Dem hätte ich eins auf seine freche Klappe gehauen, dass ihm Hören und Sehen vergeht.
Daniel: Erinnerst du dich denn nicht mehr, wie sie dich neulich verprügelt haben? Es hat keinen Zweck, sich auf Streit mit den Leuten aus dem Dorf einzulassen.
Tobias: Du hast Recht. Niemand hält zu uns. Wir stehen im Dunkeln und sind ganz allein.
Thomas: Neulich erzählte einer, dass der Messias bald kommen soll. Wenn der Messias so einer wäre wie König David, der könnte uns helfen. Schließlich war König David auch ein Hirte wie wir, ehe er zum König gesalbt wurde.
Andreas: Der Messias soll ja auch aus Betlehem kommen.
Thomas: Ich glaube fest daran, dass Gott uns einen Messias schickt. Wir sollten ihn darum bitten.
Daniel: Du hast Recht. Beten wir!
Alle: Wie lange noch, Herr, vergisst du uns ganz? Wie lange noch müssen wir in unseren Herzen Kummer tragen? Wann sendest du deinen Verheißenen, der uns rettet?
Ein Schriftgelehrter stellt sich dazu.
Schriftgelehrter: Was die da vom Messias reden, ist alles dummes Zeug. Ich kenne die Schrift und weiß besser, was Gott verheißen hat. Wer das Gesetz und die Vorschriften beachtet, wie wir es tun, zu dem wird der Messias kommen. Aber dieses Hirtenpack, diese Rumtreiber und Gauner kennen kein Gesetz. Die sind zu dumm zum Lesen und zu dreckig für die Synagoge. Die werden den Messias nie sehen!

Paul Bonk

Aus: Paul Bonk, Mit unseren Kindern auf dem Weg zur Krippe, Kösel Verlag München

Gespräch
Wie war es wirklich? Wer hat Recht behalten?

11 bis 13 Jahre

Gebet
Guter Gott, wir warten auf dein Kommen.
Wie die Menschen im alten Israel brauchen wir deinen Trost.
Lass uns jetzt aufmerksam dein Wort hören und hilf uns, es weiterzusagen. Amen.

Schriftlesung mit Gestaltung

Gespräch
Wie wird Gott hier dargestellt? Welches der angebotenen Bilder gefällt dir am besten? Warum?

In der Zeit, als die Menschen im Volk Israel in Not waren, sprach Gott ihnen Mut zu. Er schickte ihnen Propheten, die in seinem Namen redeten. Einer von ihnen war Jesaja.	*Ein großes schwarzes Tuch wird in der Mitte ausgebreitet.*
Jesaja sagte zu den Menschen: Tröstet, tröstet mein Volk, spricht euer Gott.	*Eine brennende Kerze wird in die Mitte des Tuches gestellt.*
Sagt den Menschen in der Stadt Jerusalem, dass sie nicht mehr leiden müssen. Sie müssen nicht mehr wie die Sklaven arbeiten. Alle ihre Sünden sind vergeben.	*Aus Bauklötzen wird auf dem schwarzen Tuch eine Stadtmauer errichtet, in die Mitte kommen einige Bauklötze als Häuser.*
Jetzt ruft euch eine Stimme zu: Bahnt für den Herrn einen Weg durch die Wüste! Baut in der Steppe eine ebene Straße für unseren Gott! Jedes Tal soll sich heben, jeder Berg und Hügel sich senken. Was krumm ist, soll gerade werden, und was hüglig ist, werde eben. Dann werden alle Menschen Gott in seiner Herrlichkeit sehen.	*Aus Kieselsteinen wird um die Kerze herum auf das Tuch ein Weg gelegt.*
Eine Stimme sagte zu mir: Verkünde! Ich fragte: Was soll ich verkünden?	*Eine Bibel wird auf den Weg gelegt.*
Alles, was auf der Erde lebt ist wie das Gras, und all seine Schönheit ist wie die Blume auf dem Feld. Das Gras verdorrt, die Blume verwelkt, wenn der Atem des Herrn darüberweht. Das Gras verdorrt, die Blume verwelkt, doch das Wort unseres Gottes bleibt in Ewigkeit.	*Blumen und Gräser werden auf den Weg gelegt.*
Steig auf einen hohen Berg, Zion, du Botin der Freude! Erheb deine Stimme, fürchte dich nicht! Sag den Städten in Juda: Seht, da ist euer Gott. Seht, Gott der Herr kommt mit Macht, er herrscht mit starkem Arm. Alle, die er gewonnen hat, gehen vor ihm her.	*Am Ende des Weges wird ein kleiner Berg aus größeren Kieselsteinen errichtet. Die Kerze wird dazugestellt, darum herum viele Spielfiguren von Gesellschaftsspielen.*
Wie ein Hirt führt er seine Herde zur Weide, er sammelt sie mit starker Hand. Die Lämmer trägt er auf dem Arm, die Mutterschafe führt er behutsam.	*Ein Hirte mit Schafen wird auf den Weg gestellt.*

3. Adventssonntag

Schriftstellen: Jes 61,1–2a.10–11 / 1 Thess 5,16–24 / Joh 1,6–8.19–28

Schriftlesung: Nach Jes 61,1–2a.10–11

Jesaja, der Prophet, erzählte den Menschen von Gott und von dem, den Gott senden wird. Wir wissen, dass es Jesus ist, der in unsere Welt kommt. Von dem Gesandten Gottes sagt Jesaja: »Der Geist Gottes, des Herrn, ruht auf mir, denn der Herr hat mich gesegnet. Er hat mich gesandt, damit ich den Armen eine frohe Botschaft bringe und alle heile, deren Herz zerbrochen ist, damit ich den Gefangenen die Entlassung verkünde und den Gefesselten die Befreiung, damit ich ein Gnadenjahr des Herrn ausrufe. Von Herzen will ich mich freuen über den Herrn. Meine Seele soll jubeln über meinen Gott. Denn er kleidet mich in Gewänder des Heils, er hüllt mich in den Mantel der Gerechtigkeit, wie ein Bräutigam sich festlich schmückt und wie eine Braut ihren Schmuck anlegt.
Denn wie die Erde die Saat wachsen lässt und der Garten die Pflanzen hervorbringt, so bringt Gott, der Herr, Gerechtigkeit hervor und Ruhm vor allen Völkern.«

Thematische Stichworte

Frohe Botschaft für die Armen / Freude und Jubel / Gewänder des Heils / Braut und Bräutigam / Garten und Pflanzen

Liedvorschläge für die Altersgruppen

3–6: Seht die gute Zeit ist nah (SL 108)
Ich habe Freude zu verschenken (Du hast uns eingeladen, Lesejahr A, Seite 49)
3–10: Im Advent, im Advent (SL 110)
7–10: Warten auf Gottes Sohn (S. 22)
Lasst euch anstiften zur Freude (S. 18)
11–13: Kleines Senfkorn Hoffnung (SL 269)
Andere Adventslieder

Gestaltung der Mitte

Ein Adventskranz auf einem lila Tuch, daneben evtl. ein Stück Schnur (= Fessel) und eine Bibel (= frohe Botschaft)

Ausmalvorlage

3 bis 6 Jahre

Gebet
Guter Gott, wir freuen uns auf Weihnachten.
Du kommst zu uns.
Du möchtest, dass sich alle darüber freuen.
Hilf ihnen dabei. Amen.

Sternenlichter und Blumen basteln
Schablonen von Sternen und Blumen werden vorher angefertigt, dann schneidet jedes Kind sich einen Stern und/oder eine Blume aus (so weit vorgefertigt wie möglich). Auf den Stern wird ein Teelicht geklebt.

Gestaltung der Schriftlesung
Material: Tonpapier, rotes Tuch, dicke Kerze und Streichhölzer, Schnur in kleinen Stücken, Scheren, Teelichter, Klebstoff, bunte Tücher

Text:	***Gestaltung:***
Jesaja erzählt von dem, der von Gott kommt. Später sagen die Menschen: Jesus kommt in die Welt. Er kommt von Gott.	*In der Mitte liegt ein rotes Tuch, darauf wird eine brennende Kerze gestellt.*
Jesaja sagt von ihm: Durch ihn sollen alle Menschen froh und glücklich werden. Die Armen sollen sich freuen.	*Viele Sternenlichter werden um die dicke Kerze herumgestellt.*
Gefangene und Gefesselte sollen befreit werden.	*Kleine Stückchen Schnur werden zwischen die Teelichter gestellt.*
Ich will mich freuen über den Herrn und Loblieder für Gott singen.	*Die erste Strophe des Liedes »Ich habe Freude zu verschenken« wird miteinander gesungen.*
Es ist, als ob Gott mir wunderschöne Kleider anzieht und mich schmückt wie eine Braut oder einen Bräutigam.	*Bunte Tücher werden um die bisher entstandene Mitte gelegt.*
So, wie Gott die Blumen und Pflanzen wachsen lässt, so soll die Freude wachsen.	*Gebastelte Blumen werden in die bunten Tücher am Rande gelegt.*

7 bis 10 Jahre

Gebet
Guter Gott, wir freuen uns
auf dein Kommen.
Du möchtest, dass wir
diese Freude weiterschenken.
Hilf uns dabei. Amen.

Tanzbeschreibung
(siehe Seite 19)

Schriftlesung

Lied: Lass euch anstiften zur Freude

2. Lasst euch anstiften zur Hoffnung!
   Lasst uns Hoffnungsstifter sein!
   Und es finden hier und heute
   viele Leute wieder Hoffnung,
   und kein Mensch ist mehr allein,
   denn Gott selbst wird bei uns sein.

3. Lasst euch anstiften zum Frieden!
   Lasst uns Friedensstifter sein!
   Und es finden hier und heute
   viele Leute wieder Frieden,
   und kein Mensch ist mehr allein,
   denn Gott selbst wird bei uns sein.

4. Stiftet an mit hellem Leuchten!
   Tragt es in die Welt hinein.
   Als das Kind im Stall geboren,
   so verloren, kam ein Leuchten
   mit ihm in die Welt herein,
   denn Gott selbst wird bei uns sein.

5. Lasst euch anstiften zur Liebe,
   denn damit findet Frieden statt.
   Weil im Stall das Kind, das kleine,
   ganz alleine zu der Liebe
   alle angestiftet hat.
   Und so findet Frieden statt.

T: Rolf Krenzer M: Detlev Jöcker Aus: Weihnachten ist nicht mehr weit Rechte: Menschenkinder Verlag, Münster

11 bis 13 Jahre

Gebet
Guter Gott, du möchtest,
dass alle Menschen froh werden.
Deshalb hast du uns deinen Sohn
Jesus Christus, den Erlöser, gesandt.
Im Advent bereiten wir uns darauf vor,
sein Kommen immer besser zu verstehen,
damit auch unser Leben voll Freude wird.
Amen.

Schriftlesung

Fürbitten-Collage
In die Mitte eines großen Bogens Papier wird eine Schriftrolle gezeichnet mit dem ersten Abschnitt des Jesajatextes. Darum herum werden Sprechblasen angelegt. Im Gespräch wird erarbeitet, wer der frohen Botschaft und der Befreiung besonders bedarf. Aus diesem Gespräch werden in kleinen Gruppen Fürbitten formuliert, die dann in die Sprechblasen übertragen werden. Falls man Zeitschriften hat, können auch Fotos von Betroffenen ausgeschnitten und in die Sprechblasen geklebt werden. Anschließend werden die Fürbitten mit einem »Herr, erbarme dich«-Antwortruf gemeinsam gebetet.

Lied: Lasst euch anstiften zur Freude
(siehe Seite 18)
Aufstellung im Kreis um einen Adventskranz, die Hände zum Kreis durchgefasst.

Takt 1–2:	Mit kleinen Schritten in die Mitte gehen, dabei die durchgefassten Arme heben.
Takt 3–4:	Wieder nach außen gehen, dabei die Arme senken.
Takt 5–8:	Rechts herum im Kreis gehen.
Takt 9–12:	Die Handfassung lösen, jeder dreht sich um sich selbst rechts herum, dabei die Arme heben.
Refrain:	Die Hände wieder zum Kreis fassen, dann rechts herum hüpfen (oder Seitgalopp). Bei der Wiederholung links herum hüpfen (oder Seitgalopp).

4. Adventssonntag

Schriftstellen: 2 Sam 7,1–5.8b–12.14a.16 / Röm 16,25–27/ Lk 1,26–38

Schriftlesung: Nach Lk 1,26–38

Maria lebte in der Stadt Nazaret. Sie war mit Josef verlobt und wollte ihn heiraten. Gott sandte seinen Engel Gabriel zu ihr.
Der Engel trat bei ihr ein und sagte: »Sei gegrüßt, Maria, der Herr ist mit dir.«
Maria erschrak über die Anrede und überlegte, was dieser Gruß zu bedeuten habe.
Da sagte der Engel zu ihr: »Fürchte dich nicht, Maria, denn du hast bei Gott Gnade gefunden. Du wirst ein Kind empfangen, einen Sohn wirst du zur Welt bringen. Du sollst ihm den Namen Jesus geben. Er wird groß sein und König genannt werden.«
Maria sagte zu dem Engel: »Wie soll das geschehen, da ich mit keinem Mann zusammen bin?«
Der Engel antwortete ihr: »Der Heilige Geist wird über dich kommen, und die Kraft Gottes wird dich überschatten. Deshalb wird auch das Kind heilig und Sohn Gottes genannt werden. Auch Elisabet, deine Verwandte, hat noch in ihrem Alter einen Sohn empfangen; obwohl sie als unfruchtbar galt, ist sie jetzt schon im sechsten Monat schwanger. Denn für Gott ist nichts unmöglich.«
Da sagte Maria: »Ich bin die Magd des Herrn; es soll so geschehen, wie du es gesagt hast.«
Danach verließ sie der Engel.

Thematische Stichworte

Engel – Boten Gottes / Fürchte dich nicht / Gegrüßet seist du Maria / Advent heißt Ankunft

Liedvorschläge für die Altersgruppen

3–6: Wenn unsre Kerze brennt (SL 115)
3–10: Im Advent, im Advent (SL 110)
7–10: Werde still und staune (S. 33)
3–13: Warten auf Gottes Sohn (S. 22)
11–13: Mädchen du in Israel (SL 174)

Gestaltung der Mitte

Das Bild der Verkündigung in der Mitte auf einem Tuch, oder aus Krippenfiguren die Geschichte »Ein Engel kommt zu Maria« nachstellen

Ausmalvorlage

3 bis 6 Jahre

Gebet

Guter Gott,
du bist so groß und machst dich ganz klein.
Du sprichst zu uns durch Menschen.
Die Bibel nennt deine Boten auch Engel.
So hast du Maria gesagt,
dass sie die Mutter Jesu wird.
Danke, dass du kommst. Amen.

Schriftlesung

Gespräch

Engel – was sind das? (Boten Gottes, Menschen, die gut zu uns sind und durch die Gott mit uns spricht.)

Maria und Engel basteln

Material: Pfeifenputzer, Filzstoff in weiß, gelb, blau und rot, Wattekügelchen

Den Filzstoff entsprechend vorher zuschneiden. Jedes Kind bastelt nur eine Figur. Maria bekommt ein blaues, der Engel ein weißes Gewand.

Einen Pfeifenputzer so um den Senkrechten wickeln, dass zu beiden Seiten gleich lange Arme entstehen. Einen Pfeifenputzer in der Mitte knicken, den Senkrechten um die Mitte wickeln, so dass zwei gleich lange Beine entstehen.

Gewand über die Figur ziehen, dann seitlich zusammenkleben. Wattekugel als Kopf aufstecken.

Die Geschichte mit den gebastelten Figuren noch einmal lesen und nachspielen.

7 bis 10 Jahre

Gebet
Guter Gott, Advent heißt Ankunft.
Du willst zu uns kommen,
so wie du zu Maria gekommen bist.
Wir bitten dich, mach unsere Herzen weit,
damit sie dich aufnehmen können. Amen.

Schriftlesung

Geschichte: Advent heißt Ankunft
Sarah ist in der Kirche. Sie steht vor einem schönen Bild. Maria ist darauf zu sehen und der Engel. Vor dem Bild brennen einige Kerzen.
In der Schule hat Sarah die Geschichte gehört. Seltsam war das: Ein Engel kam zu Maria. Ein Bote von Gott, sagte die Lehrerin. Gott wollte zu den Menschen kommen.
Maria sollte ihm dabei helfen. Maria hat ja gesagt.
»Du, Gott«, sagt Sarah auf einmal leise. »Du, in der Schule hab' ich gehört: Advent heißt ankommen. Du willst ankommen in der Welt. Kommst du eigentlich zu allen?«
Dann wird sie ganz still. Sie schaut in die Kerzen. Weil sie so ganz still ist, spürt sie, was Gott sagt: »Ja, ich komme zu allen. Immer, zu jeder Zeit. Nicht nur im Advent. Aber viele lassen mich nicht hinein in ihr Leben. Die Tür zu ihrem Herzen ist für mich verschlossen.«
»Aber«, sagt Sarah, »dann bist du bestimmt ganz traurig. Was machst du dann?«
»Ich warte«, sagt Gott.
»Davon haben wir ein Lied gesungen«, sagt Sarah. »›Warten auf Gottes Sohn, das ist der Advent‹. Aber dass du auch wartest, das hätte ich nie gedacht.«
Dann ist es wieder ganz still. Die Kerzen vor dem Bild flackern leise. »Du, Gott«, sagt Sarah, »danke, dass du zu mir gekommen bist. Meine Tür soll immer für dich offen sein.«
Dann nimmt Sarah eine von den kleinen Kerzen, zündet sie an und stellt sie zu den anderen. »Damit du nicht traurig bist«, sagt sie noch und geht aus der Kirche.

Elsbeth Bihler

Lied: Warten auf Gottes Sohn

T: Burkhard Fuchs M: Albert Hammond
Rechte unbekannt

11 bis 13 Jahre

Gebet
Guter Gott,
in der Bibel lesen wir:
ein Engel, ein Bote von dir kommt zu Maria.
Du willst zu den Menschen kommen.
Das ging nur, weil Maria dazu ja gesagt hat.
Hilf uns, dass auch wir ja zu dir sagen. Amen.

Schriftlesung

Textpuzzle: Die Worte des Engels – Gegrüßet seist du, Maria

Das »Gegrüßet seist du, Maria«	***Die Worte des Engels***
Gegrüßet seist du, Maria,	*Für Gott ist nichts unmöglich.*
bitte für uns Sünder	*Du sollst ihm den Namen Jesus geben.*
Der Herr ist mit dir.	*Fürchte dich nicht.*
Heilige Maria, Mutter Gottes,	*Einen Sohn wirst du zur Welt bringen.*
Du bist gebenedeit unter den Frauen	*Denn du hast bei Gott Gnade gefunden.*
jetzt und in der Stunde unseres Todes.	*Der Heilige Geist wird über dich kommen.*
und gebenedeit ist die Frucht deines Leibes, Jesus.	*Du wirst ein Kind empfangen.*
voll der Gnaden,	*Der Herr ist mit dir.*
Amen.	*Sei gegrüßt, Maria.*

Die einzelnen Sätze als Textkärtchen aufschreiben, auseinanderschneiden und mischen (unterschiedliche Farben für die Worte des Engels und die Sätze des »Gegrüßet seist du, Maria«). Zuerst das »Gegrüßet seist du, Maria« richtig zusammensetzen, dann passende Kärtchen mit den Worten des Engels zu den entsprechenden Kärtchen des »Gegrüßet seist du, Maria« legen.
Miteinander besprechen, was die Zusage Mariens für uns heute bedeutet. Zum Schluss das »Gegrüßet seist du, Maria« miteinander beten.

Weihnachten

Schriftstellen: Jes 9,1–6 / Apg 13,16–17.22–25 / Mt 1,1–25

Schriftlesung: Nach Mt 1,1–25

Immer, wenn die Menschen in der ersten Zeit, nachdem Jesus gelebt hatte, von seiner Geburt erzählten, war es ihnen wichtig zu sagen: Jesus kommt aus unserem Volk. Er stammt aus der Familie des Königs David. Sie sagten aus »dem Geschlecht Davids«. Und David stammte von Abraham ab. Bis heute malt man Abstammungen in Form eines Stammbaums auf. So beginnt Matthäus, der Evangelist, der uns diese Geschichte aufgeschrieben hat, die frohe Botschaft von der Geburt Jesu: Stammbaum Jesu Christi, des Sohnes Davids, des Sohnes Abrahams, und dann zählt er alle Namen auf, von Abraham bis heute. Dann erzählt er weiter:

Mit der Geburt Jesu Christi war es so: Maria, seine Mutter, war mit Josef verlobt; noch bevor sie verheiratet waren, zeigte sich, dass sie ein Kind erwartete – durch das Wirken des Heiligen Geistes. Josef wusste das aber nicht und war deshalb böse. Aber weil er Maria lieb hatte, wollte er keinen Skandal daraus machen. Er beschloss, sich in aller Stille, ohne großes Aufsehen, von Maria zu trennen.

Während er noch darüber nachdachte, erschien ihm ein Engel des Herrn im Traum und sagte: »Josef, Sohn Davids, fürchte dich nicht, Maria als deine Frau zu dir zu nehmen; denn das Kind, das sie erwartet, ist vom Heiligen Geist. Sie wird einen Sohn gebären; ihm sollst du den Namen Jesus geben; denn er wird sein Volk von seinen Sünden erlösen. Dies alles ist geschehen, damit sich erfüllt, was der Herr durch den Propheten gesagt hat: ›Seht, die Jungfrau wird ein Kind empfangen, einen Sohn wird sie gebären, und man wird ihm den Namen Immanuel geben, das heißt übersetzt: Gott ist mit uns.‹«

Als Josef erwachte, tat er, was der Engel des Herrn ihm befohlen hatte, und nahm seine Maria zu sich. Sie brachte ihren Sohn zur Welt. Er gab ihm den Namen Jesus.

Thematische Stichworte

Stammbaum / Herkunft – wer bin ich? / Messias, der Erlöser

Liedvorschläge für die Altersgruppen

3–6: Komm mit mir (SL 123)
7–13: Lasst euch anstiften (S. 18)
Jesus ist geboren (SL 127)
11–13: Geht zu den Ställen (SL 126)

Gestaltung der Mitte

Aus Tüchern einen Baum gestalten, in dessen Mitte das Bild der Heiligen Familie

Ausmalvorlage

3 bis 6 Jahre

Gebet
Guter Gott,
du bist zu uns auf die Welt gekommen.
Du hast Vater und Mutter,
Oma und Opa, so, wie wir.
Danke für alle Menschen,
die vor uns geboren wurden.
Amen.

Schriftlesung

Stilleübung: Wer bin ich? Wo komme ich her?
Alle sitzen im Kreis um eine Krippe herum. L spricht:
Wir schauen auf die Krippe in der Mitte.
Jesus ist geboren.
Da sind auch Maria und Josef.
Mutter und Vater.
Maria und Josef hatten auch Vater und Mutter. Die Eltern von Maria hießen Joachim und Anna.
Auch Josef hatte Vater und Mutter
und die hatten wieder Vater und Mutter und immer so weiter.
Einer von Josefs Vorfahren hieß David.
Er war ein großer König.
Deshalb sagten die Leute später:
Jesus, der Sohn Josefs,
ist aus dem Stamm Davids.
Wir alle haben auch einen Namen.
Wir heißen Sascha, Maria, Eva, Tim, Peter ...

Wenn die Namen der Kinder bekannt sind, sollten sie hier genannt werden.

Wir haben aber noch einen Namen.
Den Familiennamen.
Er heißt Meier, Müller, Schulze oder wie auch immer.

Auch hier bekannte Namen aus dem Kreis einfügen.

So heißen auch Mama oder Papa, Oma und Opa und viele davor.
So wissen wir und alle, die unseren Namen hören:
Wir gehören zu dieser bestimmten Familie.
Wir bleiben einen Moment ganz still.
Wir schließen die Augen und stellen uns alle Menschen vor,
die zu unserer Familie gehören.

An dieser Stelle leise Weihnachtsmusik einspielen.

Figuren gestalten
Jedes Kind kann jetzt Figuren aus Tonpapier ausschneiden, so viele, wie es Menschen in der eigenen Familie gibt. Diese Figuren legt es vor sich hin und benennt sie (Mama, Papa, Oma, Opa, Tante ...).
Die Kinder werden aufgefordert, ihre Figuren mit nach Hause zu nehmen und Fotos von den entsprechenden Personen darauf zu kleben. Mit Hilfe der Eltern können sie dann eine Art Stammbaum legen und diesen Stammbaum in den Weihnachtsbaum hängen.

7 bis 10 Jahre

Gebet
Guter Gott, du hast deinen Sohn
Jesus in die Welt gesandt.
Er hatte ein Familie.
Er hatte Eltern, Großeltern
und Urgroßeltern.
Wichtige Personen gehörten
zu seinen Vorfahren.
Und dennoch ist das Wichtigste,
dass du ihn allen Menschen geschenkt hast.
Danke, Gott, dafür. Amen.

Schriftlesung

Mein Stammbaum – Stammbaum Jesu
Material: Kopiervorlagen, Stifte
L spricht:
Habt ihr euch schon einmal einen großen Baum angesehen?
Er hat Wurzeln, die tief in die Erde reichen.
Er hat einen dicken, festen Stamm.
Er hat eine Krone mit Blättern, Blüten und Früchten, die sich in den Himmel streckt.
Die Menschen früher dachten:
So wie mit dem Baum ist es auch mit uns.
Die Früchte und Blätter, das sind wir.
Aber bevor es sie gab, musste der Baum
lange, lange Zeit wachsen.
Wir haben Eltern.
Unsere Eltern haben Eltern, das sind unsere Großeltern.
Die hatten auch wieder Eltern. Das sind unsere Urgroßeltern.
Schon früh begannen die Menschen,
darüber nachzudenken,
wo ihre Wurzeln sind.
Sie forschten, wer ihre Eltern, Großeltern, Urgroßeltern usw. waren.
Dann malten sie die Namen in einen Baum.
Die ältesten in die Wurzeln, die jüngsten in die Krone.
Dann nannten sie das entstandene Bild »Stammbaum«.
Zu Weihnachten wird in der Kirche der »Stammbaum Jesu« vorgelesen.

Sucht euch aus diesen Namen zehn Namen aus und schreibt sie in einen der Bäume auf dem Blatt.
Ganz oben schreibt ihr »Jesus« hinein.
In dem Baum darunter könnt ihr zu Hause mit euren Eltern euren eigenen »Stammbaum« darstellen.

Der Stammbaum Jesu

Mein Stammbaum

11 bis 13 Jahre

Gebet
Guter Gott,
dein Sohn Jesus ist in die Welt gekommen.
Auch wenn er dein Sohn ist,
so hatte er doch eine Familie wie wir.
Er hatte einen Stammbaum, der sagte:
Jesus ist ein König, denn er stammt aus der Familie des Königs David.
Wir bitten dich, lass uns nie vergessen,
dass wir unser Leben anderen Menschen verdanken. Amen.

Schriftlesung (die Namen des Stammbaumes einfügen)

Stammbaum Jesu gestalten
Jedes Kind schreibt einen der fettgedruckten Namen (je nach Anzahl der Kinder aufteilen) in großen Buchstaben auf je ein Kärtchen. Dann wird aus Tüchern ein Baum in die Mitte gelegt und von der Wurzel an nach oben die Namen in den Baum gelegt. Die Kärtchen so verteilen, dass Jesus oben in der Baumkrone an der Spitze steht.

Dies ist der Stammbaum Jesu Christi, des Sohnes Davids, des Sohnes Abrahams:
Abraham war der Vater von Isaak,
Isaak von Jakob,
Jakob von Juda und seinen Brüdern.
Juda war der Vater von Perez und Serach;
ihre Mutter war Tamar.
Perez war der Vater von Hezron,
Hezron von Aram,
Aram von Amminadab,
Amminadab von Nachschon,
Nachschon von Salmon.
Salmon war der Vater von Boas;
dessen Mutter war Rahab.
Boas war der Vater von Obed;
dessen Mutter war Rut.
Obed war der Vater von Isai,
Isai der Vater des Königs David.
David war der Vater von Salomo,
dessen Mutter die Frau des Urija war.
Salomo war der Vater von Rehabeam,
Rehabeam von Abija,
Abija von Asa,
Asa von Joschafat,
Joschafat von Joram,
Joram von Usija.
Usija war der Vater von Jotam,
Jotam von Ahas,
Ahas von Hiskija,
Hiskija von Manasse,
Manasse von Amos,
Amos von Joschija.
Joschija war der Vater von Jojachin und seinen Brüdern; das war zur Zeit der Babylonischen Gefangenschaft. Nach der Babylonischen Gefangenschaft war Jojachin der Vater von Schealtiël,
Schealtiël von Serubbabel,
Serubbabel von Abihud,
Abihud von Eljakim,
Eljakim von Azor.
Azor war der Vater von Zadok,
Zadok von Achim,
Achim von Eliud,
Eliud von Eleasar,
Eleasar von Mattan,
Mattan von Jakob.
Jakob war der Vater von **Josef**,
dem Mann **Marias**, die **Jesus** geboren hat, der der Christus (der Messias) genannt wird.

Fest der Heiligen Familie

Schriftstellen: Gen 15,1–6;21,1–3 / Hebr 11,8.11–12.17–19 / Lk 2,22–40

Schriftlesung: Nach Lk 2,22–40

Maria und Josef mussten ihr erstgeborenes Kind Jesus nach acht Tagen der jüdischen Gemeinde vorstellen. So war es bei den Israeliten Brauch. Sie gingen mit Jesus nach Jerusalem in den Tempel. Dort wollten sie, so wie es üblich war, ein Opfer zum Dank für die Geburt darbringen: zwei junge Tauben.

In Jerusalem lebte damals ein Mann namens Simeon. Er war gerecht und fromm und wartete auf die Rettung Israels. Er spürte deutlich: Gott ließ ihn so lange leben, bis er den Messias des Herrn gesehen hatte. Jetzt wurde er vom Geist Gottes in den Tempel geführt; und als die Eltern Jesus hereinbrachten, um das Dankopfer zu feiern, nahm Simeon das Kind in seine Arme und pries Gott mit den Worten:

»Nun lässt du, Herr, deinen Knecht,
wie du gesagt hast, in Frieden scheiden.
Denn meine Augen haben das Heil gesehen,
das du vor allen Völkern bereitet hast,
ein Licht, das die Heiden erleuchtet,
und Herrlichkeit für dein Volk Israel.«

Maria und Josef staunten über die Worte, die über Jesus gesagt wurden.

Und Simeon segnete sie und sagte zu Maria, der Mutter Jesu: »Dieser wird ein Zeichen sein, dem widersprochen wird.«

Als Maria und Josef alles getan hatten, was das Gesetz des Herrn vorschreibt, kehrten sie nach Galiläa in ihre Stadt Nazaret zurück.

Das Kind wuchs heran und wurde kräftig; Gott erfüllte es mit Weisheit, und seine Gnade ruhte auf ihm.

Thematische Stichworte

Simeon / Das Heil / Licht / Opfer

Liedvorschläge für die Altersgruppen

3–6: Er leuchtet still (S. 29)
7–10: Jesus ist geboren (SL 127)
11–13: Uns ist ein Licht (SL 129)
Andere Weihnachtslieder

Gestaltung der Mitte

Eine Kerze auf einem roten Tuch / Bild: Simeon und das Kind

Ausmalvorlage

3 bis 6 Jahre

Gebet

Guter Gott, als Jesus geboren war,
spürten viele Menschen:
Jetzt ist Licht in die Welt gekommen.
Gott wird alles gut machen.
Danke, Gott, für das Licht. Amen.

Schriftlesung

Lied: Er leuchtet still

T: Wolfgang Longardt M: Detlev Jöcker
(nach der Melodie »Das wünsch ich sehr«)
Rechte: Menschenkinder Verlag, Münster

Sternentanz: Er leuchtet still

Material: gelber Stoff oder Krepppapier, Schere

Über einer Krippe mit Jesuskind werden acht gelbe Streifen aus Stoff, Taft oder Krepppapier gelegt (jeweils ca. 10 cm breit und 2 m lang) und zusammengebunden. An jedes Ende tritt ein Kind heran.

Der Kanon wird zunächst gesummt, dann immer wieder gesungen.

Beim ersten Durchsingen heben die Kinder langsam den Stern aus Bändern hoch, so, dass er nicht auseinanderfällt.

Beim zweiten Durchsingen gehen sie mit erhobenem Stern langsam im Kreis.

Beim dritten Durchgang legen sie ihn langsam wieder zurück.

Diese Abfolge kann mehrmals mit den gleichen oder mit anderen Kindern wiederholt werden.

7 bis 10 Jahre

Gebet

Guter Gott,
dein Sohn Jesus wurde von Maria und Josef
in den Tempel gebracht.
Da wurde deutlich, dass er von dir kommt.
Mit Jesus ist Licht und Wärme
in die Welt gekommen.
Danke dafür. Amen.

Schriftlesung

Gestaltung zum Lied

Mit Tüchern und Decken schlicht kostümieren; ein zusammengewickeltes Deckenbündel stellt das Kind dar. Die Darsteller müssen nicht sprechen, sondern agieren pantomimisch, während die anderen Kinder das Lied singen. Es sind nur wenige, sparsame Gesten nötig.
Es ist auch möglich, den Eingang zum Tempel von Kindern darstellen zu lassen.

Simeonlied

2. Als die Eltern zum Tempel hinkamen,
trat der Alte hervor aus dem Kreis,
nahm das Kind – es hieß Jesus mit Namen –,
sang zu Gott laut und froh Lob und Preis.

3. Er sprach: Gott, endet bald auch mein Leben,
ich hab doch noch den Heiland gesehn.
Allen Völkern wird er Hoffnung geben,
wer an ihn glaubt, wird niemals vergehn.

4. Simeon hebt die Hände zum Segen,
und er sagt ihnen: Gott meint es gut,
wird euch leiten auf schwierigen Wegen,
gibt euch dazu auch Glauben und Mut.

Rechte: Haus der Kirche, Berlin-Charlottenburg

11 bis 13 Jahre

Gebet
Guter Gott,
dein Sohn Jesus wurde von Maria und Josef
in den Tempel gebracht.
Da wurde deutlich, dass er von dir kommt.
Mit Jesus ist Licht und Wärme
in die Welt gekommen.
Danke dafür. Amen.

Schriftlesung

Bildbetrachtung: Simeon
Das Bild miteinander betrachten. Besonders auf den Ausdruck der Augen und Hände achten sowie auf die Verteilung von hellen und dunklen Zonen im Bild.
Zu leiser Musik das Bild bunt anmalen.

Walter Habdank, Holzschnitt »Simeon«

Aus: Walter Habdank, 24 Holzschnitte zur Bibel, Kösel-Verlag, München

Zweiter Sonntag nach Weihnachten: Erscheinung des Herrn

Schriftstellen: Jes 60,1–6 / Eph 3,2–3a.5–6 / Mt 2,1–12

Schriftlesung: Nach Mt 2,1–12

Als Jesus geboren wurde, herrschte der König Herodes im Land Israel.
Da kamen Sterndeuter, vielleicht auch Könige aus dem Osten nach Jerusalem und fragten: »Wo ist der neugeborene König der Juden? Wir haben seinen Stern aufgehen sehen und sind gekommen, um ihn zu ehren.«
Als König Herodes das hörte, erschrak er. Er ließ alle Hohenpriester und Schriftgelehrten des Volkes zusammenkommen und erkundigte sich bei ihnen, wo der Messias geboren werden solle. Sie antworteten: »In Betlehem in Judäa; denn so steht es bei dem Propheten.«
Danach rief Herodes die Sterndeuter heimlich zu sich und ließ sich von ihnen genau sagen, wann der Stern erschienen war.
Dann schickte er sie nach Betlehem und sagte: »Geht und sucht das Kind, und wenn ihr es gefunden habt, berichtet mir, damit auch ich hingehe und es verehre.«
Nach diesen Worten des Königs machten sie sich auf den Weg. Und der Stern, den sie entdeckt hatten, zog vor ihnen her bis zu dem Ort, wo das Kind war; dort blieb er stehen.
Als sie den Stern sahen, freuten sie sich sehr. Sie gingen in das Haus und sahen das Kind und Maria, seine Mutter; da fielen sie nieder und verehrten ihn. Dann holten sie ihre Schätze hervor und schenkten ihm Gold, Weihrauch und Myrrhe.
Dann kehrten sie in ihre Heimat zurück. Sie gingen nicht zu Herodes, weil ihnen ein Engel Gottes im Traum gesagt hatte, dass Herodes das Kind töten lassen wollte.

Thematische Stichworte

Könige / Gold, Weihrauch, Myrrhe

Liedvorschläge für die Altersgruppen

3–6: Tragt in die Welt (SL 112)
3–10: Werde still und staune (S. 33)
7–10: Stern über Betlehem (SL 125)
Mitten in der Nacht (SL 128)
11–13: Menschen auf dem Weg (SL 113)
Geht zu den Ställen (SL 126)

Gestaltung der Mitte

Auf einem Tuch liegen eine Krone, ein Kraut und Weihrauchkörner

Ausmalvorlage

3 bis 6 Jahre

Gebet
Guter Gott, die drei Könige
sind einem Stern gefolgt.
Der Stern sagte ihnen: Alles wird gut.
Schicke auch uns einen solchen Stern.
Amen.

Schriftlesung

Lied: Werde still und staune

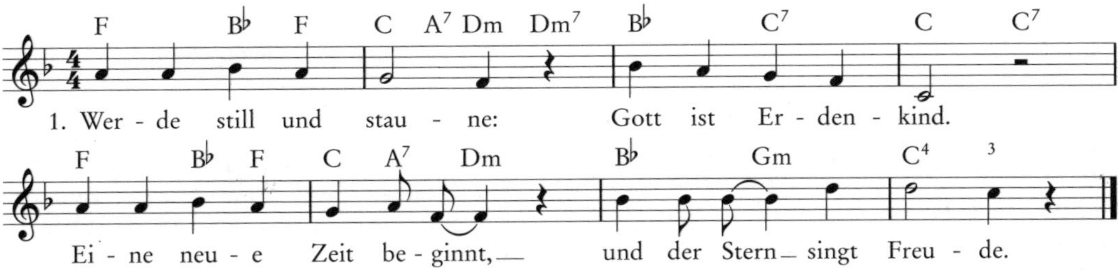

2. Werde froh und hoffe:
   Gott will mit uns sein.
   Alle Menschen lädt er ein
   und der Stern singt Liebe.
3. Werde neu und liebe:
   Gott will Retter sein,
   uns aus Schuld und Angst befrei'n.
   Und der Stern singt Friede.

T: Christa Peikert-Flaspöhler M: Chris Herbring
Aus: Wir öffnen unsre Herzen
Rechte: Chris Herbring Musikverlag, Neuss

Gestaltung zum Lied
Alle sitzen im Kreis. In der Mitte liegt ein großer Stern. Die Melodie des Liedes wird gesummt. Dabei wiegen alle mit dem Oberkörper mit. Die erste Strophe des Liedes wird gesungen. L spricht:
Der Stern singt Freude.
Wir dürfen froh sein.
Jesus ist geboren.
Wir überlegen:
Wann sind wir besonders froh?

Die Melodie des Liedes wird wieder gesummt. Die zweite Strophe wird gesungen.
L spricht:

Der Stern singt Liebe.
Als Zeichen unserer Verbundenheit
geben wir uns die Hände.
Alle Menschen brauchen jemanden,
den sie lieb haben.
Wer hat uns besonders lieb?
Wen haben wir besonders lieb?

Die Melodie wird gesummt.
Die dritte Strophe wird gesungen.
L spricht:

Der Stern singt Friede.
Gott möchte, dass wir gut zueinander sind.
Gott möchte, dass wir uns nicht streiten.
Tun wir, was Gott möchte?

Die Melodie wird noch einmal gesummt.

7 bis 10 Jahre

Gebet
Guter Gott,
die Weisen aus dem Morgenland
haben Jesus Geschenke mitgebracht:
Gold, Weihrauch und Myrrhe.
Sie sollen uns sagen,
wer Jesus wirklich ist.
Hilf uns, das zu verstehen. Amen.

Schriftlesung

Anschauung: Gold, Weihrauch und Myrrhe
In der Mitte liegen auf einem Tuch eine Krone aus Goldpapier (oder ein Schmuckstück aus echtem Gold), ein Krautbund und Medizin sowie Weihrauchkörner neben einem Weihrauchgefäß mit brennender Kohle. Die Mitte ist durch einen Backstein o. Ä. erhöht. L spricht:
Die Könige haben Jesus Geschenke mitgebracht: Gold, Weihrauch und Myrrhe. So steht es in der Bibel. Der Evangelist Matthäus, der uns diese Geschichte aufgeschrieben hat, wollte damit etwas über Jesus sagen.

L legt die Krone oder das Schmuckstück aus Gold erhöht auf den Backstein (man kann den Gegenstand auch einmal im Kreis herumgeben).

Schauen wir zunächst auf das Gold.
Was verbinden wir mit Gold?

Die Kinder benennen Dinge, dann spricht L weiter:

Viele kostbare Dinge sind aus Gold gemacht.
Mächtige Herrscher und Könige tragen goldene Kronen.
Das Geschenk aus Gold sagt uns über Jesus:
Jesus ist ein König.

Die Krone (das Schmuckstück) wird zurückgelegt, an seine Stelle wird das Weihrauchfass auf den erhöhten Punkt gelegt. Die Schale mit den Weihrauchkörnern wird herumgereicht. Jedes Kind darf ein Korn in die Hand nehmen. L spricht:

Ihr habt ein kleines Stück Harz in den Händen. Fühlt einmal seine Härte und seine Oberfläche.
Sie ist ein wenig klebrig.
Riecht an dem kleinen Stück und beschreibt seinen Duft!
Jetzt darf jedes Kind sein Korn in das Gefäß auf dem Stein legen.
Der Duft breitet sich im ganzen Zimmer aus.
Die Wolke des Weihrauchs steigt nach oben
Das Geschenk des Weihrauchs sagt uns über Jesus:
Der Weihrauch steigt nach oben.
Er bringt uns in Verbindung mit Gott.
Jesus kommt von Gott.

Das Weihrauchgefäß wird wieder nach unten gestellt. Jetzt werden die Kräuter und das Medizinfläschchen auf den Stein gelegt. L spricht:

Kräuter und Medizin liegen in der Mitte.
Woran erinnern sie euch?

Die Kinder benennen: Krankheit, Schmerzen, vielleicht bitteren Geschmack. L spricht:

Medizin schmeckt oft bitter.
Das Geschenk der Myrrhe, eines Bitterkrautes, sagt uns über Jesus:
Jesus, der König, der von Gott kommt,
wird leiden müssen.
Er stirbt für die Menschen.

Leise Musik einspielen und Zeit zum Nachdenken geben.

11 bis 13 Jahre

Gebet
Guter Gott,
wie die Könige zu Jesus kommen
und ihm Geschenke bringen,
so ziehen auch Kinder in unseren Gemeinden
durch die Straßen.
Als Könige verkleidet sammeln sie
für Menschen und Kinder,
die genau so in Not sind
wie Jesus, dein Sohn,
als er auf die Welt kam.
Wir bitten dich: Sei bei allen Menschen,
die in Not sind. Amen.

Schriftlesung

Segensgebet der Sternsinger
Mit der Kreide
schreibe ich
Deinen Segen über die Tür,
o Gott.

In Deinem Namen
wünsche ich den Menschen
in diesem Haus
Gesundheit und Frieden.

Das Datum
erinnere sie
an die Vergänglichkeit des Lebens,
aber auch daran,
dass Du der Herr
der Zeit und Geschichte bist.

O Gott,
Dein Sohn hat durch sein Kreuz
die Welt erlöst.
So verbinde ich
Tag, Monat und Jahr,
das Datum von heute,
mit dem Zeichen des Kreuzes.

Christus mansionem benedicat.
Christus segne dieses Haus
und alle, die gehen ein und aus!
Amen.

Aus: Hermann Multhaupt, Das Sternsingerbüchlein, Bergmoser + Höller Verlag, Aachen

Gestaltung
Die Kinder schreiben auf einen großen Bogen die Buchstaben, die die Sternsinger über die Türen schreiben:
20 C + M + B 00.
Gemeinsam wird überlegt, was diese Zeichen bedeuten könnten. Dann wird den Kindern erklärt, dass C + M + B die Abkürzung für die lateinischen Worte »Christus Mansionem Benedicat« ist, was übersetzt heißt: Christus segne dieses Haus.
Dann wird das Segensgebet der Sternsinger vorgelesen.
Alle überlegen die Bedeutung der einzelnen Strophen für unser Leben. Was bedeutet Segen? Was bedeutet die Jahreszahl? Was bedeutet das Zeichen des Kreuzes für uns?
Im Anschluss daran können die Kinder eingeladen werden, freie Fürbitten zu formulieren, die Wünsche für das vor uns liegende Jahr zum Ausdruck bringen.

Taufe des Herrn (1. Sonntag im Jahreskreis)

Schriftstellen: Jes 42,5a.1–4.6–7 / Apg 10,34–38 / Mk 1,7–11

Schriftlesung: Nach Mk 1,7–11
Johannes predigte in der Wüste und taufte die Leute am Fluss Jordan. Er verkündete: »Nach mir kommt einer, der ist stärker als ich; ich bin es nicht wert, mich zu bücken, um ihm die Schuhe aufzuschnüren. Ich habe euch nur mit Wasser getauft, er aber wird euch mit dem Heiligen Geist taufen.«
In jenen Tagen kam Jesus aus Nazaret und ließ sich von Johannes im Jordan taufen. Und als er aus dem Wasser stieg, sah er, dass der Himmel sich öffnete und der Heilige Geist wie eine Taube auf ihn herabkam.
Und eine Stimme aus dem Himmel sprach: »Du bist mein geliebter Sohn, an dir habe ich Gefallen gefunden.«

Thematische Stichworte
Taufe / Taube / Mein geliebter Sohn / Wasser / Kreuzzeichen

Liedvorschläge für die Altersgruppen
3–6: Ich habe einen Namen und ich bin getauft (SL 184)
7–10: Im Namen des Vaters (S. 38)
11–13: Wasser ist Leben (SL 100)

Gestaltung der Mitte
Eine Schüssel Wasser und das Bild einer Taube auf einem blauen Tuch

Ausmalvorlage

3 bis 6 Jahre

Kreuzzeichen

Gebet
Guter Gott, Johannes hat Jesus
mit Wasser getauft.
Du hast gesagt: Jesus gehört zu dir.
Weil wir getauft sind,
gehören wir auch zu dir und Jesus.
Danke dafür. Amen.

Schriftlesung mit Gestaltung: Taufe am Jordan

Text:	***Gestaltung:***
Hier siehst du einen großen Fluss. Der Fluss heißt Jordan.	*Blaue Tücher werden in die Mitte in Gestalt eines Flusses gelegt.*
Er fließt durch eine Wüste.	*Tücher in Sandfarben werden neben den Fluss gelegt.*
Am Ufer liegen Steine.	*Kinder legen Kieselsteine an den Rand des Flusses.*
Dazwischen wachsen ein paar grüne Pflanzen.	*Grüne Tuchstreifen werden zwischen die Steine gelegt (oder Streifen aus Krepppapier).*
Am Fluss ist Johannes. Er isst nicht viel. Er besitzt nicht viel.	*Ein kleines Teelicht wird an das Flussufer gestellt (vorher auf einen Bierdeckel o. Ä. kleben).*
Bei Johannes sind viele Menschen. Er tauft sie mit Wasser. Er sagt: Ihr müsst euch ändern.	*Eine Schüssel Wasser wird in den Fluss gestellt.*
Johannes sagt auch: Nach mir kommt einer, der ist viel größer als ich. Ich taufe euch nur mit Wasser. Er wird euch mit dem Heiligen Geist taufen, der von Gott kommt.	
Jesus kommt zum Jordan.	*Eine große Kerze wird an den Fluss gestellt.*
Johannes tauft Jesus mit Wasser. Viele, die dabei waren, sahen: Der Himmel öffnet sich. Gottes Geist kommt auf Jesus herab. Er sieht aus wie eine Taube. Gott sagt zu Jesus: Du bist mein Sohn, den ich lieb habe.	*Eine Taube aus weißem Papier (Ausmalvorlage auf Seite 36) wird neben die Schüssel mit Wasser gelegt.*

7 bis 10 Jahre

Gebet
Guter Gott,
wenn wir beten, beginnen wir oft
mit dem Kreuzzeichen.
Wir beginnen in deinem Namen.
Du hast uns lieb.
Du hast uns deinen Sohn Jesus gesandt.
Du hast uns deinen Heiligen Geist gesandt.
Du lässt uns nicht allein.
Danke, Gott. Amen.

Gespräch: Taufritus und Kreuzzeichen
Im Anschluss an das Lied sollte ein Gespräch geführt werden, das an unsere Taufe erinnert. Wir sind wie Jesus mit Wasser getauft worden. Dabei wurde gesagt: ..., ich taufe dich im Namen des Vaters und des Sohnes und des Heiligen Geistes.
Diese Tauffformel schreibt jetzt jedes Kind mit dem eigenen Namen auf ein Blatt und verziert es mit Buntstiften.

Schriftlesung

Lied: Im Namen des Vaters

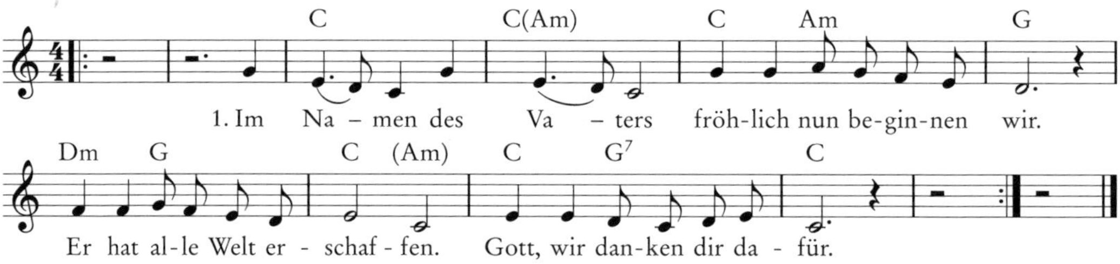

2. Im Namen des Sohnes
kommen wir zusammen hier.
Er ist unser aller Bruder,
Jesus Christ, wir folgen dir.

3. Im Namen des Geistes
bitten wir um Gottes Kraft.
Jedem Kinde soll er helfen,
dass es seine Arbeit schafft.

T: A. Wortmann M: H. Wortmann
Aus: Saarländer Kindermesse
Rechte: Studio Union im Lahn-Verlag, Limburg

Gestaltung zum Lied
In der Mitte liegt ein blaues Tuch. Zur ersten Strophe wird eine Sonne aus Tonpapier in die Mitte gelegt. Zur zweiten Strophe wird ein Kreuz in die Mitte gelegt. Zur dritten Strophe wird eine Taube (Vorlage siehe Seite 36) in die Mitte gelegt.

11 bis 13 Jahre

Gebet
Guter Gott,
Johannes tauft Jesus in der Wüste.
Er sagt: Nach mir kommt einer,
der größer ist als ich.
Er wird euch mit Heiligem Geist taufen.
Wir bitten dich, lass uns das immer besser verstehen. Amen.

Schriftlesung

Text: Die Tauben bringen den Frieden mit
Die Tauben bringen den Frieden mit
für uns und unsre Erde.
Die Tauben bringen den Frieden mit,
dass endlich Friede werde.

Fliegt jetzt los, ihr Tauben,
fliegt mit dem Sonnenschein
und tragt so unser Friedenslied
weit in die Welt hinein.
Fliegt so weit, ihr Tauben,
fliegt durch Raum und Zeit,
und tragt jetzt unser Friedenslied
weit in die Welt hinein.

Die Tauben bringen die Liebe mit,
damit sie fest bestehe.
Die Tauben singen das Liebeslied,
damit es nie vergehe.
Fliegt jetzt los, ihr Tauben,
fliegt mit dem Sonnenschein
und tragt so unser Liebeslied
weit in die Welt hinein.
Fliegt so weit, ihr Tauben,
fliegt durch Raum und Zeit,
und tragt jetzt unser Liebeslied
weit in die Welt hinein.

Die Tauben bringen die Hoffnung mit,
die neue Welt zu bauen.
Die Tauben singen das Hoffnungslied,
dass wir uns neu vertrauen.
Fliegt jetzt los, ihr Tauben,
fliegt mit dem Sonnenschein
und tragt so unser Hoffnungslied
weit in die Welt hinein.
Fliegt so weit, ihr Tauben,
fliegt durch Raum und Zeit,
und tragt jetzt unser Hoffnungslied
weit in die Welt hinein.

Die Tauben bringen das Leben mit,
habt ihr es schon vernommen?
Die Tauben singen das Lebenslied.
Lasst sie doch zu euch kommen!
Fliegt jetzt los, ihr Tauben,
fliegt mit dem Sonnenschein
und tragt so unser Lebenslied
weit in die Welt hinein.
Fliegt so weit, ihr Tauben,
fliegt durch Raum und Zeit,
und tragt jetzt unser Lebenslied
weit in die Welt hinein.

Rolf Krenzer

Rechte beim Autor

Gestaltung und Gespräch
Nach der Ausmalvorlage eine Taube vergrößern, ausschneiden und in die Mitte legen. Aus dem Text die Dinge herausschreiben, die die Tauben bringen. Die Worte in die Mitte legen. Darüber sprechen, warum die Taube in dem Schrifttext als Symbol für den Geist Gottes verwendet wird.
Andere Bilder für den Geist Gottes benennen lassen. Um das entstandene Bild Worte schreiben: Der Heilige Geist ist wie ...

2. Sonntag im Jahreskreis

Schriftstellen: 1 Sam 3,3b–10.19 / 1 Kor 6,13c–15a.17–20 / Joh 1,35–42

Schriftlesung: Nach 1 Sam 3,3b–10.19
Samuel war ein Junge. Er lebte in Israel. Samuel schlief im Tempel Gottes, wo die Lade Gottes stand. Er half dem alten Priester Eli.
Eines Nachts rief Gott den Samuel. Samuel wusste nicht, dass es Gott war, der ihn rief. Er stand auf, lief zu Eli und sagte: »Hier bin ich, du hast mich gerufen.« Eli erwiderte: »Ich habe dich nicht gerufen. Geh wieder schlafen!« Da ging er und legte sich wieder schlafen.
Gott, der Herr rief noch einmal: »Samuel!« Samuel stand auf und ging zu Eli und sagte: »Hier bin ich, du hast mich gerufen.« Eli erwiderte: »Ich habe dich nicht gerufen, mein Sohn. Geh wieder schlafen!«
Da rief der Herr den Samuel wieder, zum dritten Mal. Er stand auf und ging zu Eli und sagte: »Hier bin ich, du hast mich gerufen.« Da merkte Eli, dass Gott den jungen Samuel gerufen hatte.
Eli sagte zu Samuel: »Geh, leg dich schlafen! Wenn er dich wieder ruft, dann antworte: ›Rede, Herr, denn dein Diener hört.‹« Samuel ging und legte sich an seinem Platz nieder.
Da kam der Herr, trat zu ihm heran und rief wie die vorigen Male: »Samuel, Samuel!« Und Samuel antwortete: »Rede, Herr, denn dein Diener hört.«
Samuel wuchs heran, und der Herr war mit ihm und ließ keines von all seinen Worten unerfüllt.

Thematische Stichworte
Hören / Gott verstehen lernen / Gott ruft / Gottes Diener sein

Liedvorschläge für die Altersgruppen
3–6: Hände, die schenken (SL 158)
Pass auf, kleines Auge (SL 164)
7–10: Gottes Wort ist wie (S. 95)
11–13: Von guten Mächten (SL 157)

Gestaltung der Mitte
Eine Kerze auf einem blauen Tuch, evtl. Instrumente darum herum

Ausmalvorlage

3 bis 6 Jahre

Gebet
Guter Gott,
immer wieder willst du zu uns sprechen.
Wir können dich nicht hören.
Wir verstehen dich nicht.
Hilf uns, dass wir es lernen. Amen.

Schriftlesung

Hörübungen
L spricht:
Der Junge Samuel musste erst lernen, auf Gott zu hören. Das ging nur, weil es still und leise war im Tempel. Es war Nacht. Wir wollen auch unsere Ohren ein wenig schulen:

- Auf einer Triangel werde ich einen Ton anschlagen. Ihr habt die Augen zu. Der Triangelton ist lange zu hören. Erst, wenn ihr ihn nicht mehr hört, dürft ihr die Augen aufmachen.
- Jetzt stelle ich euch mehrere Instrumente vor.

  Verschiedene Orffinstrumente werden klanglich vorgestellt und gezeigt und in die Mitte gelegt.

  Ihr schließt die Augen. Ich spiele ein Instrument von denen, die in der Mitte liegen und lege es zurück. Wenn ich »jetzt« sage, dürft ihr die Augen öffnen. Ihr sagt mir dann, welches Instrument ich gespielt habe.

Wir haben jetzt gelernt, gut zuzuhören. Was muss wohl geschehen, damit man Gott hören kann? (Leise sein, das Herz öffnen, lernen, auf das, was um uns herum geschieht, zu hören und zu schauen, weil Gott zu uns meistens durch andere Menschen spricht.) Manchmal, wenn es still ist, können wir spüren, dass Gott da ist.

Lied: Ich will auf das Leise hören

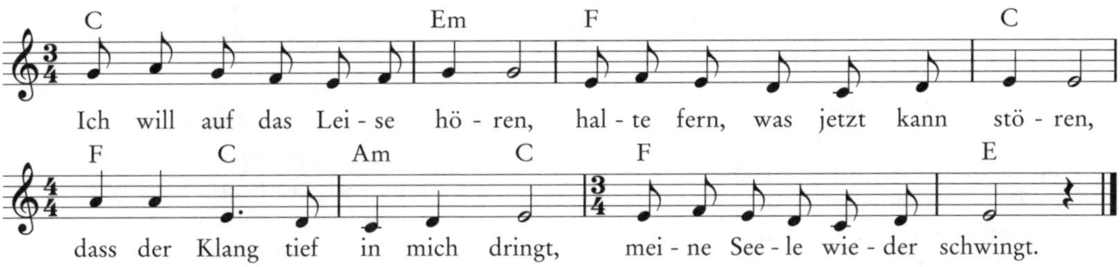

T und M: Wolfgang Longardt
Aus: Katechetische Spielmappe
Rechte: Verlag Ernst Kaufmann, Lahr

7 bis 10 Jahre

Gebet
Guter Gott,
du hast zu Samuel gesprochen.
Samuel hat dich nicht verstanden.
Er brauchte jemanden,
der ihm sagte, dass es Gott ist
Bitte, schenke uns auch Menschen,
die uns zeigen,
wie wir auf dich hören können. Amen.

Schriftlesung

Spiellied: Da rief Gott nach Samuel

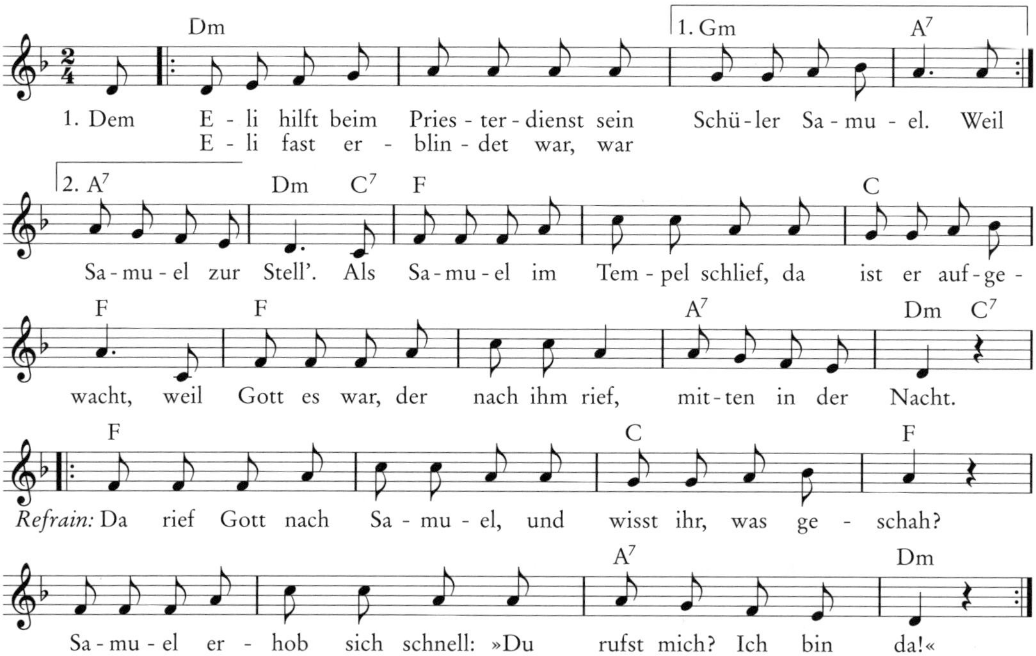

2. Doch Gottes Stimme war ihm fremd
und noch so unbekannt.
Und darum ist der Junge gleich
zum Priester hingerannt:
»Du riefst mich, Priester«, sagte er,
doch Eli meinte: »Nein,
geh nur und leg dich ruhig hin,
und schlafe wieder ein.«

3. Doch Gottes Stimme war ihm fremd
und noch so unbekannt.
Drum ist der Junge noch einmal
zum Priester hingerannt:
»Jetzt riefst du aber«, sagte er,
doch Eli wieder: »Nein,
geh nur und leg dich ruhig hin,
und schlafe wieder ein.«

4. Beim dritten Mal fiel Eli erst
der Schleier vom Gesicht:
Das kann doch Gott nur selber sein,
der zu dem Jungen spricht.
So kam's, dass Eli Samuel
am Ende fast beschwört:
»Wenn Gott dich ruft, dann sage laut:
Herr, sprich, dein Diener hört.«

Schluss: Rede, Herr, dein Diener hört.
Gott hat in dieser Nacht
diesen Jungen zum Propheten
Samuel gemacht.

T: Rolf Krenzer M: Ludger Edelkötter
Aus: Weil du mich so magst
Rechte: Impulse Musikverlag Ludger Edelkötter

11 bis 13 Jahre

Gebet
Guter Gott,
wir können dich nur hören,
wenn wir ganz still und aufmerksam werden.
Wir bitten dich: Schenke uns immer wieder Momente der Ruhe und Stille,
damit wir besser auf dich hören können. Amen.

Schriftlesung

Bildbetrachtung
Das Bild miteinander betrachten. Erzählen, was wir sehen. Was geht wohl in dem »Hörenden« vor? Wir versuchen, seine Fragen und Gedanken auszusprechen. Wir machen die Haltung nach und hören aufmerksam auf alles, was um uns herum geschieht.
Wir werden ganz still. L flüstert leise den Namen eines jeden Kindes. Dieses Kind legt dann langsam die Hände in den Schoß.

Toni Zenz, Plastik »Der Hörende«

Rechte beim Künstler

3. Sonntag im Jahreskreis

Schriftstellen: Jona 3,1–5.10 / 1 Kor 7,29–31 / Mk 1,14–20

Schriftlesung: Nach Mk 1,14–20

Jesus wanderte allein durch Galiläa; er verkündete das Evangelium, die frohe Botschaft Gottes. Er suchte Menschen, die ihm bei dieser wichtigen Aufgabe halfen.
Als Jesus am See von Galiläa entlangging, sah er Simon und dessen Bruder Andreas. Sie waren Fischer und warfen auf dem See ihr Netz aus. Da sagte er zu ihnen: »Kommt her, folgt mir nach! Ich werde euch zu Menschenfischern machen.« Sogleich ließen sie ihre Netze liegen und folgten ihm.
Als er ein Stück weiterging, sah er die Brüder Jakobus und Johannes; sie waren im Boot und flickten ihre Netze. Da rief er sie, und sie ließen ihren Vater Zebedäus mit seinen Arbeitern im Boot zurück und folgten Jesus nach.

Thematische Stichworte

Nachfolge / Jünger sein / Frohe Botschaft vom Reich Gottes

Liedvorschläge für die Altersgruppen

3–10: Gottes Liebe ist so wunderbar (S. 133)
Im Namen des Vaters (S. 38)
11–13: Als du einst vorbeigingst (SL 167)
Eines Tages kam einer (SL 170)
Friedensnetz (SL 281)

Gestaltung der Mitte

Eine Kerze auf einem Tuch

Ausmalvorlage

3 bis 6 Jahre

Gebet

Jesus, du hast Freunde gesucht.
Sie sind mit dir gegangen.
Sie sind deine Jünger.
Wir wollen auch deine Freunde sein.
Hilf uns dabei. Amen.

Schriftlesung

Spiellied: Ich bleib bei dir stehen

T: Rolf Krenzer M: Englisches Volkslied
Textrechte beim Autor

Spielanleitung

Alle stehen im Kreis. Ein Kind steht in der Mitte des Kreises. Nach der Jesuserzählung spielt dieses Kind Jesus. Es bleibt vor einem Kind im Kreis stehen und fragt: »Willst du mit mir gehen?« Das Kind aus dem Kreis gibt »Jesus« die Hand und geht mit ihm. Das Lied wird gesungen. Dann bleibt »Jesus« vor einem weiteren Kind stehen und stellt die gleiche Frage usw., bis alle Kinder mitgehen.

Figuren aus Tonpapier

Material: Tonpapier, Scheren, Klebstoff, Stifte
Im Anschluss an das Lied kann jedes Kind eine Figur aus Tonpapier ausschneiden. Die Figuren werden auf einem großen Bogen Papier so zusammengeklebt, dass sie sich die Hand reichen. In der Mitte des Papiers ist ein Bild von Jesus gemalt oder geklebt.

7 bis 10 Jahre

Gebet

Jesus, du findest Freunde, die mit dir gehen.
Du sagst einfach: Komm mit mir!
Jesus, wir wollen auch mit dir gehen.
Hilf uns dabei. Amen.

Schriftlesung

Szenisches Spiel: Jesus beruft seine Jünger – Jesus findet Freunde

Erzähler: Jesus geht allein durch das Land. Er will den Menschen von Gott erzählen. Jesus ist Gottes Sohn. Am See stehen zwei Fischer. Sie wollen Fische fangen.

Zwei Kinder stellen pantomimisch dar, dass sie angeln, die Netze auswaschen, Fische in einen Eimer legen. Jesus ist während der Worte des Erzählers zu den Fischern gegangen. Er bleibt bei ihnen stehen und sieht ihnen zu.

Jesus: Kommt mit mir!
1. Fischer: Wer bist du?
Jesus: Ich bin Jesus.
2. Fischer: Und was willst du tun?
Jesus: Ich will den Menschen von Gott erzählen.
1. Fischer: Hast du keine Arbeit?
Jesus: Doch! Aber was ich tun will, ist wichtiger!
2. Fischer: Du hast Recht. Ich komme mit!
1. Fischer: Ich komme auch mit. Wollen wir Freunde sein?

Die beiden Fischer reichen Jesus ihre Hände, und Jesus schlägt ein.

Erzähler: Jesus und die beiden Fischer gehen zusammen. Sie sind Freunde. Dort drüben auf dem See fahren drei Männer in einem Schiff.

In einem Boot (umgekippter Tisch) rudern drei Männer. Jesus und die beiden Fischer sehen ihnen zu.

Jesus: Kommt mit mir!
1. Mann: Wer seid ihr?
Beide Fischer: Wir waren Fischer! Ja, wir waren auch Fischer.
Jesus: Ich bin Jesus.
1. Fischer: Er ist unser Freund.
2. Mann: Und was willst du tun?
Jesus: Ich will den Menschen von Gott erzählen.
3. Mann: Und ihr?
2. Fischer: Wir sind seine Freunde. Wir gehen mit ihm.
1. Mann: Und eure Arbeit?
1. Fischer: Was er tun will, ist wichtiger!
1. Mann: Du hast Recht.

Er fragt die anderen. Sie beraten leise.

2. Mann: Wir kommen mit!

Sie rudern, dann steigen sie aus, gehen auf Jesus zu.

3. Mann: Wollen wir Freunde sein?

Die Fischer, Jesus und die drei Männer aus dem Boot geben sich die Hände. Dann gehen sie gemeinsam weiter.

Rolf Krenzer

Aus: Rolf Krenzer, Glauben erlebbar machen, Verlag Herder, Freiburg 1985/1996

11 bis 13 Jahre

Gebet

Herr Jesus Christus,
du berufst Menschen, dir zu folgen.
Es sind einfache Menschen,
die du einlädst, mit dir zu gehen.
Fischer ohne Schulbildung oder Studium.
Du möchtest, dass alle
deine Botschaft verstehen
und nicht nur die besonders Klugen.
Hilf auch uns, dir nachzufolgen
und mit dir zu gehen. Amen.

Gestaltung: Fischernetz

Material: ein großes blaues Tuch, Wollfäden
Die Kinder erhalten den Auftrag, in der Mitte ein großes blaues Tuch auszubreiten. Jedes Kind erhält einen oder mehrere Wollfäden. Daraus knüpfen sie ein großes Netz. Das fertige Netz wird über das blaue Tuch gelegt.

Schriftlesung

Gespräch

Was waren das für Menschen, die Jesus in seine Nachfolge berufen hat? (Fischer) Welche Schulbildung hatten sie – was konnten sie gut? Was sollten sie werden? (Menschenfischer.) Das heißt, sie sollten das, was sie bisher gelernt hatten und gut konnten, jetzt für Jesus einsetzen.

Besinnung

Jedes Kind überlegt für sich, was es besonders gut kann und wie es das für Jesus einsetzen kann (evtl. ruhige Musik einspielen).

Figuren aus Tonpapier

Material: Tonpapier, Scheren
Jedes Kind schneidet eine Figur aus Tonpapier aus, schreibt seinen Namen darauf und das, was es besonders gut kann. Dann legt es die Figur in das Netz.

Gespräch

Was bedeutet es, sich von Jesus »einfangen« zu lassen? Was meint Jesus, wenn er zu seinen Jüngern sagt: »Ihr sollt Menschenfischer sein.«?
Zum Schluss kann das Lied vom »Friedensnetz« gesungen werden (SL 281).

4. Sonntag im Jahreskreis

Schriftstellen: Dtn 18,15–20 / 1 Kor 7,32–35 / Mk 1,21–28

Schriftlesung: Nach Mk 1,21–28

Jesus kam mit seinen Freunden nach Kafarnaum. Am folgenden Sabbat ging er in die Synagoge, das jüdische Gotteshaus, und lehrte. Die Menschen hörten ihm gut zu, denn sie spürten: Hier redet einer, der von Gott kommt.

In ihrer Synagoge saß ein Mann, der von einem unreinen Geist besessen war. Der begann zu schreien: »Was haben wir mit dir zu tun, Jesus von Nazaret? Bist du gekommen, um uns ins Verderben zu stürzen? Ich weiß, wer du bist: der Heilige Gottes.«

Da befahl Jesus dem unreinen Geist: »Schweig und verlass ihn!«

Der unreine Geist zerrte den Mann hin und her und verließ ihn mit lautem Geschrei. Da erschraken alle, und einer fragte den anderen: »Was hat das zu bedeuten? Hier wird mit Vollmacht eine ganz neue Lehre verkündet. Sogar die unreinen Geister gehorchen seinem Befehl.«

Und Jesus wurde rasch im ganzen Gebiet von Galiläa bekannt.

Thematische Stichworte

Betroffenheit / göttliche Vollmacht / böse (unreine) Geister / Wer ist Jesus?

Liedvorschläge für die Altersgruppen

3–10: Ich lade dich ganz herzlich ein (SL 4)

11–13: Als du einst vorbeigingst (SL 167)
Wenn wir das Leben teilen (SL 186)

Gestaltung der Mitte

Ein Jesusbild auf einem Tuch (z. B. Jesusikone)

Ausmalvorlage

3 bis 6 Jahre

Gebet
Guter Gott,
dein Sohn Jesus kam in die Welt.
Er war gut zu den Menschen.
Viele haben ihn nicht verstanden.
Hilf, dass wir ihn verstehen. Amen.

Schriftlesung

Gestaltung zum Thema: Wer ist Jesus?
Material: ein großer Bogen Papier, DIN A4-Papier, Stifte, Klebstoff
In die Mitte eines großen Bogens Papier wird ein Bild von Jesus geklebt. Jedes Kind malt, wie es sich Jesus vorstellt. Diese Bilder werden um das Jesusbild in der Mitte gelegt.

Besinnung
L spricht:
Jesus, wir sehen dich.
Viele Bilder zeigen,
wie du ausgesehen haben kannst.
Wir kennen dich, Jesus,
aus den vielen Geschichten,
die wir von dir hören
hier im Gottesdienst,
im Kindergarten,
zu Hause.
Nur daher können wir uns vorstellen,
wer du bist.
Du bist gut zu den Menschen.
Du hilfst ihnen, wenn sie krank sind.
Du hilfst ihnen,
wenn sie keine Freunde haben.
Du kommst von Gott.
Du sagst uns:
Ich habe dich lieb.
Dafür, Jesus, sagen wir dir danke.
Wir sehen dein Zeichen an vielen Orten.
Wir sehen dein Zeichen, das Kreuz,
auch in der Kirche.
Jesus, immer, wenn wir dein Zeichen sehen,
wollen wir an dich denken.

Lied: Ich lade dich ganz herzlich ein (SL 4)
Spielanleitung: Alle stehen im Kreis, die Hände durchgefasst.
Die Melodie leise und langsam summen, dabei die Augen schließen und im Takt hin und her wiegen.
Dann die erste Strophe singen.
Die Melodie wieder summen, danach die zweite Strophe singen. Dabei mit durchgefassten Händen die Arme heben.
Die Melodie ein letztes Mal summen, dabei die Arme wieder senken.

7 bis 10 Jahre

Gebet

Guter Gott, dein Sohn Jesus kam in die Welt.
Damals und heute aber
verstehen viele Menschen nicht,
was er wirklich wollte.
Seine Freunde haben ihm
viele Namen gegeben.
Hilf uns, Jesus immer besser kennen zu lernen. Amen.

Schriftlesung

Wer ist Jesus?

L spricht:

Wer ist Jesus? Diese Frage haben sich die Menschen zur Zeit Jesu immer wieder gestellt. Sie haben Jesus viele Namen gegeben: Jesus, Christus, Erlöser, Heiland, Gottes Sohn, Menschensohn, Herr, Meister, Messias, Retter.
Malt in die Kreise die Geschichten hinein, die zu den Namen Jesu passen.

Jesus, der Menschensohn
Wir malen in den Kreis ein Bild von der Geburt Jesu.

Jesus, Gottes Sohn
Wir malen in den Kreis ein Bild von der Taufe Jesu im Jordan.

Jesus, der Heiland
Wir malen eine Geschichte, in der Jesus einen Menschen heilt.

Jesus, der Erlöser
Wir malen in den Kreis ein Bild, wie Jesus am Kreuz für uns stirbt.

11 bis 13 Jahre

Gebet

Guter Gott,
dein Sohn Jesus kam in die Welt.
Für viele Menschen wurde er wichtig.
Heute bedeutet er
für viele nichts mehr.
Wer ist Jesus?
Diese Frage beschäftigt uns immer wieder.
Hilf uns, dass wir eine Antwort
darauf finden. Amen.

Schriftlesung

Wer ist Jesus?

L spricht:

Wer ist Jesus? Diese Frage haben sich die Menschen immer wieder gestellt.

Die Menschen haben Jesus viele Namen gegeben: Jesus, Christus, Erlöser, Heiland, Gottes Sohn, Menschensohn, Herr, Meister, Messias, Retter, wunderbarer Ratgeber, Friedensfürst. Versucht diese Namen in das Rätsel richtig einzusetzen. Wenn ihr ein Wort hineingeschrieben habt, überlegt, was dieser Name Jesu bedeuten könnte!

5. Sonntag im Jahreskreis

Schriftstellen: Ijob 7,1–4.6–7 / 1 Kor 9,16–19.22–23 / Mk 1,29–39

Schriftlesung: Nach Mk 1,29–39

Jesus verließ mit seinen Freunden die Synagoge, das Gotteshaus der Juden und ging zusammen mit Jakobus und Johannes in das Haus des Simon und Andreas.
Die Schwiegermutter des Simon lag mit Fieber im Bett. Sie sprachen mit Jesus über sie, und er ging zu ihr, fasste sie an der Hand und richtete sie auf. Da ging das Fieber herunter, und sie sorgte für sie. Am Abend, als die Sonne untergegangen war, brachte man viele Kranke zu Jesus. Die ganze Stadt war vor der Haustür versammelt, und er heilte viele, die an allen möglichen Krankheiten litten, und trieb viele Dämonen aus. Und er verbot den Dämonen zu reden; denn sie wussten, wer er war.
In aller Frühe, als es noch dunkel war, stand er auf und ging an einen einsamen Ort, um zu beten.
Simon und seine Begleiter eilten ihm nach, und als sie ihn fanden, sagten sie zu ihm: »Alle suchen dich.« Er antwortete: »Lasst uns anderswohin gehen, in die anderen Dörfer, damit ich auch dort die frohe Botschaft Gottes weitersage; denn dazu bin ich gekommen.« Und er zog durch das ganze Land Galiläa, predigte in den Synagogen und trieb die Dämonen aus.

Thematische Stichworte

Jesus heilt, lehrt, betet / Grundfunktionen von Gemeinde

Liedvorschläge für die Altersgruppen

3–6: Wenn einer sagt, ich mag dich, du (SL 221)
7–10: Als du einst vorbeigingst (SL 167)
Ich lade dich ganz herzlich ein (SL 4)
11–13: Einer ist unser Leben (SL 172)

Gestaltung der Mitte

Eine Jesuskerze auf einem Tuch

Ausmalvorlage

3 bis 6 Jahre

Gebet

Guter Gott, dein Sohn Jesus
ist in die Welt gekommen.
Er hat die Menschen froh gemacht.
Er hat ihnen von dir erzählt.
Wir wollen zu ihm gehören.
Hilf uns dabei. Amen.

Gestaltung zur Schriftlesung

Jesus war mit seinen Freunden in das Gotteshaus, die Synagoge gegangen.	*Aus grauen und blauen Tüchern wird die Synagoge angedeutet.*
Dort hat er mit ihnen gebetet. Er hat von Gott erzählt.	*Eine große Jesuskerze wird in die Synagoge gestellt.*
Er hat aus der Bibel vorgelesen.	*Dazu wird eine Bibel gelegt.*
Als sie aus dem Gotteshaus kamen, gingen sie in das Haus von Simon und Andreas. Dort wollten sie miteinander essen.	*Aus braunen und beigen Tüchern wird das Haus des Simon und Andreas angedeutet.*
Aber die Hausfrau war krank.	*Ein schwarzes Tuch über das Haus breiten.*
Jesus ging zu ihr hin. Er legte ihr die Hand auf die Stirn. Da ging es ihr gleich wieder besser. Sie konnte aufstehen.	*Die Jesuskerze wird zum Haus gestellt. Das schwarze Tuch wird weggenommen, die Jesuskerze wird in das Haus gestellt.*
Dann aßen und tranken alle zusammen.	*Ein Glas und ein Teller werden dazugestellt.*
In der Stadt hatte es sich herumgesprochen, dass Jesus da war.	*Ein grünes Tuch wird vor das Haus gelegt.*
Alle kamen zum Haus von Simon und Andreas. Sie brachten ihre Kranken mit.	*Darauf werden ein Verband, Pflaster und Salbe gelegt.*
Jesus legte ihnen die Hände auf und konnte vielen helfen. So verging der Tag.	*Die Jesuskerze wird dazugestellt.*
Am anderen Morgen, als alle noch schliefen, stand Jesus auf.	*Ein dunkelblaues Tuch wird neben das Haus von Simon und Andreas gelegt.*
Er wollte allein sein. Er wollte beten.	*Die Jesuskerze wird darauf gestellt.*
Kurz darauf kamen seine Freunde und sagten: »Alle suchen dich.« Jesus sagte: »Wir wollen weitergehen.	*Aus braunen Tüchern wird ein Weg gelegt, die Jesuskerze wird darauf gestellt.*
Wir müssen noch einen langen Weg gehen, denn viele Menschen warten darauf, dass ich ihnen die frohe Botschaft vom Reich Gottes verkünde.«	*Die Bibel aus der Synagoge wird dazu gelegt.*

Gespräch

Im Gespräch sollte mit den Kindern noch einmal herausgearbeitet werden, was Jesus in der Geschichte gemacht hat: Er hat den Menschen von Gott erzählt. Er hat Menschen geheilt. Er hat zu Gott gebetet.

7 bis 10 Jahre

Gebet

Guter Gott,
im Gottesdienst hören wir
immer wieder von Jesus.
Er hat die Menschen froh gemacht.
Er hat sie heil gemacht.
Er hat ihnen von dir erzählt.
Er hat zu dir gebetet, mit dir gesprochen.
Zeige uns immer wieder,
wie wir Jesus nachfolgen können. Amen.

Schriftlesung

Gespräch

Was tut Jesus in der Geschichte? (Den Menschen Gottes frohe Botschaft verkünden, zu Gott beten, Menschen heil und froh machen.)
Was müssen wir tun, wenn wir zu Jesus gehören wollen? (Wir müssen das tun, was Jesus getan hat.)
Was müssen Gemeinden tun, die sagen: Wir sind Christen? (Sie müssen das tun, was Jesus getan hat.)

Gestaltung zum Schrifttext

Material: ein großer Bogen Papier, Stifte
In drei einzelnen Spalten wird auf einem großen Bogen Papier eingetragen,
- wie Jesus die drei genannten Dinge immer wieder getan hat,
- wie wir, jede/r Einzelne von uns, sie tun können,
- wie sie in einer christlichen Gemeinde verwirklicht werden.

Jesus	Jede/r Einzelne	Gemeinschaft der Christen

11 bis 13 Jahre

Gebet
Herr Jesus Christus,
du bist in die Welt gekommen,
um den Menschen
Gottes frohe Botschaft weiterzusagen.
Du hast es in Wort und Tat vorgelebt.
Du hast die frohe Botschaft verkündet.
Du hast die Menschen froh und heil gemacht.
Die Kraft dafür hast du im Gebet zu Gott,
deinem Vater gefunden.
Danke, Jesus, für das, was du uns gezeigt
und was du für uns getan hast. Amen.

Schriftlesung

Jesus heilt, lehrt und betet – Jesusmandala
Das Mandala unter drei Aspekten ausmalen bzw. schön beschriften:
Innerer Kreis: Jesus betet (das Vaterunser hineinschreiben, malen, wie Jesus betet).
Mittlerer Kreis: Jesus verkündet die frohe Botschaft (zentrale Worte Jesu hineinschreiben).
Äußerer Kreis: Jesus wendet sich den Menschen zu (Szenen benennen oder hineinzeichnen, in denen Jesus sich Menschen zuwendet).
Zum Schluss mit Buntstiften über das Geschriebene malen.

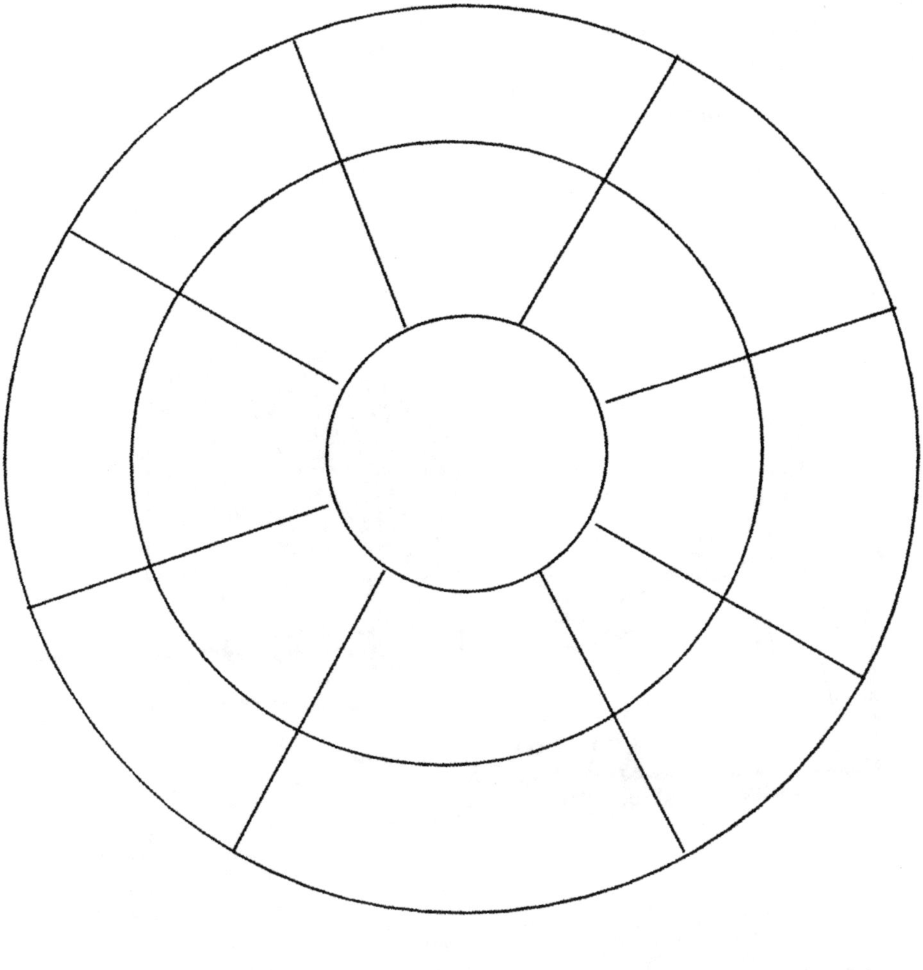

6. Sonntag im Jahreskreis

Schriftstellen: Lev 13,1–2.43ac.44ab.45–46 / 1 Kor 10,31–11,1 / Mk 1,40–45

Schriftlesung: Nach Mk 1,40–45

Ein Kranker kam zu Jesus und bat ihn um Hilfe. Er war ein Aussätziger. Die Krankheit war so schlimm, dass Menschen, die darunter litten, sich von allen gesunden Menschen fern halten mussten. Sie waren ausgestoßen. Die Leute sagten: Sie sind unrein. Niemand durfte sie berühren.

Der Aussätzige fiel vor Jesus auf die Knie und sagte: »Wenn du willst, kannst du machen, dass ich rein werde.«

Jesus hatte Mitleid mit ihm; er streckte die Hand aus, berührte ihn und sagte: »Ich will es – werde rein!«

Im gleichen Augenblick verschwand der Aussatz, und der Mann war rein.

Jesus schickte ihn weg und sagte: »Nimm dich in Acht! Erzähl niemandem etwas davon, sondern geh, zeig dich dem Priester und tu das, was die Gebote vorschreiben.«

Der Mann aber ging weg und verbreitete die ganze Geschichte, so dass sich Jesus in keiner Stadt mehr zeigen konnte; er hielt sich nur noch außerhalb der Städte an einsamen Orten auf. Trotzdem kamen die Leute von überallher zu ihm.

Thematische Stichworte

Aussätzig (Außenseiter sein) / Mitleid / Hand ausstrecken

Liedvorschläge für die Altersgruppen

3–6: Hände, die schenken (SL 158)
7–13: Als du einst vorbeigingst (SL 167)
Jesus wohnt in unsrer Straße (SL 211)
11–13: Blinde bleiben blind (SL 103)
Liebe ist nicht nur ein Wort (SL 169)

Gestaltung der Mitte

Eine Jesuskerze auf einem Tuch

Ausmalvorlage

3 bis 6 Jahre

Gebet
Gott, du willst, dass wir alle heil und gut sind.
Dein Sohn Jesus hat es uns gezeigt.
Danke, Gott. Amen.

Szenisches Spiel und Verklanglichung des Evangeliums

Text:	*Bewegungen:*	*Verklanglichung:*
Jesus ist mit seinen Freunden unterwegs. Er wandert durch Stadt und Land.	*Einige Kinder haben Tücher umgehängt. Das Kind, das Jesus darstellt, hat zwei gelbe Tücher um.*	*Mit Klanghölzern das Gehen nachmachen, ab und zu einen Ton auf der Triangel einfließen lassen.*
Vor einer Stadt kommt ein Kranker auf Jesus zu. Er ist aussätzig. Keiner darf ihn berühren, sonst wird er auch krank. Die Freunde Jesu strecken deshalb die Arme vor das Gesicht und sagen: »Geh weg!« Aussätzige sind sehr allein.	*Ein Kind mit schwarzem Umhang nähert sich Jesus.* *Die Jünger halten die Hände vor das Gesicht und strecken dann die Arme von sich.* *Der Aussätzige bleibt einen Moment außerhalb stehen.*	*Rumbarasseln schütteln* *Klanghölzer klappern aufgeregt.* *Rumbarasseln*
Dieser Kranke aber ruft Jesus zu: »Wenn du willst, kannst du mich rein und gesund machen!«	*Der Aussätzige streckt Jesus seine Hände entgegen.*	*Rumbarasseln*
Jesus hat Mitleid mit ihm. Er geht auf ihn zu.	*Jesus geht auf den Kranken zu.*	*Triangel*
Die Freunde sind aufgeregt: »Was macht Jesus? Er wird ihn doch nicht berühren?«	*Die Jünger halten erschrocken die Hände vor den Mund.*	*aufgeregte Hölzer*
Jesus streckt seine Hand aus.	*Jesus streckt die Hand aus.*	*Triangel*
Er berührt den Kranken und sagt: »Ich will es! Sei rein und gesund!«	*Jesus legt dem Kranken eines seiner gelben Tücher um die Schulter.*	*Triangel*
Im gleichen Moment verschwindet der Aussatz und der Mann ist gesund.		*Schellenkranz statt Rumbarassel*
Jesus sagt: »Geh und zeige dich den Priestern, damit sie dich für rein erklären und du wieder bei deiner Familie leben kannst!«	*Jesus weist mit dem Finger von sich weg.*	*Triangel*
Da geht der Mann glücklich weiter.	*Der Kranke geht.*	*Schellenkranz im Schreitrhythmus*
Die Freunde sind erschrocken und erstaunt.	*Die Freunde halten die Hände vor den Mund.*	*Klanghölzer aufgeregt*

7 bis 10 Jahre

Gebet

Guter Gott, dein Sohn Jesus Christus
hat die Menschen froh und heil gemacht.
Hilf uns, dass wir
keine Menschen ausgrenzen
sondern uns bemühen,
andere froh zu machen. Amen.

Schriftlesung

Text: Kennst du sie auch?

Aus der Zeitung den Fußballstar?
Den Jungen mit dem roten Haar?
Die Frau mit dem komischen Hut?
Das Kind mit der Brille, es sieht nicht gut?
Den verrückten Alten von nebenan?
Den Krüppel in der Straßenbahn?
Das Mädchen mit der dunklen Haut?
Und den Jochen, der lacht so laut?
Den Nachbarn mit dem dicken Bauch?

Kennst du sie *auch*?

Und du?
Kennst du *dich* auch?

Max Bolliger

Rechte beim Autor

Text: Wir haben einen Neuen

Wir haben einen Neuen in der Klasse
mit roten Haaren, stell dir vor!
Na und?
Deshalb klettert er trotzdem
durch dichte Hecken,
deshalb spielt er trotzdem gern
im Wald Verstecken,
weiß trotzdem, was ein Wigwam ist,
weiß trotzdem, wie man Pfeile schießt,
kann trotzdem einen Handstand machen,
kann trotzdem hundert andre Sachen.
Und hätt' er Sommersprossen,
wär er kugelrund,
hätt' krumme Beine er,
ich sagte nur: Na und?
Dass er so ist,
es ist nicht seine Schuld.
Dass du's nicht bist,
das ist nicht deine Schuld.
Doch wenn er fremd, verlassen bleibt
und ganz alleine,
dann ist's nicht seine Schuld.
Dann ist es deine.

Gisela Schütz

Aus: Steinwede, Vorlesebuch Religion 2, Verlag Ernst Kaufmann, Lahr / Vandenhoeck / Patmos / TVZ

Gespräch

Einen der beiden Texte miteinander lesen. Versuchen darüber ins Gespräch zu kommen: Wen grenze ich aus – warum? Wer grenzt mich aus – warum?
Wie können wir lernen, auch mit denen in Frieden zu leben, die wir nicht so sehr mögen?

11 bis 13 Jahre

Gebet
Gott, oft grenzen wir andere aus,
weil sie anders sind als wir.
Sie sehen nicht so aus,
wie wir es gewohnt sind.
Sie haben eine Behinderung.
Sie haben eine andere Hautfarbe.
Sie haben eine andere Sprache.
Sie haben andere Gewohnheiten.
Herr, hilf du uns, nicht auszugrenzen
sondern zu verstehen. Amen.

Schriftlesung

Zeitungspuzzle
Material: schwarzes Tonpapier, Zeitungen, Scheren, Klebstoff, Papier, Stifte
Alle schauen gemeinsam einige Tageszeitungen der letzten Wochen an. Es werden Artikel ausgesucht, in denen davon berichtet wird, wie Menschen andere Menschen verachten, ausgrenzen, ausstoßen. Die Schlagzeilen werden ausgeschnitten und daraus auf schwarzem Tonpapier ein »Poster der Ausgestoßenen und Benachteiligten« gestaltet.
Als nächstes schreiben alle Schlagzeilen auf, die Jesus zu diesem Thema geschrieben hätte (z. B.: Nehmt euch der Menschen an, die vertrieben werden!)

7. Sonntag im Jahreskreis

Schriftstellen: Jes 43,18–19.21–22.24b–25 / 2 Kor 1,18–22 / Mk 2,1–12

Schriftlesung: Nach Mk 2,1–12

Als Jesus nach Kafarnaum zurück kam, kamen so viele Menschen zu ihm, dass nicht einmal mehr vor der Tür Platz war. Jesus verkündete ihnen die frohe Botschaft vom Reich Gottes.

Vier Freunde brachten auf einer Bahre einen Gelähmten zu ihm. Weil sie ihn aber wegen der vielen Leute nicht bis zu Jesus ins Haus bringen konnten, gingen sie über die Seitentreppe auf das Dach und entfernten die Zweige, die das Dach bildeten. Genau dort, wo Jesus war, ließen sie ihren gelähmten Freund auf seiner Tragbahre durch die Öffnung hinab.

Als Jesus sah, wie sehr sie sich abgemüht hatten und darauf vertrauten, dass er ihnen half, sagte er zu dem Gelähmten: »Mein Sohn, deine Sünden sind dir vergeben!«

Einige Schriftgelehrte aber, die dort saßen und nicht gut auf Jesus zu sprechen waren, dachten im Stillen: Wie kann Jesus so etwas sagen? Er, der Mensch, stellt sich an die Stelle Gottes! Wer kann Sünden vergeben außer dem einen Gott?

Jesus erkannte sofort, was sie dachten, und sagte zu ihnen: »Was für Gedanken habt ihr im Herzen? Ist es leichter, zu dem Gelähmten zu sagen: Deine Sünden sind dir vergeben!, oder zu sagen: Steh auf, nimm deine Tragbahre und geh umher? Ihr sollt aber erkennen, dass ich von Gott die Vollmacht habe, hier auf der Erde Sünden zu vergeben.« Und er sagte zu dem Gelähmten: »Ich sage dir: Steh auf, nimm deine Tragbahre und geh nach Hause!«

Der Mann stand sofort auf, nahm seine Tragbahre und ging vor aller Augen weg. Da gerieten alle außer sich; sie priesen Gott und sagten: So etwas haben wir noch nie gesehen.

Thematische Stichworte

Gelähmt sein/gehen können / Sünden vergeben / Menschen begegnen Jesus

Liedvorschläge für die Altersgruppen

3–6: Als Jesus auf der Erde war (SL 105)
7–10: Blinde bleiben blind (SL 103)
11–13: Als du einst vorbeigingst (SL 167)

Gestaltung der Mitte

Jesuskerze auf einem Tuch, darum herum evtl. Fußspuren aus Tonpapier

Ausmalvorlage

3 bis 6 Jahre

Gebet
Guter Gott, danke,
dass wir laufen und springen können.
Das macht uns froh. Amen.

Schriftlesung

Lied: Ich freue mich und springe

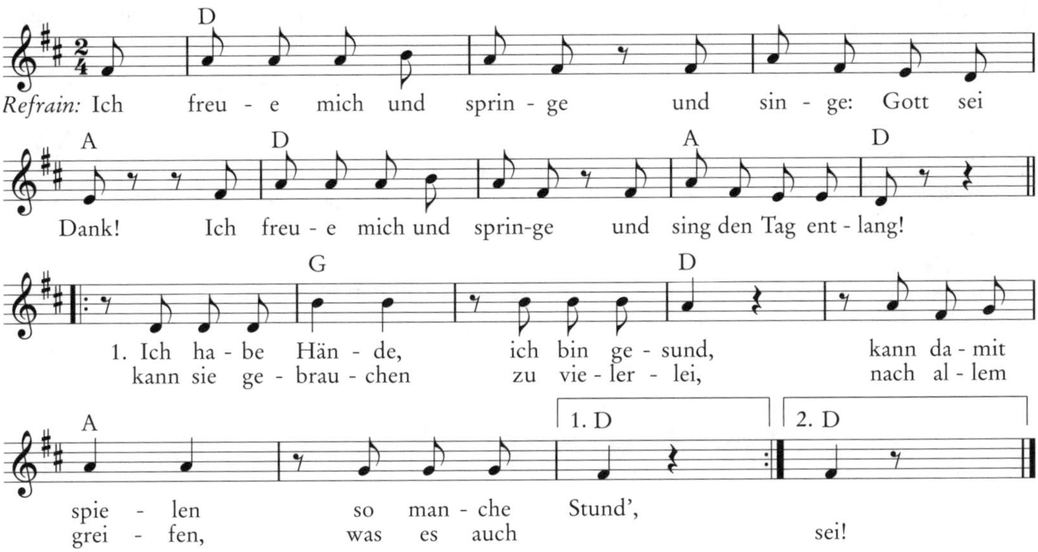

2. Ich hab Füße, ich bin gesund,
die mir gehorchen zu jeder Stund,
und die mich tragen, wohin ich mag,
ich lauf und springe den langen Tag.

3. Ich denk an and're, die krank, in Not,
wie kann ich helfen, zeig's, lieber Gott,
lenk Händ' und Füße, lenk Herz und Sinn,
dass ich den ander'n ein Helfer bin.

T und M: Wolfgang Longardt
Aus: Wolfgang Longardt, Spielbuch Religion 1
Rechte: Verlag Ernst Kaufmann, Lahr

Spiel zum Lied
Die Kinder stehen im Kreis. Beim Refrain springen sie auf der Stelle mit kleinen Schlusssprüngen. Zum Rhythmus von »Gott sei Dank« und »Tag entlang« klatschen sie mit.

1. Strophe: Die Kinder zeigen ihre Hände hoch, spielen pantomimisch mit einem Ball und greifen nach imaginären Dingen.

2. Strophe: Die Kinder zeigen ihre Füße abwechselnd, an der Stelle »... und die mich tragen« gehen sie hintereinander auf der Kreisbahn.

3. Strophe: Die Kinder stehen im Kreis, halten sich an den Händen und schließen die Augen. Ab »... lenk Hände und Füße« heben sie die Arme bei geschlossener Handhaltung langsam in die Höhe.

7 bis 10 Jahre

Gebet
Guter Gott, du hast uns Hände geschenkt,
die wir für vieles brauchen.
Du hast uns Füße geschenkt, damit wir laufen und springen können.
Danke, Gott, dafür. Amen.

Schriftlesung

Wahrnehmungsübung: Gehen
Diese Übung sollte in einem Raum mit Teppichboden durchgeführt werden; alle Kinder haben die Schuhe ausgezogen. L spricht:
Wir stellen uns im Raum verteilt auf.
Wir stellen uns fest auf unsere Füße.
Wir schließen die Augen.

Wir spüren genau,
wo unsere Füße den Boden berühren:
an den Zehen,
an den Fußballen,
an den Fersen.

Leise Musik einspielen und Zeit lassen, die Fußsohlen zu erspüren.

Wir lösen einen Fuß von der Erde,
erst die Ferse, dann den Fußballen,
dann die Zehen.
Langsam gehen wir einen Schritt vor.
Der zweite Fuß folgt dem ersten.
Wir öffnen die Augen.
Ganz langsam gehen wir zur Musik im Raum umher.

Musik einspielen, anschließend bleiben alle stehen.

Gespräch
Wie ging es uns bei dieser Übung? Haben wir unsere Füße gespürt?
Was wäre, wenn wir nicht gehen könnten?
Was könnten wir dann alles nicht?
Die Antworten auf ein Papier in der Mitte schreiben.

11 bis 13 Jahre

Gebet
Herr Jesus Christus,
viele Menschen sind um dich versammelt,
wenn du etwas tust.
Manche sind verwirrt
und wissen nichts damit anzufangen.
Manche sträuben sich gegen das, was sie sehen. Sie sagen: Wie kann das sein?
Manche staunen und glauben.
Wir bitten dich, zeige uns,
wie wir glauben können. Amen.

Schriftlesung

Sprechblasenspiel zum Evangelium
Den einzelnen Personengruppen in der Geschichte sind Sprechblasen zugeordnet. Mit den Kindern wird überlegt, wer die Einzelnen sind, welche Anliegen sie haben. In die Sprechblasen werden dann mögliche Äußerungen und Gedanken der einzelnen Personen geschrieben.

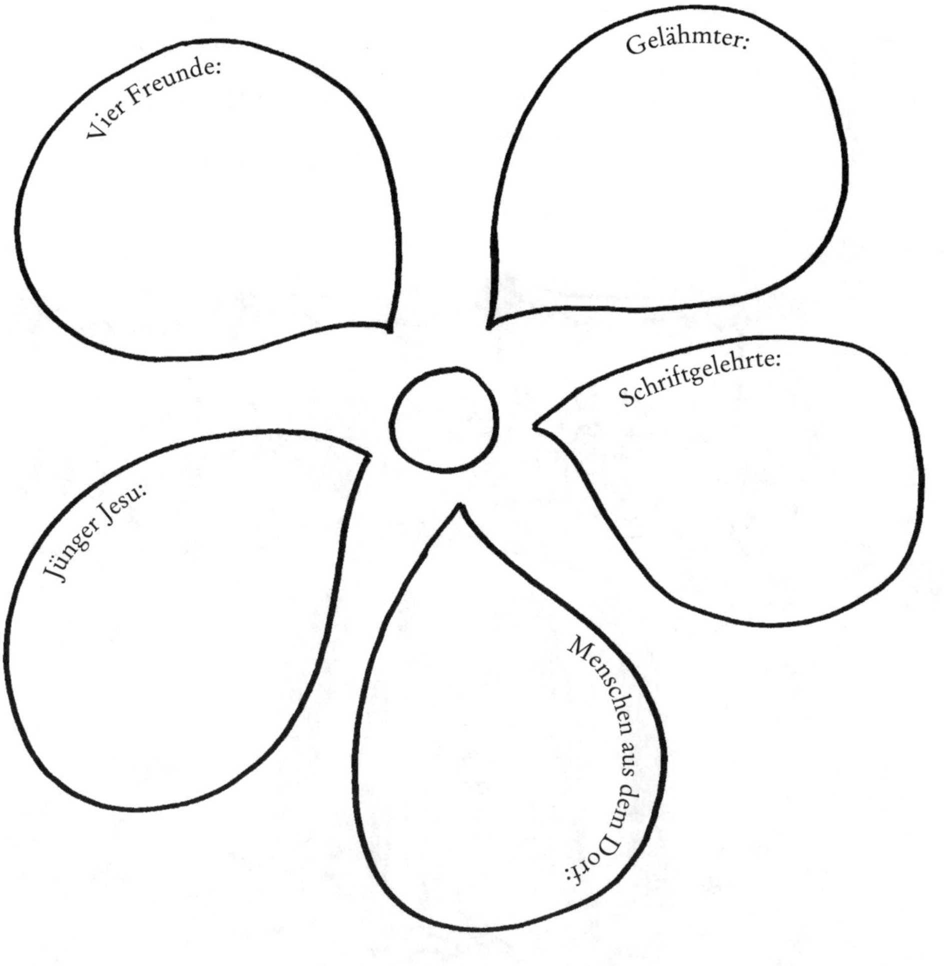

8. Sonntag im Jahreskreis

Schriftstellen: Hos 2.16b.17b.21–22 / 2 Kor 3,1b–6 / Mk 2,18–22

Schriftlesung: Nach Mk 2,18–22

Die Jünger Johannes des Täufers und andere fromme Menschen in Israel fasteten häufig. Deshalb kamen Leute zu Jesus und fragten: »Warum fasten deine Jünger nicht, während die Jünger des Johannes und die Jünger der Pharisäer fasten?«

Jesus antwortete ihnen: »Können denn die Hochzeitsgäste fasten, solange der Bräutigam bei ihnen ist? Solange der Bräutigam bei ihnen ist, können sie nicht fasten. Es werden aber Tage kommen, da wird ihnen der Bräutigam genommen sein; an jenem Tag werden sie fasten.

Niemand näht ein Stück neuen Stoff auf ein altes Kleid; denn der neue Stoff reißt doch vom alten Kleid ab, und es entsteht ein noch größerer Riss.

Auch füllt niemand neuen Wein in alte Schläuche. Sonst zerreißt der Wein die Schläuche; der Wein ist verloren, und die Schläuche sind unbrauchbar. Neuer Wein gehört in neue Schläuche.«

Thematische Stichworte

Neu und alt / Hochzeit / Stoff und Kleid / Schlauch und Wein

Liedvorschläge für die Altersgruppen

3–10: Das wünsch ich sehr (SL 218)
Kindermutmachlied (SL 221)

11–13: Brich mit dem Hungrigen dein Brot (SL 206)
Wegzeichen (SL 209)

Gestaltung der Mitte

Jesuskerze auf einem Tuch

Ausmalvorlage

3 bis 6 Jahre

Gebet
Jesus, du hast die Menschen lieb.
Du willst, dass sie froh sind.
Du sagst: Ich bin euer Bräutigam.
Ihr dürft feiern.
Danke, Jesus. Amen.

Schriftlesung

Gestaltung eines Hochzeitsgewandes
Material: bunte Tücher, Dekorationsmaterial, Kerze
Aus Tüchern wird in der Mitte ein großes buntes Gewand/Kleid angedeutet.
Die Kinder schmücken dieses Gewand mit bunten Steinen, Muscheln, Perlen, Schnüren. Sie stellen die Jesuskerze in das Gewand.

7 bis 10 Jahre

Gebet
Herr Jesus Christus,
viele Menschen haben dich nicht verstanden,
als du auf der Erde gelebt hast.
Sie haben nicht verstanden, was du sagst,
sie haben nicht verstanden, was du tust.
Bitte hilf uns, dich zu verstehen. Amen.

Schriftlesung

Experimente und Wettspiel
Die folgenden Spiele im Freien spielen oder vorher eine Plane unterlegen.

- Wasser schöpfen: Es werden zwei Mannschaften gebildet. Sie sollen mit einer Schöpfkelle Wasser von einem Eimer in einen anderen bringen. Eine Mannschaft hat eine neue Schöpfkelle, die andere eine alte, verbeulte, in die einige Löcher gebohrt sind. Die Kinder werden schnell protestieren, weil die mit der alten Kelle keine Chance zu gewinnen haben.
- Sand tragen: Wieder werden zwei Mannschaften gebildet. Jede Mannschaft erhält einen Durchschlag (oder ein Sieb). Auf ein Zeichen von L wird feiner Sand in den Durchschlag gekippt. Jeweils drei Kinder laufen los und versuchen mit den Händen so viel Sand wie möglich zu retten und in einen weiter entfernten Behälter zu geben. Dann kehren sie mit dem Durchschlag zurück, der für die Nächsten gefüllt wird.

Gespräch
»Neuer Wein in neue Schläuche« – mit Jesus hat etwas Neues begonnen. Da passen die alten Schläuche nicht mehr. Mit Jesus verändert sich das Leben.
Wie kann sich unser Leben durch Jesus verändern, wenn wir uns an das halten, was Gott von uns möchte? Wie ändern wir unser Verhalten? (Nicht mehr streiten, ruhig werden, beten, aufmerksam werden, ...)
In eine Tabelle wird eingetragen, wie Menschen sich verhalten sollten, wenn sie mit Jesus leben. Dann wird eingetragen, wie es sein kann, wenn Menschen nicht auf das hören, was Jesus will.

Was sich mit Jesus ändert:	**Wie es vorher war:**

11 bis 13 Jahre

Gebet

Herr Jesus Christus,
du hast etwas Neues in die Welt gebracht.
Viele Menschen haben dich
damals nicht verstanden.
Hilf uns, dass wir in deinem Geist versuchen,
etwas Neues, etwas Gutes
in die Welt zu bringen,
etwas, das dem Reich Gottes dient. Amen.

Schriftlesung

Collage: Flickenteppich

Material: Zeitungspapier, buntes Tonpapier, Stifte

Aus Zeitungspapier wird ein großes Kleidungsstück gerissen. Aus buntem Tonpapier werden »Flicken« geschnitten. Auf die Flicken wird geschrieben, was vorher im Gespräch gemeinsam überlegt wurde:

Welche Dinge hat Jesus neu in die Welt gebracht?

Was können wir bei uns, in unserer Familie, in der Schule im Sinne Jesu »erneuern«?

Die beschrifteten Flicken werden in das alte Kleid aus Zeitungspapier gelegt.

9. Sonntag im Jahreskreis

Schriftstellen: Dtn 5,12–15 / 2 Kor 4,6–11 / Mk 2,23–3,6

Schriftlesung: Nach Mk 2,23–3,6

Den Juden ist es verboten, am Sabbat, dem Sonntag der Juden, irgendwelche Arbeit zu verrichten. An einem solchen Sabbat ging Jesus mit seinen Freunden durch die Kornfelder. Unterwegs rissen die Jünger Jesu Ähren ab, um die Körner zu essen. Da sagten die Pharisäer zu Jesus: »Sieh dir an, was sie tun! Das ist doch am Sabbat verboten.«

Er antwortete: »Habt ihr nie gelesen, was David getan hat, als er und seine Begleiter hungrig waren und nichts zu essen hatten – wie er zur Zeit des Hohenpriesters Abjatar in das Haus Gottes ging und die heiligen Brote aß, die außer den Priestern niemand essen darf, und auch seinen Begleitern davon gab?«

Und Jesus fügte hinzu: »Der Sabbat ist für den Menschen da, nicht der Mensch für den Sabbat. Deshalb ist der Menschensohn Herr auch über den Sabbat.«

Als er ein anderes Mal in eine Synagoge ging, saß dort ein Mann, dessen Hand verdorrt war. Und sie gaben Acht, ob Jesus ihn am Sabbat heilen werde; sie suchten nämlich einen Grund zur Anklage gegen ihn.

Da sagte er zu dem Mann mit der verdorrten Hand: »Steh auf und stell dich in die Mitte!« Und zu den anderen sagte er: »Was ist am Sabbat erlaubt: Gutes zu tun oder Böses, ein Leben zu retten oder es zu vernichten?«

Sie aber schwiegen. Und er sah sie der Reihe nach an, voll Zorn und Trauer über ihr verstocktes Herz, und sagte zu dem Mann: »Streck deine Hand aus!« Er streckte sie aus, und seine Hand war wieder gesund. Da gingen die Pharisäer hinaus und fassten zusammen mit den Anhängern des Herodes den Beschluss, Jesus zu töten.

Thematische Stichworte

Sonntag / Sabbat / Hände und was sie tun können

Liedvorschläge für die Altersgruppen

3–6: Hände, die schenken (SL 158)
7–10: Zeit für Ruhe (SL 231)
11–13: Wenn wir das Leben teilen (SL 186)

Gestaltung der Mitte

Eine Sonne auf einem blauen Tuch

Ausmalvorlage

3 bis 6 Jahre

Gebet
Guter Gott, heute ist Sonntag.
Mama ist zu Hause und Papa auch.
Ich muss nicht in den Kindergarten.
Wir sind bei dir.
Du willst, dass wir ausruhen.
Danke, dass wir bei dir sein dürfen.
Danke für die Ruhe. Amen.

Schriftlesung

Kärtchenspiel
Sabbat, das heißt für uns heute Sonntag. Was tun wir am Sonntag miteinander?
Für alles, was die Kinder benennen, wird ein Symbol aus den vorher ausgeschnittenen Kärtchen genommen und in die vorbereitete Sonne auf dem blauen Tuch gelegt.
Falls die Kinder etwas benennen, das noch nicht vorgezeichnet ist, dürfen sie es selbst auf ein Kärtchen zeichen und dazu legen.

7 bis 10 Jahre

Gebet
Guter Gott, heute ist Sonntag.
Du sagst, wir sollen uns ausruhen.
Wir sollen zu dir kommen,
mit anderen auf dein Wort hören und feiern.
Lass uns nie vergessen,
dass der Sonntag dafür da ist. Amen.

Schriftlesung

Der Sonntag
Eines Tages kamen unter einem großen Baum die Tiere zusammen, weil auch sie einen Sonntag haben wollten wie die Menschen.
Der König der Tiere, der Löwe erklärte: »Das ist ganz einfach. Wenn ich eine Gazelle verspeise, dann ist für mich Sonntag.« Das Pferd meinte: »Mir genügt schon eine weite Koppel, dass ich stundenlang austraben kann, dann ist für mich Sonntag.« Das Schwein grunzte: »Eine richtige Dreckmulde und ein Sack Eicheln müssen her, dann ist für mich Sonntag.« Das Faultier gähnte und bettelte: »Ich brauche einen dicken Ast, um zu schlafen, wenn es bei mir Sonntag werden soll.« Der Pfau stolzierte einmal um den Kreis, zeigte sein prächtiges Federkleid und stellte höflich, aber bestimmt fest: »Nur ein Satz neuer Schwanzfedern, er genügt für meinen Sonntag.«
So erzählten und erklärten die Tiere stundenlang, und alle Wünsche wurden erfüllt, aber es wurde unter ihnen kein Sonntag. Da kamen die Menschen vorbei und lachten die Tiere aus: »Ja, wisst ihr denn nicht, dass es nur Sonntag wird, wenn man mit Gott wie mit einem Freund spricht?«

Nach einer afrikanischen Sage

Verklanglichung der Geschichte
Orffinstrumente liegen in der Mitte verteilt. Jedem Tier und auch den Menschen wird ein Instrument oder eine Melodie zugeordnet. Dann wird die Geschichte gelesen und dazu verklanglicht.

Gespräch
Viele Menschen benehmen sich wie die Tiere in der Geschichte: Sie tun alles Mögliche, um sich das Leben angenehmer zu machen, aber sie vergessen dabei, an Gott zu denken. Was tun sie statt dessen?

Gestaltung: Sonntag
Material: Plakat, Buntstifte
Auf ein Plakat wird eine große Sonne als Zeichen für den Sonntag gemalt oder gelegt. Nach dem Gespräch schreiben die Kinder um die Sonne herum, was die Tiere am Sonntag tun und was Menschen meistens am Sonntag machen.
In die Sonne schreiben sie: »Sonntag wird, wenn man mit Gott wie mit einem Freund spricht.«

11 bis 13 Jahre

Gebet
Guter Gott, es ist Sonntag
und wir sind deiner Einladung gefolgt.
Viele vergessen, dass du uns
jeden Sonntag zum Gottesdienst einlädst.
Wir bitten dich, hilf uns,
dass wir immer daran denken. Amen.

Schriftlesung
Leseszene: Sonntagsruhe
(V = Vater, M = Mutter, S = Sohn, T = Tochter)
Vater sitzt und liest die Zeitung, Mutter steht und rührt in einem Topf.

T: *(kommt dazu)* Vatiii! Was machen wir heute?
V: *(immer noch lesend)* Heute? Wieso?
T: Heute ist doch Sonntag!
V: *(Zeitung senkend)* Na und?
T: Ich möchte heute in den Zoo!
M: *(sich umdrehend)* Zoo? Heute fahren wir zu Tante Luise, da wollte ich schon lange mal hin.
V: Tante Luise? Ich will nach dem Essen meine Ruhe haben und nachher zum Fußballplatz gehen. Da ist heute ein wichtiges Aufstiegsspiel.
S: Und ich dachte, du bastelst heute mit mir das Flugzeug fertig. Das wolltest du schon so lange. Nie machst du etwas mit mir.
V: Nie? Na hör mal!
T: Ausgerechnet Tante Luise. Langweilig.
M: Fußball! Jeden Sonntag dasselbe.
V: Meine Güte! Jeder will aber auch was anderes. Dass ich am Sonntag auch mal meine Ruhe und mein Hobby haben will, sieht wohl keiner ein.
S: Heute basteln wir aber endlich mal mein Flugzeug fertig!
T: Du mit deiner blöden Bastelei. Ich will heute in den Zoo.
M: Also, nee, Kinder, heute wird zu Tante Luise gefahren!
V: Aber ohne mich! Das Spiel darf ich nicht verpassen.

Alle sprechen durcheinander: Ich will ..., ach du ...

V: *(aufstehend)* Moment mal. Wir streiten uns hier bis auf den letzten Blutstropfen. Jetzt wollen wir erst einmal in Ruhe überlegen, jeder überlegt für sich.
M: Jeder muss aber auch bereit sein nachzugeben!
T: *(zum Vater)* Du zum Beispiel mit deiner Ruhe.
V: Ja.
S: *(zur Mutter)* Und du mit deiner Tante Luise.
V: Wir können darüber reden. Also heute ist das Aufstiegsspiel.
T: Das kann man ja nicht aufschieben!
V: Richtig. Das kann man nicht verschieben.
T: Und morgen Abend streichst du deine Ruhe und machst mit Thomas das Flugzeug fertig!
V: Ja, und zum Zoo? Da gehen wir am Freitag hin. Wir arbeiten ja freitags ohnehin nur bis mittags.
M: Und am nächsten Sonntag gehen wir dann zu Tante Luise.
T und S: *(holen tief Luft)* Tante Luise!!!
V: Genau! Also noch einmal: Heute Fußballspiel, Montagabend Flugzeug basteln, Freitagnachmittag in den Zoo, und am nächsten Sonntag besuchen wir Tante Luise. Alle einverstanden?

Alle nicken oder sagen ja.

Rechte unbekannt

10. Sonntag im Jahreskreis

Schriftstellen: Gen 3,9–15 / 2 Kor 4,13–5,1 / Mk 3,20–35

Schriftlesung: Nach Mk 3,20–35

Jesus ging in ein Haus, und wieder kamen so viele Menschen zusammen, dass er und die Jünger nicht einmal mehr essen konnten.
Als seine Verwandten davon hörten, machten sie sich auf den Weg, um ihn mit Gewalt zurückzuholen; denn sie sagten: »Er ist verrückt.«
Die Schriftgelehrten, die von Jerusalem herabgekommen waren, sagten: »Er ist vom Bösen besessen; mit Hilfe des Anführers der Dämonen treibt er die Dämonen aus.« Da rief er sie zu sich und belehrte sie in Form von Gleichnissen: »Wie kann der Böse den Bösen vertreiben? Wenn ein Reich in sich gespalten ist, kann es nicht bestehen. Wenn eine Familie in sich gespalten ist, kann sie keinen Bestand haben. Und wenn sich der Böse gegen sich selbst erhebt und mit sich selbst im Streit liegt, kann er keinen Bestand haben, sondern er geht unter.
Es kann aber auch keiner in das Haus eines starken Mannes einbrechen und ihm den Hausrat rauben, wenn er den Mann nicht vorher fesselt; erst dann kann er sein Haus plündern.«
Da kamen seine Mutter und seine Brüder; sie blieben vor dem Haus stehen und ließen ihn herausrufen. Es saßen viele Leute um ihn herum, und man sagte zu ihm: »Deine Mutter und deine Brüder stehen draußen und fragen nach dir.« Er erwiderte: »Wer ist meine Mutter, und wer sind meine Brüder?« Und er blickte auf die Menschen, die im Kreis um ihn herumsaßen, und sagte: »Das hier sind meine Mutter und meine Brüder. Wer den Willen Gottes erfüllt, der ist für mich Bruder und Schwester und Mutter.«

Thematische Stichworte
Zusammenhalt / Familie / Vater, Mutter, Schwestern, Brüder

Liedvorschläge für die Altersgruppen
3–6: Kindermutmachlied (SL 221)
7–10: Wir sind die Kleinen (SL 185)
Wo zwei oder drei (SL 180)
11–13: Wenn einer alleine träumt (SL 203)
Einsam bist du klein (SL 215)

Gestaltung der Mitte
Eine Jesuskerze auf einem Tuch

Ausmalvorlage

3 bis 6 Jahre

Gebet
Gott, du hast uns lieb.
Du hast Jesus lieb.
Er ist dein Kind.
Er ist unser Bruder.
Danke dafür. Amen.

Schriftlesung

Geschichte: Der Elefant, der sang
Der Elefant hieß Kai-to. Er war winzig klein und stand unter dem Bauch seiner Mutter. Die Gräser sah er, die Blumen und die Füße der anderen Elefanten. Das war seine Welt. Aber er war anders als die anderen Elefanten. Er sang.
»Psst!«, zischte die Mutter. »Sei still! Elefanten singen nicht!«
»Ruhe!«, brüllte die Elefantenherde. »Noch nie hat ein Elefant gesungen. Wir können nicht dulden, dass du singst!«
Aber Kai-to konnte nicht still sein. Er sah den Himmel und den geheimnisvollen Urwald mit seinen Tieren, und er sang, wenn sie unterwegs waren auf den großen Elefantenstraßen, und er sang, wenn sie rasteten, und manchmal sang er sogar im Traum.
Eines Tages hatte sich der alte Leitelefant die Ohren ganz besonders gründlich gewaschen. Da hörte er Kai-tos Lied. »Noch nie hat ein Elefant gesungen«, sagte er. »Also ist es verboten!« Und er jagte Kai-to fort. Wer aber einmal aus der Herde ausgestoßen ist, darf nie wieder zurückkehren. So zog nun also Kai-to allein seines Wegs; weit hinter der Herde folgte er von fern ihren Spuren, und nur manchmal konnten sie sein trauriges oder zorniges Singen noch hören.
Aber die jungen Elefanten der Herde waren unzufrieden, sie hatten Kai-to gemocht. Und sie hatten sein Lied gemocht. Sie stellten sich drohend dem Leitelefanten in den Weg und hoben gegen ihn die Rüssel: »Kai-to soll wiederkommen!«, riefen sie. Aber der alte Leitelefant sagte: »Das ist noch nie geschehen, dass man sich gegen mich stellt. Und dass ein Elefant singt, das verstößt gegen ein altes Elefantengesetz.« Aber die Jungen riefen: »Wenn ein Gesetz alt ist, braucht es noch nicht gut zu sein. Denk nach und hol Kai-to zurück! Sonst gehen wir auch und machen mit Kai-to eine neue Herde.«
Da fügte sich der Leitelefant und holte Kai-to zurück, Kai-to und sein Lied. Seit damals geschieht es öfter, dass Elefanten geboren werden, die unter dem Bauch ihrer Mutter schon singen.

Gina Ruck-Pauquet

Aus: Gina Ruck-Pauquet, Eine Badewanne voll Geschichten, Verlag Carl Ueberreuter, Wien

7 bis 10 Jahre

Gebet
Herr Jesus Christus, du sagst:
Wer das tut, was Gott will,
der ist für mich Schwester und Bruder.
Wir wollen deine Geschwister sein.
Hilf uns dabei. Amen.

Schriftlesung

Text: Der Elefant der sang
(siehe Seite 73)

Gespräch
War es gut oder nicht, was Kai-to gemacht hat? Warum wurde er ausgeschlossen?

Wie war das mit Jesus in der Geschichte? Warum sagten die Leute, seine Verwandten: Er ist verrückt?

Schattenspiel mit Tageslichtprojektor
Material: Zeitungspapier
Jedes Kind reißt aus Zeitungspapier einen Elefanten, der auf ein DIN A6-Papier passt (evtl. Zeitungspapier vorher in der Größe zerreißen.) L reißt aus Zeitungspapier eine Palme als Hintergrund.
Zur Geschichte werden jetzt die großen Elefanten oder der kleine Elefant auf den Tageslichtprojektor gelegt und an eine weiße Wand projiziert.

Verklanglichung: Der Elefant, der sang

Vorstellung:	***Verklanglichung:***
Der kleine Elefant	*Melodie auf dem Metallophon*
Gräser und Blumen	*Rumbarasseln*
Beine der anderen Elefanten	*Watteschlegel auf Handtrommel, langsam*
Er sang (Kai-tos Lied)	*Blockflötenmelodie*
Himmel	*Triangeln / Cymbeln*
Urwald	*Hölzer und Rasseln*
Elefantenherde unterwegs	*Trommeln, Pauken, gleichmäßig stampfend*
Traurige und freudige Melodie	*Flötenmelodie variieren, leise, laut, langsam, schnell*
Unzufriedenheit/Junge Elefanten	*schnellere Handtrommelschläge*
Leitelefant	*Pauke*

11 bis 13 Jahre

Gebet
Herr Jesus Christus,
du hast dich für die Menschen eingesetzt,
so sehr, dass deine Verwandten gesagt haben:
Du bist verrückt.
Wir möchten dich verstehen.
Hilf uns dabei. Amen.

Schriftlesung

Bildbetrachtung: Christus, der Narr
Das Bild miteinander betrachten. Austauschen, was wir dabei empfinden, wenn wir daran denken, dass es Christus ist, der so dargestellt wird. Überlegen: Warum sagen die Menschen im Schrifttext: Jesus ist verrückt? Was ist besser: in diesem Sinne »verrückt« zu sein oder angepasst und »normal«?
Das Bild mit Buntstiften farbig gestalten.

Roland Peter Litzenburger, »Ecce homo«

Rechte: Gretel Kunze, Markdorf

Aschermittwoch

Schriftstellen: Joel 2,12–18 / 2 Kor 5,20–6,2 / Mt 6,1–6.16–18

Schriftlesung: Nach Joel 2,12–18

Hört, was Gott sagt:
»Kehrt um von euren bösen Taten. Kommt zu mir zurück. Fastet, weint und klagt. Ändert euer Herz, und tut nicht nur so als ob ihr euch ändert.
Ich, euer Gott bin gnädig und barmherzig und gütig. Ich möchte nicht, dass euch Böses geschieht.
Versammelt alle, die zu mir gehören wollen! Feiert miteinander einen Gottesdienst!
Die anderen Völker sollen euch nicht auslachen und sagen: Wo ist denn nun euer Gott? Ich will bei euch bleiben.«

Thematische Stichworte

Hunger haben / Fasten / Zweifel / Umkehren

Liedvorschläge für die Altersgruppen

3–6: Mein Gott (SL 161)
7–10: Du bist da, wo Menschen leben (SL 160)
11–13: Ich suche dich (SL 166)
Worauf es ankommt (SL 132)

Gestaltung der Mitte

Auf einem lila Tuch ein Kreuz und ein Schälchen mit Asche

Ausmalvorlage

3 bis 6 Jahre

Gebet

Guter Gott,
meistens bekommen wir alles,
was wir uns wünschen.
Wenn nicht, dann werden wir schnell sauer.
Vergib uns. Amen.

Schriftlesung

Gespräch: Was bedeutet »Fasten«?

Gemeinschaftsbild: Was wir unbedingt brauchen – Worauf wir verzichten können

Der Kreis aus zwei Halbkreisen wird auf ein großes Plakat gezeichnet (oder jedes Kind bekommt ein Blatt mit dem Kreis darauf). Nach einem Gespräch darüber, was wir alles haben und worauf wir verzichten können, malen die Kinder in die eine Hälfte das, was wir unbedingt zum Leben brauchen, und in die andere das, was überflüssig sein kann.

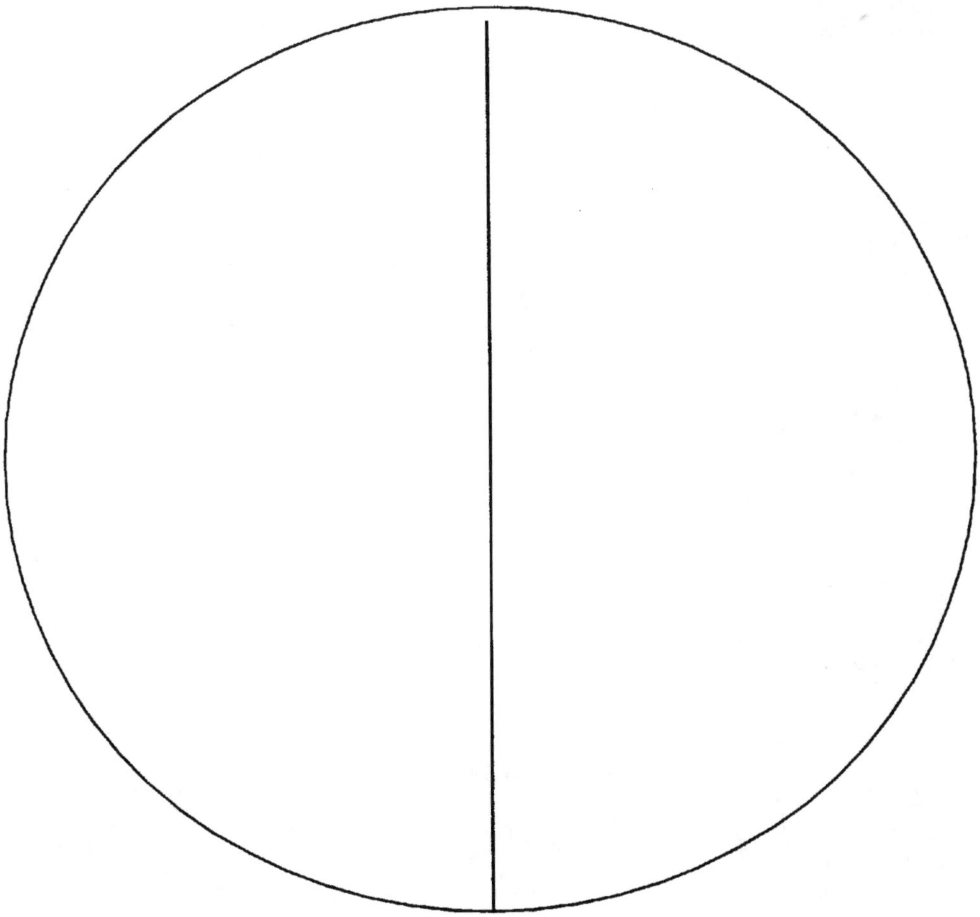

7 bis 10 Jahre

Gebet
Guter Gott,
heute beginnt die Fastenzeit.
Wir sollen in dieser Zeit an dich denken.
Wir sollen überlegen,
wie wir unser Leben so verändern,
dass wir auf deinem guten Weg gehen.
Hilf uns dabei. Amen.

Schriftlesung

Gespräch über Fasten
Nach einem allgemeinen Gespräch über das Fasten, d.h. über das, worauf wir verzichten können und das, was wir vielleicht wichtiger brauchen als alles andere, wird überlegt, wie wir mit den einzelnen Sinnen fasten können. Jedes Kind erhält dazu ein Blatt und schreibt auf, wie man mit dem aufgeführten Sinn fasten, d.h. worauf man verzichten oder worauf man neu aufmerksam werden könnte.

	Fasten mit den Augen
	Fasten mit den Ohren
	Fasten mit dem Mund
	Fasten mit dem Herzen
	Fasten mit Hand und Fuß

11 bis 13 Jahre

Gebet
Guter Gott, jetzt am Beginn der Fastenzeit sagst du: Kehrt um von euren bösen Taten.
Kehrt um.
Denkt über euer Leben nach.
Kehrt um auf den Weg zu Gott.
Hilf uns dabei. Amen.

Schriftlesung

Besinnung: Umkehr
L lädt alle ein, im Kreis zu sitzen und die Augen zu schließen. Dann spricht L den nachfolgenden Besinnungstext. Bei den benannten Wegen werden größere Pausen zum Nachdenken eingelegt.
Gott, du sagst: Kehrt um zu mir.
Es gibt so viele Wege, die von dir wegführen.

Da ist der Weg der Feindschaft.
Er führt zu Gewalt und Krieg.
Wir überlegen: Wen mag ich nicht?
Wer ist mein Feind?
Warum ist er/sie mein Feind?
Was kann ich tun, um von dem Weg der Feindschaft umzukehren?

Da ist der Weg der Eifersucht.
Auch er führt zu Zank und Streit.
Wir überlegen:
Auf wen oder was bin ich eifersüchtig?
Gibt es Dinge, die ich haben möchte, die jemand anderem gehören?
Gibt es Menschen, deren Zuneigung ich möchte, aber nicht bekomme?
Was kann ich tun um vom Weg der Eifersucht umzukehren?

Da ist der Weg des Haben-Wollens.
Es gibt viele Dinge, die ich habe und besitze.
Ich möchte immer mehr besitzen.
Ich werde unzufrieden, wenn ich nicht das bekomme, was ich will.
Was brauche ich wirklich? Was ist überflüssig in meinem Leben?
Was kann ich tun, um vom Weg des Haben-Wollens umzukehren?

Da ist der Weg der Lüge
und der Unwahrheit.
Oft reden wir uns heraus,
wenn uns etwas misslingt,
wenn wir etwas angestellt haben.
Wir verstricken uns in Halbwahrheiten oder Unwahrheiten.
Was kann ich tun, um vom Weg der Lüge und der Unwahrheit umzukehren?

Collage: Wege zur Umkehr
Auf einen großen Bogen Papier werden verschiedene Wege gemalt, die in einen großen Weg münden. Auf den großen Weg wird »Jesus« geschrieben. In die anderen Wege werden die Wege geschrieben, die von Jesus wegführen und evtl. das, was notwendig ist, um wieder auf den Weg Jesu umzukehren.

1. Fastensonntag

Schriftstellen: Gen 9,8–15 / 1 Petr 3,18–22 / Mk 1,12–15

Schriftlesung: Nach Gen 9,8–15

Dann sprach Gott zu Noach und seinen Söhnen, die bei ihm waren: »Hiermit schließe ich meinen Bund mit euch und mit euren Nachkommen und mit allen Lebewesen bei euch, mit den Vögeln, dem Vieh und allen Tieren des Feldes, mit allen Tieren der Erde, die mit euch aus der Arche gekommen sind: Nie wieder sollen alle Lebewesen vom Wasser der Flut getötet werden; nie wieder soll eine Flut kommen und die Erde verderben.«

Und Gott sprach: »Das ist das Zeichen des Bundes, den ich stifte zwischen mir und euch für alle Zukunft: Meinen Bogen setze ich in die Wolken; er soll das Bundeszeichen sein zwischen mir und der Erde. Balle ich Wolken über der Erde zusammen und erscheint der Bogen in den Wolken, dann denke ich an das Versprechen, das zwischen mir und euch und allen Lebewesen besteht.«

Thematische Stichworte

Regenbogen / Gottes Bund mit den Menschen

Liedvorschläge für die Altersgruppen

3–10: Ein bunter Regenbogen (S. 81)
11–13: Dann und wann (SL 93)
Andere Regenbogenlieder

Gestaltung der Mitte

Ein Regenbogen aus bunten Tüchern

Ausmalvorlage

3 bis 6 Jahre

Gebet

Guter Gott, du lässt die Menschen
nicht im Stich.
Der leuchtende Regenbogen am Himmel,
er sagt uns immer wieder: Du hast uns lieb.
Danke, guter Gott. Amen.

Schriftlesung

Lied und Tanz: Ein bunter Regenbogen

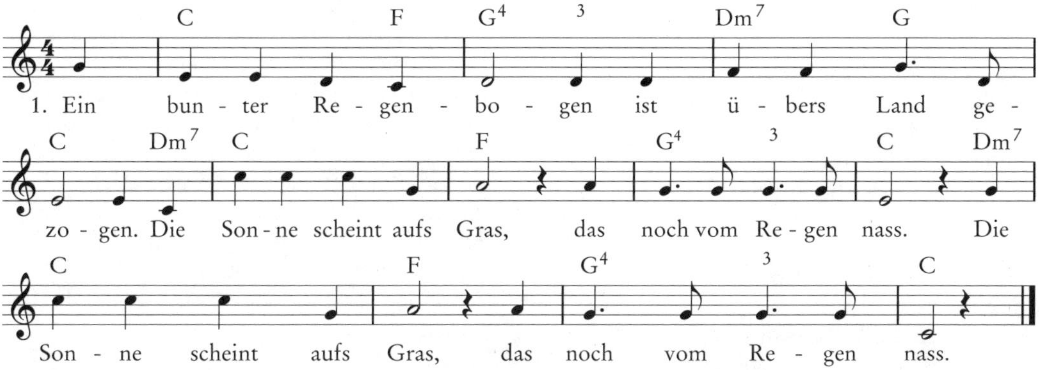

2. Ein bunter Regenbogen
ist übers Land gezogen.
Und alle blieben stehn,
um ihn sich anzusehn.

3. Ein bunter Regenbogen
ist übers Land gezogen,
damit ihr's alle wisst,
dass Gott uns nicht vergisst.

T: Rolf Krenzer M: Peter Janssens
Aus: Kommt alle und seid froh, 1982
Rechte: Peter Janssens Musik Verlag, Telgte

Tanzbeschreibung

Alle stehen im Halbkreis.

1. Teil (in allen Strophen gleich): Die Arme werden in einem großen Bogen von links unten hoch über den Kopf nach rechts unten geführt.
2. Teil, 1. Str.: Der Halbkreis wird zum Kreis durchgefasst, beim ersten Mal rechts herum gehen, beim zweiten Mal links herum.
2. Teil, 2. Str.: Der Halbkreis wird zum Kreis durchgefasst, bleibt stehen und wiegt auf der Stelle hin und her.
2. Teil, 3. Str.: Der Halbkreis wird zum Kreis durchgefasst, die Arme hochgehoben, beim ersten Mal rechts herum gehen, beim zweiten Mal links herum, zum Schluss mit erhobenen Händen kurz stehen bleiben.

7 bis 10 Jahre

Gebet
Guter Gott, du sagst den Menschen:
»Ich halte zu euch.
Ich schließe einen Bund mit euch.
Ihr sollt euch daran immer erinnern.
Wenn ihr einen Regenbogen
am Himmel seht,
dann sollt ihr wissen,
dass ich für euch da bin.«
Danke, Gott, dass du bei uns bist. Amen.

Schriftlesung

Text: Der Regenbogen
»Siehst du den Regenbogen?«
»Ja, der ist fein.«
»Du meinst die Farben.«
»Ja, und dass er auf einmal da ist.«
»Gleich ist er wieder weg.«
»Warum?«
»Weil die Sonne verschwindet.«
»Meinst du?«
»Oder weil der Regen aufhört.«
»Kannst du den Regenbogen festhalten?«
»Nein, das kann ich nicht.«
»Geht der Regenbogen auch unter der Erde weiter?«
»Nein, dort gibt es keine Sonne und keinen Regen.«
»Bist du ganz sicher?«
»Da bin ich ganz sicher.«
»Eigentlich bin ich froh, dass man den Regenbogen nicht festhalten kann.«
»Warum?«
»Da kann er kommen und gehen, wann er will.«
»Schau, jetzt ist er weg.«
»Als ob er's gehört hätte.«

Kurt Hock

Rechte beim Autor

Farbassoziationenspiel
Material: Tonpapier oder Tücher in Regenbogenfarben
Aus Tonpapier oder Tüchern werden die sieben Farben des Regenbogens im Raum verteilt. Ein Kind darf sich eine Farbe aussuchen und stellt sich dazu. Alle anderen Kinder rufen ihm spontan zu, was ihnen zu dieser Farbe einfällt. Zur nächsten Farbe darf sich ein anderes Kind stellen usw.
Man kann zu den Farben auch große Bögen weißes Papier legen und die Kinder aufschreiben lassen, was ihnen zu den Farben einfällt.

Bild: Meine Lieblingsfarbe
Material: Papier, Wasserfarben, Deckweiß, Pinsel
Jedes Kind sucht sich seine Lieblingsfarbe aus und malt damit in unterschiedlichen Tönen ein Bild. Hierzu eignen sich besonders Wasserfarben, mit denen man unterschiedliche Töne besser mischen kann. Deckweiß ist notwendig.

11 bis 13 Jahre

Gebet
Guter Gott, du hast einen Bund
mit den Menschen geschlossen.
Du hast dich eng mit ihnen zusammengetan.
Du liebst uns.
Du setzt ein Zeichen in die Wolken:
den Regenbogen.
Du sagst: Wenn ihr dieses Zeichen seht,
bin ich nah bei euch.
Lass uns darauf vertrauen, Gott. Amen.

Schriftlesung

Stilleübung: Der Regenbogen
In der Mitte des Kreises liegen bunte Tücher in den Farben des Regenbogens. L spricht:
Hier in der Mitte
sehen wir viele bunte Tücher.
Alle Farben des Regenbogens
sind darin abgebildet.
Wir wollen uns einmal zurücklegen
und ganz ruhig werden.
Wir schließen die Augen.
Ich singe euch dabei ein Lied vor.

Das Lied »Ein bunter Regenbogen« (siehe Seite 81) wird gesungen.

Bei diesem Lied habt ihr vielleicht vor eurem inneren Auge einen schönen bunten Regenbogen gesehen.
Viele Farben hat dieser Regenbogen.
Jede Farbe ist anders, so,
wie wir Menschen verschieden sind.
Wir öffnen die Augen.
Nacheinander seid ihr jetzt eingeladen,
ein Tuch aus der Mitte zu nehmen
und dann wieder auf den Platz zu gehen.

Jetzt gehen wir zum Lied im Kreis.
Wir halten unser Tuch
ausgebreitet vor uns hin.
Erst die Roten, dann die Orangen,
die Gelben, die Grünen,
die Blauen, die Violetten.

Jetzt sehen wir unseren Regenbogen vor uns und können das Lied singen.

Noch einmal wird das Lied gesungen.

2. Fastensonntag

Schriftstellen: Gen 22,1–2.9a.10–13.15–18 / Röm 8,31b–34 / Mk 9,2–10

Schriftlesung: Nach Mk 9,2–10
Jesus nahm drei seiner Freunde, Petrus, Jakobus und Johannes, beiseite und führte sie auf einen hohen Berg, aber nur sie allein. Als sie auf dem Berg waren, sahen sie ihn plötzlich in einem anderen Licht. Er wurde vor ihren Augen verwandelt; seine Kleider wurden strahlend weiß, so weiß, wie sie auf Erden kein Mensch herstellen kann.
Dann sahen sie plötzlich andere Männer, den Propheten Elija, der dem Volk Israel vor langer Zeit geholfen hatte und mit ihm Mose, der das Volk Israel vor langer Zeit aus Ägypten geführt hatte. Elija und Mose redeten mit Jesus. Die Freunde Jesu wussten nicht, ob sie wachten oder träumten. Sie fürchteten sich und doch war alles so wunderbar. Petrus fand das Ganze so schön, dass er zu Jesus sagte: »Herr, es ist gut, dass wir hier sind. Wir wollen drei Hütten bauen, eine für dich, eine für Mose und eine für Elija.«
Da kam eine Wolke und warf ihren Schatten auf sie, und aus der Wolke rief eine Stimme: »Das ist mein geliebter Sohn; auf ihn sollt ihr hören.« Vor Schreck warfen sich die Freunde Jesu mit dem Gesicht nach unten auf den Boden. Als sie dann wieder aufstanden und sich umblickten, sahen sie auf einmal niemand mehr bei sich außer Jesus.
Dann gingen sie den Berg wieder hinunter. Während sie den Berg hinabstiegen, verbot Jesus ihnen, irgendjemandem zu erzählen, was sie gesehen hatten, bis er von den Toten auferstanden sei. Diese Worte beschäftigten sie sehr, und sie fragten einander, was das sei: von den Toten auferstehen, denn sie konnten es sich nicht vorstellen.

Thematische Stichworte
Berg / Wolke / Licht / Hütten bauen

Liedvorschläge für die Altersgruppen
3–10: Ich lade dich ganz herzlich ein (SL 4)
Gib uns Augen (S. 85)
11–13: Meine engen Grenzen (SL 14)

Gestaltung der Mitte
Aus Tüchern angedeutet ein Berg und eine Wolke

Ausmalvorlage

3 bis 6 Jahre

Gebet

Guter Gott, du bist so groß.
Du strahlst so hell,
dass wir dich nicht sehen können.
Gib uns Augen,
die Verwandlungen erkennen. Amen.

Schriftlesung

Lied und Tanz: Gib uns Augen

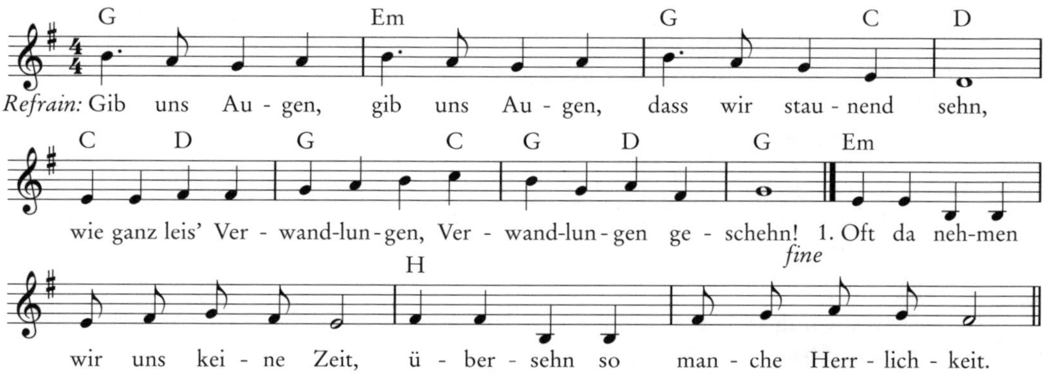

2. Gott, du gabst das Licht in finstrer Nacht,
   hast aus Samen Frucht ans Licht gebracht.
3. Kannst die Lahmen wieder gehend machen,
   wandelst unser Weinen bald in Lachen.
4. Manches muss erst sterben und vergehn,
   kann verwandelt endlich auferstehn.
5. Wenn kein Mensch an Licht und Freude denkt,
   Gott uns einen neuen Anfang schenkt.

T und M: Wolfgang Longardt
Rechte beim Autor

Tanzbeschreibung
Alle stehen im Kreis.
Refrain:
Takt 1: Arme bittend nach oben strecken.
Takt 2: Nach rechts und links wiegen.
Takt 3: Mit vier Schritten um sich selbst drehen.
Takt 4: Hände zum Kreis durchfassen.
Takt 5–8: Rechts herum im Kreis gehen.

Strophen:
Takt 1–2: In die Hocke gehen, Kopf nach unten neigen.
Takt 3–4: Aufstehen, kleine Schritte nach hinten gehen und dabei die Arme ausbreiten.

7 bis 10 Jahre

Gebet
Guter Gott, immer wieder,
wenn du Menschen begegnest, hören wir:
Du verbirgst dich hinter einer Wolke.
Du bist so groß, dass wir Menschen
dich nicht sehen können.
Aber trotzdem bist du da.
Hilf uns, das immer besser zu verstehen.
Amen.

Schriftlesung

Traumreise: Vom Wolkenschloss träumen
Jedes Kind hat vor sich Stifte und Papier liegen. L spricht:
In der Mitte sehen wir
viele Wolken dargestellt.
Heute wollen wir eine Reise
zum Wolkenschloss machen.
Wir schließen die Augen
und beginnen zu träumen.

Am Himmel sehen wir die Wolken
groß, weiß, dick und bauschig
ziehen sie dahin.
Immer dichter werden sie.
Wir werden ganz leicht.
Im Traum beginnen wir zu schweben,
den Wolken entgegen.

Der Himmel wird immer dunkler und grauer.
Jetzt haben wir die Wolken erreicht.

Sie hüllen uns ganz ein, wie in einen Nebel.
Aber wir steigen weiter.
Und jetzt müssen wir
die Augen fest zumachen,
so hell wird es auf einmal.
Wir sind über die Wolken hinaufgeklettert,
und jetzt scheint die Sonne.

Im Traum schauen wir uns um
und sind erstaunt:
Die Wolken unter und neben uns sehen aus
wie ein wunderschönes Märchenschloss.
Die Sonne lässt alles golden erscheinen.
Ständig baut sie an dem Schloss.
Hier kommt ein Giebel weg,
dort ein kleiner Edelstein hinzu.
Grenzenlos weit ist es hier über den Wolken.
Das Bild nehmen wir in uns auf.

Wir nehmen es mit,
wenn wir jetzt wieder sanft hinuntergleiten
durch die Wolkendecke hindurch
der Erde entgegen.

Wer wieder hier angekommen ist, kann die Augen öffnen und mit den Stiften vor sich ein Wolkenschloss auf das Blatt malen.

11 bis 13 Jahre

Gebet

Guter Gott, wenn du den Menschen
besonders nahe bist,
sagt die Bibel:
Sie stiegen auf einen hohen Berg.
Dort bist du ihnen begegnet.
Vielleicht, weil man vom Berg aus
die Übersicht hat und zurückblicken kann.
Bitte schenke uns immer wieder Übersicht
über all das, was wir beginnen. Amen.

Schriftlesung

Geschichte: Der Wunderknabe

Es war einmal ein Wunderknabe, der im zartesten Alter schon die ganze Welt erkannte. Unter der Tür des Elternhauses wusste er über alles Bescheid, und von weither kamen die Menschen, um ihn sprechen zu hören und um seinen Rat zu holen. Er war zum Glück auch ein glänzender Redner und ließ den schwierigsten Fragen die größten Worte angedeihen, und manchmal auch die längsten. Man wusste nicht, woher er sie hatte, wie es bei Wunderknaben so ist. Sie lagen ihm einfach im Mund. Sein Ruf ging in die Welt hinaus, und bald wollte man überall von seinem Wissen profitieren.

So machte er sich auf die Wanderschaft und nahm sich vor, die ganze Welt, über die er immer gesprochen hatte, nun auch zu berühren. Doch kaum eine Stunde von zu Hause kam er an einen Scheideweg, der ihn zwang, zwischen drei Möglichkeiten zu wählen, denn nicht einmal ein Wunderknabe kann zugleich in verschiedene Richtungen gehen. Er ging geradeaus weiter und musste dabei links ein Tal und rechts ein Tal ungesehen liegen lassen. Schon war seine Welt zusammengeschrumpft. Auch bei der nächsten Gabelung büßte er Möglichkeiten ein und bei der dritten und bei der vierten. Jeder Weg, den er einschlug, jede Wahl, die er traf, trieben ihn in eine engere Spur. Und wenn er auf den Dorfplätzen sprach, wurden die Sätze immer kürzer. Die Rede floss ihm nicht mehr wie einst, als er ins Freie getreten war. Sie war belastet von Unsicherheit über das unbegangene Land, das er schon endgültig hinter sich wusste.

So ging er und wurde älter dabei, war schon längst kein Wunderkind mehr, hatte tausend Wege verpasst und Möglichkeiten auslassen müssen. Er dachte immer weniger Worte, und kaum jemand kam noch, ihn anzuhören. Er setzte sich auf einen Meilenstein und sprach nun nur noch zu sich selbst: »Ich habe immer nur verloren: an Boden, an Wissen, an Träumen. Ich bin mein Leben lang kleiner geworden. Jeder Schritt hat mich von etwas weggeführt. Ich wäre besser zu Hause geblieben, wo ich noch alles wusste und hatte, dann hätte ich nie entscheiden müssen, und alle Möglichkeiten wären noch da.«

Müde, wie er war, ging er dennoch den Weg zu Ende, den er einmal begonnen hatte, es blieb ja nur noch ein kurzes Stück. Abzweigungen gab es jetzt keine mehr, nur eine Richtung war noch übrig und von allem Wissen und Reden nur ein einziges leeres Wort, für das der Atem noch reichte. Er sagte das Wort, das niemand hörte, und schaute sich um und merkte erstaunt, dass er auf einem Gipfel stand. Der Boden, den er verloren hatte, lag in Terrassen unter ihm. Er überblickte die ganze Welt, auch die verpassten Täler, und es zeigte sich also, dass er im Kleiner- und Kürzerwerden ein Leben lang aufwärts gegangen war.

Hans Künzler

Aus: Orientierung, Zürich, 39 (1975)

3. Fastensonntag

Schriftstellen: Ex 20,1–17 / Kor 1,22–25 / Joh 2,13–25

Schriftlesung: Nach Ex 20,1–17
Gott sprach: »Ich bin Jahwe, der ›Ich bin da‹, dein Gott, der dich aus der Sklaverei in Ägypten geführt hat. Diese Gebote gebe ich dir:
Du sollst neben mir keine anderen Götter haben. Denn ich, der Herr, dein Gott, bin ein eifersüchtiger Gott. Denen, die mich lieben und auf meine Gebote achten, zeige ich, wie lieb ich sie habe.
Du sollst den Namen des Herrn, deines Gottes, nicht missbrauchen und damit schimpfen.
Halte den Sabbat, den Sonntag, heilig. Sechs Tage darfst du schaffen und jede Arbeit tun. Der siebte Tag ist ein Ruhetag, dem Herrn, deinem Gott geweiht.
Ehre deinen Vater und deine Mutter. Vergiss nicht, dass sie dich lieben. Sorge für sie, wenn sie alt werden.
Du sollst nicht töten.
Du sollst nicht die Ehe brechen.
Du sollst nicht stehlen.
Du sollst nichts Falsches von deinen Mitmenschen sagen und lügen.
Du sollst nicht eifersüchtig sein und etwas haben wollen, was einem anderen gehört.
Du sollst andere Familien nicht zerstören.«

Thematische Stichworte
Gebote / Zehn Gebote

Liedvorschläge für die Altersgruppen
3–6: Gottes Liebe ist so wunderbar (S. 133)
7–10: Du bist da, wo Menschen leben (SL 160)
11–13: Ein Gott des Feuers (S. 143)

Gestaltung der Mitte
Auf einem Tuch ein Bild von einer Gesetzestafel

Ausmalvorlage

3 bis 6 Jahre

Gebet
Guter Gott, du hast den Menschen gesagt:
So sollt ihr leben.
Dann werdet ihr froh.
Hilf uns, dass wir tun, was du uns sagst.
Amen.

Schriftlesung

Ereigniskärtchen: Was Gott von uns will
L legt alle Kärtchen in die Mitte. Nacheinander werden die Kärtchen aufgedeckt. Die Kinder versuchen zu sagen, was sie sehen und was Gott will im Zusammenhang mit der Schöpfung (Baum), mit uns selbst (Kind), mit den Mitmenschen (Menschen) und auf Gott hin (Kreuz).

7 bis 10 Jahre

Gebet

Gott, du hast uns Menschen
die zehn Gebote gegeben.
Du möchtest, dass wir
in Frieden miteinander leben.
Oft verstehen wir nicht,
warum wir etwas tun
oder nicht tun sollen.
Hilf uns dabei. Amen.

Schriftlesung

Gebots- und Verbotsschilder herstellen

Die Schilder werden vergrößert und kopiert, die Schilder mit Doppelrand als »Verbotsschilder« am Rand rot, die anderen als »Gebotsschilder« blau gemalt. Die Zehn Gebote aus dem Schrifttext werden in Verbots- und Gebotsschilder unterteilt und in die entsprechenden Schilder geschrieben.
Dann überlegen alle weiter, welche Gebots- und Verbotsschilder sie noch schreiben könnten, wenn sie an ihr alltägliches Leben denken. Diese Schilder werden auch beschriftet und evtl. den Zehn Geboten zugeordnet.

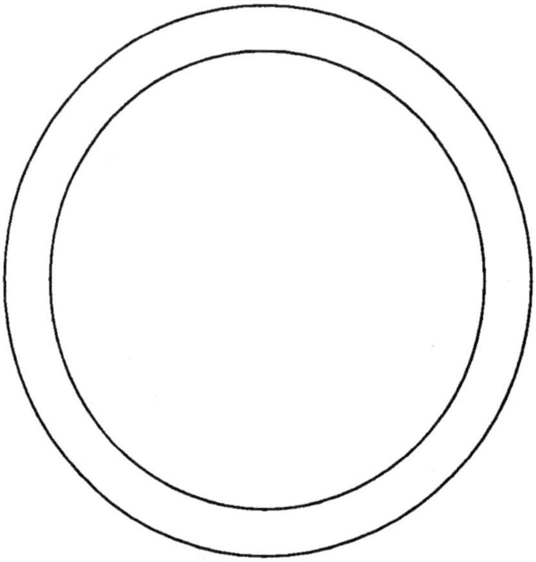

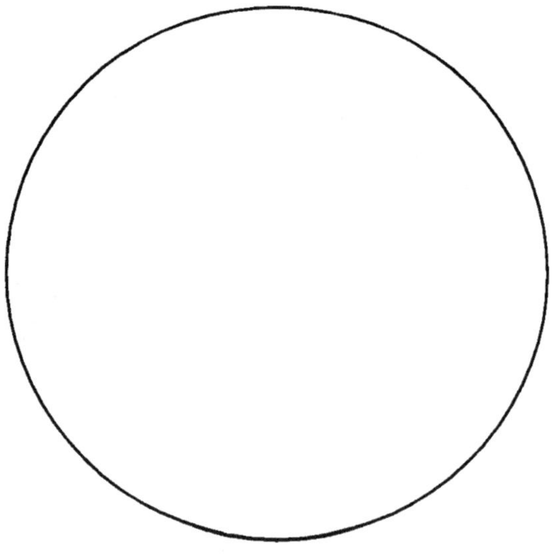

11 bis 13 Jahre

Gebet
Guter Gott, du hast uns
die Zehn Gebote gegeben.
Menschen sollen miteinander
gut auskommen.
Hilf uns, dass wir die Gebote
auch heute verstehen
und versuchen, danach zu leben.
Amen.

Schriftlesung

Die Gebote – damals und heute
Die Kinder schreiben auf die linke Seite des Blattes die Gebote, wie sie im Schrifttext vorkommen, in jedes Kästchen eins. Auf die rechte Seite schreiben sie, wie dieses Gebot für sie selbst lauten könnte (z. B. Du sollst nicht töten – Ich bringe niemanden um, aber wodurch säe ich Hass und Feindschaft?).

I	
II	
III	
IV	
V	
VI	
VII	
VIII	
IX	
X	

4. Fastensonntag

Schriftstellen: 2 Chr 36,14–16.19–23 / Eph 2,4–10 / Joh 3,14–21

Schriftlesung: Nach Joh 3,14–21

Jesus sagte von sich: »Der Menschensohn muss am Kreuz erhöht werden. Denn Gott hat die Welt so sehr geliebt, dass er seinen einzigen Sohn hingab, damit jeder, der an ihn glaubt, nicht zugrunde geht, sondern das ewige Leben hat.
Denn Gott hat seinen Sohn nicht in die Welt gesandt, damit er die Welt richtet, sondern damit die Welt durch ihn gerettet wird.
Mit dem Gericht verhält es sich so: Das Licht kam in die Welt, und die Menschen liebten die Finsternis mehr als das Licht, denn ihre Taten waren böse. Jeder, der Böses tut, hasst das Licht und kommt nicht zum Licht, damit seine Taten nicht aufgedeckt werden.
Wer aber die Wahrheit tut, kommt zum Licht, damit deutlich wird, dass seine Taten von Gott gewollt sind.«

Thematische Stichworte
Christus – das Licht / Rettung durch Jesus

Liedvorschläge für die Altersgruppen
3–6: Als Jesus gestorben war (SL 136)
3–10: Gib uns Augen (S. 85)
7–10: Manchmal feiern wir (SL 133)
11–13: Du bist das Licht der Welt (SL 267)
Den Weg wollen wir gehen (SL 207)
Zeig mir den Weg (SL 135)

Gestaltung der Mitte
Eine Jesuskerze auf dunklen Tüchern, die in Kreuzesform gelegt sind

Ausmalvorlage

3 bis 6 Jahre

Gebet

Guter Gott, dein Sohn Jesus
ist am Kreuz für uns gestorben.
Das ist traurig.
Aber er ist Licht für alle geworden.
Das macht uns froh.
Danke, guter Gott. Amen.

Schriftlesung

Gestaltung: Am Kreuz wird es hell

Sechs Quadrate aus schwarzem Tonpapier sind ausgeschnitten, so groß, dass daraus ein Kreuz in der Mitte gelegt werden kann. Außerdem sind eine dicke Kerze und Streichhölzer bereit. Alle Kinder sitzen im Kreis. L spricht:

Jesus sagt: Ich muss sterben.Die Menschen sind böse. Sie verstehen nicht, was Gott will. Immer, wenn Böses auf der Welt geschieht, ist das ein Stück von meinem Kreuz.

L fordert die Kinder jetzt auf, Dinge zu nennen, die in der Welt böse sind oder nicht so, wie Gott es will (z. B. Menschen streiten sich, Menschen sind traurig, Menschen sind krank und leiden). Die Kinder können auch Menschen benennen, an die sie denken möchten, weil es ihnen nicht gut geht.
Jedes Mal, wenn ein Kind etwas sagt, wird ein Tonpapier in die Mitte gelegt, bis das Kreuz fertig ist. Wenn die Kinder noch mehr sagen möchten, können sie es danach auch noch tun. L spricht weiter:

Jesus sagt: Ich möchte, dass die Menschen froh sind. Gott möchte, dass die Menschen glücklich sind. Gott möchte, dass es hell ist und nicht dunkel auf der Erde.

L stellt die entzündete Kerze in die Mitte des Kreuzes. Die Kinder werden aufgefordert, Dinge aus Jesu Leben zu erzählen, mit denen er die Menschen froh gemacht hat. Dann erzählen sie, womit sie selbst Menschen froh machen können.
Immer wenn ein Kind etwas benennt, darf es ein Teelicht auf das Kreuz stellen, bis schließlich die gesamte Kreuzesform erhellt wird.
Am Schluss dürfen auch die Kinder ein Teelicht auf das Kreuz stellen, die sich nicht getraut haben, etwas zu sagen.

7 bis 10 Jahre

Gebet

Jesus, du warst gut zu den Menschen.
Du warst wie ein Licht für sie.
Die Menschen aber
wollten nicht auf dich hören.
Sie haben dich getötet.
Hilf uns, dass wir auf dich hören,
damit wir Licht in der Welt sind. Amen.

Schriftlesung

Geschichte: Giacomo, der Kristall

Giacomo, so heißt ein Junge, der mit seinen Eltern in einem fernen Land lebt. Giacomo ist kein Junge wie jeder andere. Er ist ein besonderes Kind, denn jeder kann ganz deutlich erkennen, was Giacomo denkt. Er ist so ganz offen und ehrlich. Alle können ihm trauen und sich auf ihn verlassen, wenn er etwas sagt. Deshalb fühlen die Menschen sich in seiner Nähe wohl und nennen ihn: Giacomo, der Kristall.

Eines Tages kommt in dem Land, in dem Giacomo lebt, ein schlimmer König auf den Thron. Alle, die nicht seiner Meinung sind, lässt er ins Gefängnis werfen. Viele trauen sich nicht mehr, etwas gegen ihn zu sagen, weil sie große Angst vor ihm haben.

Giacomo kann seine Gedanken nicht verbergen. Alle können sehen, dass er den König für einen schlechten Menschen hält. Das macht den Leuten, die so denken wie Giacomo, Mut und Hoffnung. Der König merkt, dass viele Menschen, die die gleichen Gedanken haben wie Giacomo, miteinander sprechen und gemeinsam handeln wollen. Deshalb lässt der König Giacomo ins Gefängnis werfen. Er kommt in den finstersten Kerker, und der König denkt, nun habe er Ruhe.

Doch da beginnt Giacomos Herz zu leuchten. Es leuchtet durch die Gefängnismauern hindurch bis in den Palast des Königs. Selbst in der Nacht dringt das Licht in das Schlafgemach des Königs, und der König findet keine Ruhe mehr.

Gianni Rodari

Aus: Gianni Rodari, Gutenachtgeschichten am Telefon,
K. Thienemanns Verlag, Stuttgart/Wien/Bern 1964

Gespräch

Warum leuchtet Giacomo? Können wir uns Jesus ähnlich vorstellen? Wie können wir Licht in die Welt bringen?

Zum Schluss malen die Kinder mit Wachsmalkreiden den von innen heraus leuchtenden Giacomo.

11 bis 13 Jahre

Gebet

Guter Gott, dein Sohn Jesus
starb am Kreuz für uns.
Die Menschen wollten
deine gute Botschaft nicht hören.
Sie liebten das Böse mehr als das Licht,
das Jesus ihnen bringen wollte.
Hilf du uns, das Licht zu lieben. Amen.

Schriftlesung

Lied und Tanz: Gottes Wort ist wie Licht in der Nacht

M: trad. aus Israel

Tanzbeschreibung

Alle stehen auf der Kreisbahn, der Mitte zugewandt, die Hände durchgefasst. Der Tanz beginnt auf 1 im ersten Takt.

Takt 1: Zwei Schritte rechts/links vorwärts, zwei Schritte rechts vorwärts, links zurück wiegen. Beim Vorwärtsschreiten Hände heben.
Takt 2: Rechts aufsetzen und linkes Bein anstellen.
Takt 3/4: Wie 1 und 2, nur rückwärts und Hände senken.
Takt 5: Zwei kleine Schritte rechts/links und rechts/links wiegen.
Takt 6: Zwei kleine Schritte vor, dann stehen.
Takt 7: Arme heben.
Takt 8: Arme senken.

Fürbitten und Gestaltung der Mitte

Die Kinder überlegen und formulieren Fürbitten für Menschen, die im Dunkeln leben und nicht auf Gottes Wort hören möchten. Bei jeder Bitte wird ein Teelicht zum dunklen Kreuz aus Tüchern in die Mitte gestellt.

5. Fastensonntag

Schriftstellen: Jer 31,31–34 / Hebr 5,7–9 / Joh 12,20–33

Schriftlesung: Nach Joh 12,23–33

Jesus sagte zu seinen Freunden: »Die Stunde ist gekommen, dass ich sterben muss.
Amen, amen, ich sage euch: Wenn das Weizenkorn nicht in die Erde fällt und stirbt, bleibt es allein; wenn es aber stirbt, bringt es reiche Frucht. Wer an seinem Leben hängt, verliert es; wer aber sein Leben in dieser Welt gering achtet, wird es bewahren bis ins ewige Leben.
Wenn einer mir dienen will, folge er mir nach; und wo ich bin, dort wird auch mein Diener sein. Wenn einer mir dient, wird der Vater ihn ehren.
Jetzt bin ich traurig. Soll ich sagen: ›Vater, rette mich aus dieser Stunde.‹? Aber meine Aufgabe ist es, die Menschen von allem Bösen zu erlösen.
Und wenn ich am Kreuz erhöht bin, werde ich zu meinem Vater gehen. Dorthin werdet ihr eines Tages auch kommen.« Das sagte er, um anzudeuten, wie er sterben würde.

Thematische Stichworte

Weizenkorn in der Erde / Wir möchten Jesus sehen / Jesus ist traurig

Liedvorschläge für die Altersgruppen

3–6: Als Jesus gestorben war (SL 136)
7–13: Das Weizenkorn (S. 99)
11–13: Das kleine Korn in unserer Hand (SL 94)

Gestaltung der Mitte

Eine Schale mit Weizenkörnern auf einem braunen Tuch

Ausmalvorlage

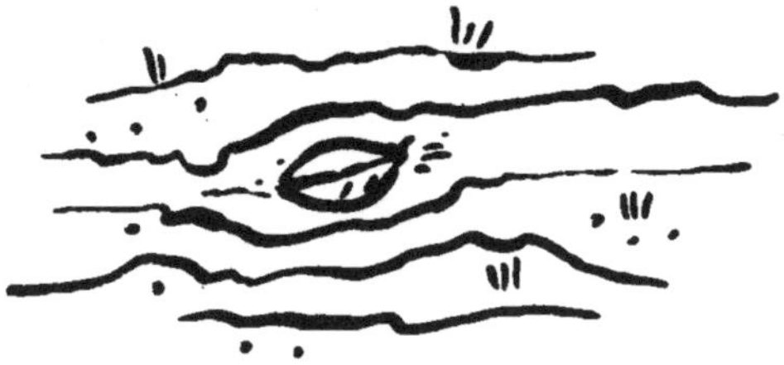

3 bis 6 Jahre

Gebet
Guter Gott, dein Sohn Jesus sagt:
Ich muss sterben.
Wie das Weizenkorn,
das in die Erde gelegt wird.
Dort stirbt es.
Es wird verwandelt.
Es kommen ganz viele Körner
wieder aus der Erde.
Das Leben wird neu.
Danke, Gott. Amen.

Schriftlesung

Anschauung: Körner in unserer Hand
Alle sitzen im Kreis. In der Mitte stehen eine Schale mit Weizenkörnern und ein Strauß Ähren. L spricht:
Wir sehen in der Mitte Körner,
Weizenkörner,
Früchte der Erde,
aus diesen Ähren gewonnen.

Jede und jeder von uns sollte sich in Stille
eines dieser kleinen Weizenkörner
aus der Schale nehmen
und es auf die Hand legen.

L reicht die Schale mit den Körnern im Kreis herum. Wenn alle ein Korn in der Hand haben, spricht L weiter:

Wir wiegen das kleine Korn in der Hand.
Es ist kaum spürbar.

Wir tasten es ab
mit einem Finger der anderen Hand,
behutsam, damit es nicht herunterfällt.
Das kleine Korn ist hart
und hat eine raue Schale.

Wie kann aus einem so winzigen Etwas,
das hart und tot in unserer Hand liegt,
Leben wachsen,
das Millionen von Menschen
auf der ganzen Welt ernährt?

Und doch ist es wahr:
Diese Körner bergen Leben für viele.
Sie wachsen und reifen und bringen Frucht,
die Brot wird, Nahrung für viele.
Behutsam wollen wir das kleine Korn wieder in die Schale zurücklegen.

L reicht die Schale wieder herum, und alle Kinder legen ihr Korn zurück.

7 bis 10 Jahre

Gebet
Guter Jesus, du sagst:
Wenn etwas neu werden will,
muss es sich verändern.
Wie ein Weizenkorn.
Wenn es nicht gesät wird und stirbt,
dann kann es keine neuen Körner geben.
Das ist ein großes Geheimnis.
Hilf du uns, es zu verstehen. Amen.

Schriftlesung

Vom Weizenkorn, das nicht sterben wollte
Ein Weizenkorn versteckte sich in der Scheune.
Es wollte nicht gesät werden.
Es wollte nicht sterben.
Es wollte sich nicht opfern.
Es wollte sein Leben retten
Es wurde nie zu Brot.
Es kam nie auf den Tisch.
Es wurde nie gesegnet und ausgeteilt
von einer Mutter.
Es schenkte nie Leben.
Es schenkte nie Freude.
Eines Tages kam der Bauer.
Mit dem Staub der Scheune
fegte er das Weizenkorn weg.

Rechte unbekannt

Weizenkörner einpflanzen
Material: Blumentöpfchen, Blumenerde, Weizenkörner
L hat kleine Tontöpfe und Blumenerde mitgebracht. Die Kinder füllen nun Blumenerde in die Töpfe und pflanzen einige Weizenkörner hinein. Die Töpfe nehmen sie mit nach Hause, um sie zu begießen, zu pflegen und zu beobachten, wie aus den Weizenkörnern etwas Neues wächst.

11 bis 13 Jahre

Gebet

Herr Jesus Christus,
wie das Weizenkorn bist du gestorben.
Wie das Weizenkorn bist du auferstanden
und hast uns allen ewiges Leben geschenkt.
Dafür danken wir dir. Amen.

Schriftlesung

Lied: Das Weizenkorn muss sterben

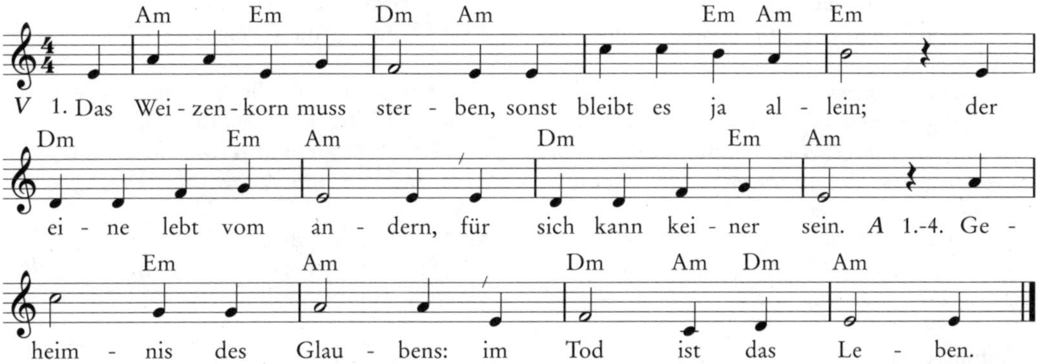

2. So gab der Herr sein Leben,
   verschenkte sich wie Brot.
   Wer dieses Brot genommen,
   verkündet seinen Tod.

3. Wer dies Geheimnis feiert,
   soll selber sein wie Brot;
   so lässt er sich verzehren
   von aller Menschennot.

4. Als Brot für viele Menschen
   hat uns der Herr erwählt;
   wir leben füreinander,
   und nur die Liebe zählt.

T: Lothar Zenetti M: Johann Lauermann
Rechte bei den Autoren

Bilder zum Lied
Material: große Bögen Papier, Stifte
Für jede Strophe des Liedes ist ein Poster vorgesehen.

Str. 1: Das Weizenkorn, das in die Erde gelegt wird und zum Halm wächst
Str. 2: Kreuz
Str. 3: Hostienschale mit großer Hostie oder ein Brot
Str. 4: Menschen, die einander helfen.

Palmsonntag

Schriftstellen: Mk 11,1–10 / Jes 50,4–7 / Phil 2,6–11 / Mk 14,1–15.47

Schriftlesung: Nach Mk 11,1–10

Jesus kam mit seinen Freunden in die Nähe von Jerusalem. Er schickte zwei seiner Jünger voraus und sagte zu ihnen: »Geht in das Dorf, das vor euch liegt; gleich wenn ihr hineinkommt, werdet ihr einen jungen Esel angebunden finden, auf dem noch nie ein Mensch gesessen hat. Bindet ihn los, und bringt ihn her! Und wenn jemand zu euch sagt: ›Was tut ihr da?‹, dann antwortet: ›Der Herr braucht ihn; er lässt ihn bald wieder zurückbringen.‹«

Da machten sie sich auf den Weg und fanden einen jungen Esel angebunden, und sie banden ihn los. Einige, die dabeistanden, sagten zu ihnen: »Wie kommt ihr dazu, den Esel loszubinden?«

Sie gaben ihnen zur Antwort, was Jesus gesagt hatte, und man ließ sie gewähren.

Sie brachten den jungen Esel zu Jesus, legten ihre Kleider auf das Tier, und er setzte sich darauf.

Und viele breiteten ihre Kleider auf der Straße aus; andere rissen auf den Feldern Zweige von den Büschen ab und streuten sie auf den Weg. Die Leute, die vor ihm hergingen und die ihm folgten, riefen: »Hosanna! Gesegnet sei er, der kommt im Namen des Herrn!«

Thematische Stichworte

Esel / Weg / grüne Zweige

Liedvorschläge für die Altersgruppen

3–6: Heilig, klatschet (SL 70)
7–10: Jesus zieht in Jerusalem ein (SL 106)
11–13: Der grüne Zweig (SL 94)

Gestaltung der Mitte

Ein Stoffesel, eine Jesuskerze und ein Palmzweig auf einem braunen Tuch

Ausmalvorlage

3 bis 6 Jahre

Gebet
Guter Jesus, du bist in die große Stadt Jerusalem gekommen.
Auf einem Esel bist du geritten.
Er trug mit dir die Last.
Die Menschen haben dir zugejubelt.
Wenig später nur haben sie gerufen:
Jesus soll sterben! Danke, Jesus, für alles, was du für uns getan hast. Amen.

Schriftlesung

Spielanleitung
Der Stoffesel in der Mitte und die Jesuskerze werden gezeigt. Die Kinder imitieren die Laute des Esels. Das Lied wird vorgestellt, die Kinder spielen die »Leute«, sie legen einen Weg aus ihren Jacken und grünen Buchsbaumzweigen.

Spiellied: I-ah, ich bin der Esel

2. Er war es nicht gewohnt, das Reiten.
Ich ließ ihn nicht heruntergleiten.
Ich trug behutsam unsern Herrn.
Ich trug ihn sicher, trug ihn gern,
ließ mich nicht stör'n von Kleidern, Zweigen,
tat vorsichtig darübersteigen.

3. Der Herr saß auf dem Eselsrücken.
Da tat ich gern den Rücken bücken,
hat es doch sonst in meinem Leben
nie wieder so ein Fest gegeben.
Als Jesus in die Stadt zog ein,
trug ich den Herrn da ganz allein.

T: Rolf Krenzer M: Peter Janssens Rechte: Peter Janssens Musik Verlag, Telgte

7 bis 10 Jahre

Gebet

Guter Jesus, du bist in Jerusalem eingezogen.
Die Menschen haben dich gefeiert
wie einen König.
Aber du wusstest, später rufen sie:
Kreuzige ihn!
Hilf uns, dass wir lernen,
immer zu dir zu halten. Amen.

Schriftlesung

Geschichte: Palmsonntag

Als Florian mit seinen Eltern am Palmsonntag zur Messe will, wundert er sich. Vor der Kirchentür stehen alle im Halbkreis um einen kleinen Tisch herum und warten. Auf dem Tisch steht zwischen zwei brennenden Kerzen ein großer Korb mit grünen Zweigen. Zwei Messdiener in langen Kleidern stehen daneben und schauen den Pfarrer, der heute ein rotes Gewand trägt, erwartungsvoll an. Die Leute machen Florian ein wenig Platz, so dass er gleich in die vorderste Reihe kommen und alles sehen kann.

Jetzt winkt der Pfarrer den Messdienern zu und sie beginnen, die Zweige aus dem Korb an alle Leute zu verteilen. Florian erhält einen großen grünen Zweig, den er ganz vorsichtig in seiner Hand hält. Als alle Leute Zweige erhalten haben, geht der Pfarrer herum und bespritzt die Zweige mit geweihtem Wasser.

Jetzt spricht der Pfarrer. »Als Jesus in Jerusalem einzog, haben ihm die Leute zugejubelt«, sagt er. »Sie hatten grüne Palmzweige in ihren Händen und winkten ihm zu. Sie begrüßten ihn, so wie man einen König begrüßt. Wir haben heute auch grüne Zweige in unseren Händen, weil wir unseren König Jesus Christus grüßen wollen.«

Darauf stimmt der Pfarrer ein Lied an, und alle Leute singen laut mit. Die beiden Messdiener nehmen die Kerzen und öffnen die Kirchtür, und gemeinsam ziehen alle mit den grünen Zweigen in ihren Händen und mit Gesang in die Kirche ein.

Um den Altar herum sitzen einige ältere Kinder. Jedes Kind hat einen Zettel in der Hand. Als der Pfarrer ihnen zunickt, lesen sie hintereinander ein Kapitel aus der Bibel vor. Es ist die Geschichte vom Einzug Jesu in Jerusalem. Aber sie lesen auch vor, dass Jesus verraten und gefangen genommen wurde, dass er verspottet und geschlagen und schließlich an das Kreuz geschlagen wurde. Sie lesen vor, dass Jesus an diesem Kreuz gestorben ist und dass seine Freunde alle sehr traurig waren.

Florian schaut sich in der Kirche um. Die Menschen haben ihre Köpfe gesenkt. Sie hören zu und denken an Jesus, der so viel hat erleiden müssen. Es ist ganz still in der Kirche, als die Kinder ihr Vorlesen beendet haben.

Dann spricht der Pfarrer. Er sagt: »Jesus ist am Kreuz gestorben. Aber wir dürfen froh sein, weil Jesus stärker ist als der Tod. Sie haben ihn vom Kreuz heruntergenommen und in einem Grab begraben. Das war vor Ostern. Aber dann ist er vom Tod auferstanden. Er hat den Tod besiegt!«

Florian blickt auf den grünen Zweig, den er noch immer in seiner Hand hält. Draußen ist es noch kalt. Nur an einigen warmen Plätzen beginnen die ersten Frühlingsblumen zu blühen. Aber der Zweig in seiner Hand macht deutlich, dass alles wieder zu leben beginnt. Er streichelt ganz vorsichtig die zarten Blätter und fühlt, dass er nicht mehr traurig ist. Ja, Jesus hat den Tod besiegt, und am nächsten Sonntag ist Ostern.

Von Ostern und von der Auferstehung erzählt auch das Lied, das jetzt alle zusammen singen. Florian hat es schon einmal gehört. Er blickt zu seinen Eltern, die laut mitsingen, und freut sich. Als sie später nach Hause gehen, trägt Florian auch die grünen Zweige seiner Eltern. »Wir haben doch die schöne Glasvase!«, sagt er. »Ich fülle sie mit Wasser und stelle dann die grünen Zweige hinein!«

Rolf Krenzer

Aus: Krenzer/Fritz, 100 einfache Texte zum Kirchenjahr, Verlag Ernst Kaufmann, Lahr / Kösel-Verlag München

11 bis 13 Jahre

Gebet

Herr Jesus Christus,
du bist in Jerusalem eingezogen.
Die Leute haben dir zugejubelt
und »Hosianna« gerufen.
Nicht viel später schrien viele von ihnen:
»Kreuzige ihn!«
Hilf uns, zu unseren Entscheidungen
zu stehen und nicht nur das zu tun,
was alle tun. Amen.

Schriftlesung

Gespräch

Der Schrifttext wurde miteinander gelesen. Dann wird als Gegenstück dazu Mk 15,1–15 aus der Bibel vorgelesen, wo die Menschen »Kreuzige ihn!« rufen. Die beiden Aussagen werden herausgearbeitet und überlegt, warum Menschen in so kurzer Zeit ihr Beweggründe ändern. Dann wird die Geschichte »Für wen gehst du?« vorgelesen. Danach einige Augenblicke der Stille einlegen, in der jedes Kind überlegen kann, wofür es geht, d.h. was für sein Leben wichtig ist.

Geschichte: Für wen gehst du?

In Ropschitz, Rabbi Naftalis Stadt, pflegten die Reichen, deren Häuser einsam oder am Ende des Ortes lagen, Leute zu dingen, die nachts über ihren Besitz wachen sollten. Als Rabbi Naftali sich eines Abends spät am Rand des Waldes erging, der die Stadt säumte, begegnete er solch einem auf und nieder wandernden Wächter. »Für wen gehst du?«, fragte er ihn. Der gab Bescheid, fügte aber die Gegenfrage daran: »Und für wen geht Ihr, Rabbi?«

Das Wort traf den Zaddik wie ein Pfeil. »Noch gehe ich für niemand«, brachte er mühsam hervor, dann schritt er lange schweigend neben dem Mann auf und nieder.

»Willst du mein Diener werden?«, fragte er endlich.

»Das will ich gern«, antwortete jener, »aber was habe ich zu tun?«

»Mich zu erinnern!«, sagte Rabbi Naftali.

Martin Buber

Aus: Martin Buber, Die Erzählungen der Chassidim, Manesse Verlag, Zürich 1949

Aktion mit Palmzweigen

Jedes Kind erhält einen Palmzweig.

In der Mitte wird ein Weg und ein Stadttor aus braunen und grauen Tüchern angedeutet. Die Kinder werden aufgefordert, eines nach dem anderen seinen Palmzweig zum Weg zu legen und dabei zu sagen: »Ich gehe für ...« Dann fügen sie ein, wofür oder für wen sie sich in ihrem Leben einsetzen bzw. einsetzen wollen.

Gründonnerstag

Schriftstellen: Ex 12,1–8.11–14 / 1 Kor 11,23–26 / Joh 13,1–15

Schriftlesung: Nach Joh 13,1–15

Es war vor dem Osterfest der Juden. Jesus wusste, dass er bald sterben würde. Noch einmal wollte er mit seinen Freunden Mahl halten. Bevor es begann stand Jesus auf, legte sein Gewand ab und band sich ein Leinentuch um. Seine Freunde wunderten sich: Was hat er nur vor?

Jesus goss Wasser in eine Schüssel und begann, den Jüngern die Füße zu waschen und mit dem Leinentuch abzutrocknen. Als er zu Petrus kam, sagte dieser zu ihm: »Du, Herr, willst mir die Füße waschen?«

Jesus antwortete ihm: »Was ich tue, verstehst du jetzt noch nicht; doch später wirst du es begreifen.«

Petrus entgegnete ihm: »Ich will aber nicht, dass du mir wie ein einfacher Diener die Füße wäschst!« Jesus erwiderte ihm: »Wenn ich dir die Füße nicht wasche, gehörst du nicht zu mir.«

Da sagte Simon Petrus zu ihm: »Herr, dann nicht nur meine Füße, sondern auch die Hände und den Kopf.« Jesus sagte zu ihm: »Wer vom Bad kommt, ist ganz rein und braucht sich nur noch die Füße zu waschen.« Das sagte er, weil in Israel die Menschen Sandalen trugen und die Wege staubig waren. Deshalb wurden auch die Füße immer wieder staubig.

Als Jesus allen die Füße gewaschen, sein Gewand wieder angelegt und Platz genommen hatte, sagte er zu ihnen: »Begreift ihr, was ich getan habe? Ihr sagt zu mir Meister und Herr, und ihr nennt mich mit Recht so; denn ich bin es. Wenn nun ich, der Herr und Meister, euch die Füße gewaschen habe, dann müsst auch ihr einander die Füße waschen. Ich habe euch ein Beispiel gegeben, damit auch ihr handelt, wie ich an euch gehandelt habe. Keiner soll sich über den anderen stellen.«

Thematische Stichworte

Fußwaschung / Reinigung / Dienen

Liedvorschläge für die Altersgruppen

3–6: Christus lädt uns alle ein (SL 54)
Ich lade dich ganz herzlich ein (SL 4)
7–10: ... und nahm, gab und brach (SL 72)
11–13: Wenn wir jetzt unsre Gaben bringen (SL 56)
Brot gegen den Tod (SL 59)

Gestaltung der Mitte

Kelch und Hostienschale, oder: Brot und Wein auf einem Tuch, oder: eine Schüssel mit Wasser

Ausmalvorlage

3 bis 6 Jahre

Gebet
Jesus, als du mit deinen Freunden
das letzte Mal gegessen hast,
hast du sie erstaunt:
Du, der Herr, hast sie bedient.
Hilf uns, dass wir auch lernen, was es heißt,
für andere Menschen da zu sein. Amen.

Schriftlesung

Besinnung: Wasser zum Waschen
Alle sitzen im Kreis. In der Mitte steht auf einem Tuch eine Schüssel mit Wasser. Daneben liegen ein Trockentuch und ein Fladenbrot. L spricht:
In der Mitte sehen wir
eine Schüssel mit Wasser.
Daneben liegt ein Handtuch
zum Abtrocknen.
Wir denken einen Moment nach, wie es ist,
wenn wir schmutzig sind
und uns dann waschen
oder gewaschen werden.
Wir fühlen uns danach ganz sauber und rein.
Jeder von euch darf jetzt
nacheinander aufstehen,
sich in der Schüssel die Hände waschen
und danach mit dem Handtuch abtrocknen.

Die Kinder kommen einzeln nacheinander in die Mitte und waschen sich die Hände.

Jesus sagt: Ich will euch die Füße waschen.
Petrus sagt: Nein, du sollst uns nicht bedienen, wir müssen es für dich tun.
Jesus sagt: Wer groß sein will, muss dienen.
Wenn ich dir nicht die Füße waschen darf, gehörst du nicht zu mir.
Petrus sagt: Wenn das so ist, dann, bitte, wasche mir auch die Hände und den Kopf.
Jesus sagt zu Petrus: Das ist nicht nötig. Du bist gewaschen. Du bist rein.
Nur noch die Füße muss ich dir waschen. Sie sind auf dem Weg hierher wieder schmutzig geworden.

Ich will euch jetzt die Füße waschen und abtrocknen, so wie es Jesus für seine Freunde getan hat. Wir wollen dabei ganz leise sein und an Jesus denken.

L lädt die Kinder ein, die Schuhe und Strümpfe auszuziehen. Dann geht L mit Schüssel und Handtuch im Kreis herum, wäscht den Kindern die Füße und trocknet sie ab. L spricht:

Jesus ist uns ganz nah,
wenn wir einander helfen und Gutes tun.
Jesus will uns ganz nah sein
in Brot und Wein,
die er nach dem Waschen der Füße
an seine Freunde ausgeteilt hat.
Dabei hat er gesagt: Das bin ich für euch.
Wir wollen jetzt auch Brot teilen
und an Jesus denken.

L nimmt das Fladenbrot aus der Mitte und verteilt es an die Kinder.
Bei ruhiger Musik schauen die Kinder in die Jesuskerze und essen ihr Brot.

7 bis 10 Jahre

Gebet

Herr Jesus Christus, als du
mit deinen Freunden
das letze Abendmahl gefeiert hast,
hast du ihnen vorher die Füße gewaschen.
Du, der Große, hast dich klein gemacht.
Du sagst damit deinen Freunden und uns:
Ich habe euch lieb.
Danke, Jesus. Amen.

Schriftlesung

Geschichte: Liebe kann das stärkste Eis tauen

Oschoo war der Sohn braver, fleißiger Fischersleute. Er war ein guter Fischer und half seinen Eltern bei der Arbeit, wo er nur konnte, und als seine Eltern alt und schwach wurden, war er ihre einzige Stütze. Er schützte sie vor allem Mangel.
Weil er immer freundlich war, kauften alle Leute der Umgegend ihre Fische bei ihm, und jedermann hatte ihn gern. Reicher geworden kaufte er sich oben im Gebirge einige große Teiche mit herrlichen Karpfen. In einem harten, strengen Winter aber, als alle Teiche fest zugefroren und dick mit Eis bedeckt waren, erkrankte seine Mutter. Eines Tages sagte sie zu Oschoo: »Ich werde sicher sterben, aber wenn ich nur einen Karpfen aus deinen Teichen hätte, so könnte ich vielleicht noch einmal gesund werden.«
Oschoo war sehr traurig über die Worte seiner Mutter. Er wusste, wie dick das Eis auf den Teichen lag; aber er sprach: »Ich gehe sofort, Euch einen Fisch zu holen.« Er nahm eine Axt über die Schulter; aber der Wind pfiff so eisig vom Gebirge herunter, dass er wenig Hoffnung hatte, das Eis mit der Axt zu durchschlagen. Oschoo warf sich klagend auf das Eis, und dann fing er an zu wimmern und zu jammern, rang seine Hände und rief den Himmel um Hilfe an.
Und siehe, plötzlich fühlte er eine große Wärme seinen Körper durchdringen, rasch streifte er sein Kleid ab und blieb nackt ausgestreckt auf dem Eis liegen, um es mit seiner Körperwärme aufzutauen. Es dauerte gar nicht lange, so taute das Eis auch wirklich, so weit sein Körper reichte; ja, es schwand so plötzlich unter ihm, dass er rasch wieder aufsprang und nun mit einigen Hieben die Eisdecke entfernte. Als das geschehen war, strömten von allen Seiten Karpfen herbei, und Oschoo wählte den besten und schönsten aus.
Zu Hause angekommen, kochte er den Fisch für seine Mutter, und sobald sie davon genossen hatte, fühlte sie sich wunderbar gekräftigt. Und noch ehe der Winter zu Ende gegangen war, war sie wieder völlig gesund.

Nach einem japanischen Märchen

Gespräch

Die Geschichte im Hinblick auf die Überschrift deuten. In Verbindung bringen mit dem Thema: Was hat Jesus aus Liebe zu uns getan? (Den Jüngern die Füße gewaschen, Brot und Wein geteilt, er ist am Kreuz für uns gestorben.)

11 bis 13 Jahre

Gebet
Herr Jesus Christus,
immer schon hast du gesagt:
Wer groß sein will muss anderen dienen.
Beim letzten Abendmahl hast du
es deinen Freunden noch einmal gezeigt.
Du sagst: Macht es so wie ich.
Jesus, hilf uns dabei. Amen.

Schriftlesung

Fußwaschung, Evangeliar Otto III., Reichenau, ca. 990, Aachen, Domschatz
Kunstverlag D-56653 Maria Laach, Karte Nr. 5685

Bildbetrachtung: Fußwaschung
Das Bild miteinander ansehen (evtl. in Farbe beim Kunstverlag bestellen), die Gesten, die Augen beschreiben und überlegen, was die Menschen im Bild empfinden oder sagen. Überlegen: Wo wäre ich gerne in dem Bild? Das Bild mit Buntstiften anmalen.

Karfreitag

Schriftstellen: Jes 52,13–53,12 / Hebr 4,14–16;5,7–9 / Joh 18,1–19,42

Schriftlesung: Nach Mk 15,20b–39

Jesus war gefangen genommen und verurteilt worden. Er sollte am Kreuz sterben. Soldaten führten Jesus hinaus, um ihn zu kreuzigen. Das Kreuz war schwer. Jesus konnte es nicht alleine tragen. Da kam Simon von Zyrene gerade vom Feld. Er ging an dem Kreuzigungszug vorbei. Die Soldaten zwangen ihn, Jesus zu helfen, das Kreuz zu tragen. So kamen sie an einen Ort namens Golgota, das heißt übersetzt: Schädelhöhe. An diesem Ort wurden Verbrecher gekreuzigt. Die Soldaten reichten Jesus Wein, der mit Myrrhe, einem bitteren Kraut, gewürzt war; er aber nahm ihn nicht.

Dann kreuzigten sie ihn. Sie zogen ihm das Obergewand aus und warfen das Los, um seine Kleider unter sich zu verteilen. Es war die dritte Stunde, nach unserer Uhrzeit 9 Uhr, als sie Jesus kreuzigten. Oben am Kreuz befestigten sie eine Tafel, auf der der Grund seiner Kreuzigung stand: JNRI, das heißt: Jesus aus Nazaret, der König der Juden. Zusammen mit Jesus kreuzigten sie zwei Räuber, den einen rechts von ihm, den andern links.

Die Leute, die vorbeikamen, verspotteten Jesus, schüttelten den Kopf und riefen: »Ach, du willst den Tempel niederreißen und in drei Tagen wieder aufbauen? Wenn du so ein toller König bist, dann hilf dir doch selbst und steig herab vom Kreuz!« Auch die Hohenpriester und die Schriftgelehrten verspotteten ihn und sagten zueinander: »Anderen hat er geholfen, sich selbst kann er nicht helfen.«

Auch die beiden Männer, die mit ihm zusammen gekreuzigt wurden, beschimpften ihn.

Als die sechste Stunde kam, nach unserer Uhrzeit also 12.00 Uhr, wurde es dunkel und finster im ganzen Land. Das dauerte bis zur neunten Stunde, also 15.00 Uhr. Und in der neunten Stunde rief Jesus mit lauter Stimme: »Eloï, Eloï, lema sabachtani?«, das heißt übersetzt: »Mein Gott, mein Gott, warum hast du mich verlassen?«

Einige von denen, die dabeistanden und es hörten, sagten: »Hört, er ruft nach Elija!« Einer lief hin, tauchte einen Schwamm in Essig, steckte ihn auf einen Stock und gab Jesus zu trinken. Dabei sagte er: »Lasst uns doch sehen, ob Elija kommt und ihn herabnimmt.« Jesus aber schrie laut auf. Dann hauchte er den Geist aus und starb.

Da riss der Vorhang im Tempel von oben bis unten entzwei. Als der Hauptmann der Soldaten, der Jesus gegenüberstand, ihn auf diese Weise sterben sah, sagte er: »Dieser Mensch war wirklich Gottes Sohn.«

Thematische Stichworte

Leiden / Kreuz

Liedvorschläge für die Altersgruppen

3–10: Als Jesus gestorben war
(SL 136, Str. 1 und 2)

11–13: Zeig mir den Weg zum Keuz
(SL 135)

Gestaltung der Mitte

Ein Kreuz mit Korpus auf einem lila Tuch

Ausmalvorlage

(siehe Seite 109)

3 bis 6 Jahre

Gebet
Jesus, du bist am Kreuz gestorben.
Die Menschen haben dir das angetan.
Wir sind traurig.
Hilf uns. Amen.

Schriftlesung

Körperübung: Wir sind wie ein Kreuz
In der Mitte liegt auf einem Tuch ein Kreuz mit einem Korpus, an dem Jesus die Arme weit ausbreitet. Alle stellen sich so um das Kreuz, dass genügend Abstand da ist, damit jede/r ungestört die Arme weit ausbreiten kann. L spricht:
Wenn du gerade stehst
und deine Arme ausbreitest,
dann bildet dein Körper ein Kreuz.
Deine Hände strecken sich
den anderen entgegen,
und dein Kopf
weist »nach oben«,
hin zu Gott.
Das sind die beiden
wichtigsten Richtungen
in unserem Leben:
zu Gott und
zu den anderen Menschen.
In deinem Herzen können sich
diese beiden Achsen treffen.
Da hast du
mit Jesus
vieles gemeinsam.
Er breitete
seine Arme weit aus,
um viele zu umarmen.
Er streckte seine Hände
den Menschen entgegen,
um ihnen zu helfen.
Er hielt sich aufrecht,
auch als es gefährlich wurde.

Das ist schon merkwürdig:
Wer Hand und Fuß,
Kopf und Herz einsetzt
für Gott und die Menschen,
der kann Ärger bekommen,
der wird vielleicht verfolgt,
der spürt das Kreuz deutlich.
Ganz so wie Jesus.

Aus: Bistum Essen, Von Aschermittwoch bis Ostern. Ein Wegbegleiter für die ganze Familie, Verlag Ferdinand Kamp, Bochum 1989

7 bis 10 Jahre

Gebet
Herr Jesus, du bist am Kreuz gestorben,
weil die Menschen böse sind.
Du sagst: Durch meinem Tod am Kreuz
wird alles gut.
Hilf uns, das zu verstehen. Amen.

Schriftlesung

Lied: Ihr Freunde, lasst euch sagen

2. Ihr Freunde, lasst euch sagen:
   Er hat das Kreuz getragen.
   Uns ist das Herz so schwer,
   und er ist unser Herr.

3. Ihr Freunde, lasst euch sagen:
   Er war ans Kreuz geschlagen.
   Das Kreuz war hart und schwer,
   und er ist unser Herr.

4. Ihr Freunde, lasst euch sagen:
   Er hat den Tod ertragen.
   Uns ist das Herz so schwer,
   und er ist unser Herr.

5. Ihr Freunde, lasst euch sagen:
   Er hat den Tod geschlagen.
   Den Tod besiegte er.
   So stark ist unser Herr!

T: Rolf Krenzer M: Paul G. Walter
Aus: MC Gott, du bist ja bei mir
Rechte: Musikbär Verlag, Schriesheim

Spielanleitung
Alle stehen im Kreis. Zur 1. und 2. Strophe werden beschreibende Bewegungen gemacht: die Bewegung des Schlagens, die Bewegung des Lastentragens.

3. Str.: Alle breiten die Arme aus und stehen wie ein Kreuz.
4. Str.: Alle hocken sich hin und verbergen den Kopf in den Armen.
5. Str.: Alle stehen auf, heben die Arme und drehen sich um sich selbst.

11 bis 13 Jahre

Gebet
Herr Jesus Christus,
dein Tod bedeutet für uns Erlösung.
Das ist schwer zu verstehen.
Du hast das größte Leiden
auf dich genommen,
du hast dich von Gott verlassen gefühlt,
damit wir Menschen
Hoffnung und Zukunft haben.
Hilf uns, das zu verstehen. Amen.

Schriftlesung

Ein sehr altes Gebet: Psalm 22
Als Jesus am Kreuz hing, sprach er Worte aus Psalm 22: »Mein Gott, mein Gott, warum hast du mich verlassen?« Hier ist ein großer Teil dieses Gebetes, das schon viele tausend Jahre alt ist, wiedergegeben. Der Psalm wird vorgelesen, dann streicht jedes Kind die Sätze an, die es besonders beeindrucken. Diese Sätze werden danach laut vorgelesen. Im Gespräch können Parallelen zur Leidensgeschichte herausgearbeitet werden.
Mein Gott, mein Gott,
warum hast du mich verlassen,
bist fern meinem Schreien,
den Worten meiner Klage?
Mein Gott, ich rufe bei Tag,
doch du gibst keine Antwort;
ich rufe bei Nacht
und finde doch keine Ruhe.
Aber du bist heilig,
du thronst über dem Lobpreis Israels.
Dir haben unsre Väter vertraut,
sie haben vertraut, und du hast sie gerettet.
Zu dir riefen sie und wurden befreit,
dir vertrauten sie
und wurden nicht zuschanden.
Ich aber bin ein Wurm und kein Mensch,
der Leute Spott, vom Volk verachtet.
Alle, die mich sehen,
verlachen mich, verziehen die Lippen,
schütteln den Kopf:
«Er wälze die Last auf den Herrn,
der soll ihn befreien!
Der reiße ihn heraus,
wenn er an ihm Gefallen hat.»
Du bist es, der mich
aus dem Schoß meiner Mutter zog,
mich barg an der Brust der Mutter.
Von Geburt an bin ich geworfen auf dich,
vom Mutterleib an bist du mein Gott.
Sei mir nicht fern, denn die Not ist nahe,
und niemand ist da, der hilft.
Viele Stiere umgeben mich,
Büffel von Baschan umringen mich.
Sie sperren gegen mich ihren Rachen auf,
reißende, brüllende Löwen.
Ich bin hingeschüttet wie Wasser,
gelöst haben sich all meine Glieder.
Mein Herz ist in meinem Leib
wie Wachs zerflossen.
Meine Kehle ist trocken wie eine Scherbe,
die Zunge klebt mir am Gaumen,
du legst mich in den Staub des Todes.
Viele Hunde umlagern mich,
eine Rotte von Bösen umkreist mich.
Sie durchbohren mir Hände und Füße.
Man kann all meine Knochen zählen;
sie gaffen und weiden sich an mir.
Sie verteilen unter sich meine Kleider
und werfen das Los um mein Gewand.
Du aber, Herr, halte dich nicht fern!
Du, meine Stärke, eil mir zu Hilfe!

Aus: Einheitsübersetzung der Heiligen Schrift, © Katholische Bibelanstalt, Stuttgart 1980

Ostern

Schriftstellen: Apg 10,34a.37–43 / Kol 3,1–4 / Mk 16,1–7

Schriftlesung: Nach Mk 16,1–7

Als der Sabbat, der Ruhetag, vorüber war, kauften Maria aus Magdala und andere Frauen, die mit Jesus gegangen waren, gut riechende Öle, um damit zum Grab zu gehen und den Leichnam Jesu zu salben.

Am ersten Tag der Woche kamen sie in aller Frühe zum Grab, als eben die Sonne aufging. Wie viele Gräber war auch das Grab Jesu mit einem dicken Felsenstein verschlossen worden. Die Frauen sagten zueinander: »Wer könnte uns den Stein vom Eingang des Grabes wegwälzen?« Doch als sie zum Grab Jesu kamen, sahen sie, dass der große, schwere Stein schon weggewälzt war.

Sie gingen in das Grab hinein und sahen auf der rechten Seite einen jungen Mann sitzen, der mit einem weißen Gewand bekleidet war. Da erschraken sie sehr.

Er aber, wahrscheinlich ein Engel, ein Bote Gottes, sagte zu ihnen: »Erschreckt nicht! Ihr sucht Jesus von Nazaret, den Gekreuzigten. Er ist auferstanden; er ist nicht hier. Seht, da ist die Stelle, wo man ihn hingelegt hatte. Nun aber geht und sagt seinen Jüngern, vor allem Petrus: Er geht euch voraus nach Galiläa; dort werdet ihr ihn sehen, wie er es euch gesagt hat.«

Thematische Stichworte

Grab / leeres Grab / Stein / Auferstehung

Liedvorschläge für die Altersgruppen

3–6: Wir singen alle hallelu (SL 26)
3–10: Als Jesus gestorben war, (SL 136, Str. 1–3)
Kinder, singt dem Herrn ein Lied (SL 139)
Gib uns Augen (S. 85)
11–13: Manchmal feiern wir mitten im Tag (SL 133)
Andere Oster- und Hallelujalieder

Gestaltung der Mitte

Ein dicker Stein an roten/orangen/gelben Tüchern, die an den Sonnenaufgang erinnern

Ausmalvorlage

3 bis 6 Jahre

Gebet

Guter Gott, es war traurig,
als dein Sohn Jesus gestorben ist.
Heute freuen wir uns.
Wir hören: Jesus lebt.
Danke dafür. Amen.

Schriftlesung

Ballspiel: Freu dich, Jesus lebt

Die Kinder machen einen Kreis. Ein Kind steht in der Mitte und hält einen gelben/orangen Ball in den Händen. Der Ball wird gedeutet als Ostersonne, so wie sie unter dem dunklen Kreuz erschienen ist. Das Kind nennt ein anderes Kind beim Namen und sagt: »..., freu dich, Jesus lebt!« Dann wirft es dem Kind den Ball zu. Dieses wirf ihn wieder zurück. Wer den Ball fallen lässt, darf in die Mitte und das Kind darin ablösen.

Gestaltung zum Evangelium

Anweisung/Erzähltext:	***Gestaltung:***
Vom Lied »Als Jesus gestorben war« werden die ersten beiden Strophen gesungen. L spricht:	*Ein schwarzes Kreuz aus vielen Tonpapierteilen liegt als Puzzle in der Mitte auf einem gelben Tuch (oder Tonpapier; die Tonpapierteile dann so schneiden, dass sie sich in der Mitte des Kreuzes treffen).*
Jesus ist gestorben. Ein dicker Stein wurde vor das Grab gelegt. Kein Mensch kann ihn wegwälzen.	*Ein großer Stein wird auf den Kreuzungspunkt des Tonpapierkreuzes gelegt.*
Die Menschen, die ihn lieb hatten, sind traurig. Frauen kommen und bringen Salben. Sie wollen dem toten Jesus ein letztes Geschenk machen. Sie wollen seinen Körper mit gut riechenden Ölen salben. Sie haben eine Sorge: Wer wird uns den schweren Stein vom Grabe wegwälzen?	*Kleine Fläschchen mit Öl (evtl. farbiges Lampenöl) werden an den Fuß des Kreuzes gestellt.*
Sie kommen zum Grab. Sie sind erstaunt: Der Stein vor dem Grab ist weg. Licht strahlt aus dem Grab heraus.	*Der Stein wird weggenommen.* *Die schwarzen Tonpapierstreifen werden so auseinander gezogen, dass in der Mitte des Kreuzes ein gelber Sonnenball erscheint.*
Sie gehen in das Grab hinein. Sie sehen einen jungen Mann. Sein Gesicht und sein Gewand strahlen. Es ist ein Engel, ein Bote von Gott. Die Frauen erschrecken sehr.	*Ein weißes Tuch wird an die Seite des geöffneten Kreuzes gelegt.*
Der Engel sagt zu ihnen:«Ihr braucht keine Angst zu haben. Jesus, den ihr sucht, ist nicht hier. Er ist auferstanden. Geht und sagt seinen Freunden: Jesus lebt. Er wird euch begegnen und euch alles erklären.«	*Eine brennende Osterkerze wird in die Mitte des Sonnenballs gelegt. Zum Schluss wird die dritte Strophe des Liedes »Als Jesus gestorben war« gesungen.*

7 bis 10 Jahre

Gebet
Jesus, alle deine Freunde dachten:
Jesus ist tot.
Er ist im Grab.
Das Grab ist verschlossen.
Nun ist alles vorbei.
und dann kam das Frohe:
Die Nachricht »Jesus lebt« verbreitete sich.
Hilf uns, dass wir sie auch weiter sagen.
Amen.

Schriftlesung

Szenisches Spiel zur Ostergeschichte (Teil 1)
Personen: F = Frau (2), P = Petrus, J = Johannes, M = Maria Magdalena.
Das Spiel wird von den älteren Kindern als Leseszene gespielt und gelesen. Man kann auch die jüngeren Kinder spielen und die Älteren lesen lassen.
Einige Kinder sitzen als Apostel im Kreis. Unter ihnen ist Maria, mit einem schwarzen Tuch um die Schultern. Darunter trägt sie ein weißes Gewand, aus zwei Tüchern gemacht. Zwei Mädchen treten als Frauen in den Kreis.

1. F: Brüder, wir kommen vom Grabe her.
Wie sind wir erschrocken. Das Grab ist leer!
In aller Frühe, beim Morgengrauen
gingen wir, nach dem Toten zu schauen.

2. F: Machten uns Sorgen: Wie wird's uns gelingen,
den schweren Stein vom Eingang zu bringen?
Doch schon von ferne sahen wir,
weit offen stand des Grabes Tür.

1. F: Wir dachten zuerst an Diebstahl und Schändung,
da kam auf einmal die große Wendung.
Ein Engel Gottes trat uns entgegen
und sprach: Der Herr, der im Grabe gelegen,
ist auferstanden und nicht mehr hier.
Sagt es den Brüdern und glaubet mir!

P: Weibergeschwätz, mehr kann ich nicht sagen.
In allen unseren Lebenstagen
haben wir weder gehört noch gesehen,
dass jemand von selbst konnt vom Tode erstehen.

2. F: Warum soll das nicht möglich sein?
Mir fällt ein Wort von Jesus ein:
Sie werden mich dem Tod übergeben,
drei Tage danach werd ich wieder leben.

J: Ja, ja, du hast Recht, so hat er gesprochen,
das letzte Mal erst vor wenigen Wochen.
Bevor wir die Frauen aburteilen,
sollten wir selber zum Grabe eilen.

P: Johannes und ich, wir wollen mal sehen,
vielleicht ist es wirklich so geschehen.

J: Ich eile voraus zum Grab, in den Garten.
Dort, Petrus, werde ich auf dich warten.

Johannes läuft schnell davon, Petrus folgt ihm langsam.

1. F: Jetzt sind sie fort, die Siebengescheiten.
Wär man nicht klüger, stets müsste man streiten.

2. F: Wer kommt denn da noch auf uns zu?
Maria Magdalena, du?

11 bis 13 Jahre

Gebet
Herr Jesus Christus,
du bist von den Toten auferstanden.
Diese frohe Botschaft wurde durch viele
Jahrhunderte hindurch weitergegeben.
Wir danken dir dafür.
Es macht auch uns froh. Amen.

Schriftlesung

Szenisches Spiel zur Ostergeschichte (Teil 2)

M: Ein großes Wunder ist geschehn:
Jesus lebt! Ich hab ihn gesehn!
Ich stand allein am leeren Grab,
die Tränen flossen mir herab.
Da stand ein Unbekannter bei mir
und sprach: Was weinst du, wen suchst du hier?
Weil ich in ihm den Gärtner sah,
fragt' ich ihn, was mit dem Leichnam geschah.
Maria, sprach er auf einmal zu mir.
Da wusste ich sicher: Mein Herr ist hier!
Halt mich nicht fest, so war dann sein Wort,
geh vielmehr den schnellsten Weg zu dem Ort,
wo meine Jünger versammelt sind,
ihnen die frohe Botschaft verkünd'!

1. F: Mir ist, als ob der Sonne Licht
durch drohend finstre Wolken bricht.
Der Osterkerze heller Schein,
ein sichtbar Zeichen soll er sein,
damit man auch nach außen sieht,
was in der Seele drin geschieht.

Sie zündet die Osterkerze an.

Maria, nimm von diesem Licht!

Sie reicht Maria eine an der Osterkerze entzündete Kerze.

Was jetzt wohl deine Seele spricht?

Maria legt den schwarzen Mantel ab und steht im weißen Kleid mit brennender Kerze in der Hand da. Petrus und Johannes kommen zurück.

P: Denkt euch – wir müssen erst verschnaufen,
so schnell sind wir zurückgelaufen –,
die Frauen haben tatsächlich Recht,
das Grab ist leer, wirklich und echt.

J: Darin wir nur die Tücher fanden.

M: Der Herr ist wahrhaft auferstanden!
Ich habe ihn sogar gesehen!

P: Was ist denn hier bei euch geschehen?
Hell brennt der Osterkerze Licht,
ja, und Maria trauert nicht.

J: Kinder, zündet an die Osterkerzen
zum Zeichen, dass in euren Herzen
das Licht des Glaubens brennend ist
an unsern Herren Jesus Christ.

Petrus und Johannes zünden die Kerzen der Kinder an.

Nach Johannes Schlosser

Aus: Prediger und Katechet 3/1976

2. Sonntag der Osterzeit

Schriftstellen: Apg 4,32–35 / 1 Joh 5,1–6 / Joh 20,19–31

Schriftlesung: Nach Joh 20,19–31

Am Abend dieses ersten Tages der Woche saßen die Freunde Jesu zusammen. Nach dem Tod Jesu fürchteten sie sich sehr. Deshalb hatten sie alle Türen fest verschlossen. Plötzlich kam Jesus, trat in ihre Mitte und sagte zu ihnen: »Friede sei mit euch!« Nach diesen Worten zeigte er ihnen die Wunden an seinen Händen und an seiner Seite. Da freuten sich die Jünger, dass sie den Herrn sahen.

Jesus sagte noch einmal zu ihnen: »Friede sei mit euch! Wie mich der Vater gesandt hat, so sende ich euch!« Dann hauchte er sie an und sprach zu ihnen: »Empfangt den Heiligen Geist! Wem ihr die Sünden vergebt, dem sind sie vergeben; wem ihr die Vergebung verweigert, dem ist sie verweigert.«

Thomas, einer der zwölf Apostel Jesu, war nicht bei ihnen, als Jesus kam. Die anderen Jünger sagten zu ihm: »Wir haben den Herrn gesehen.« Er entgegnete ihnen: »Wenn ich nicht die Wunden der Nägel an seinen Händen sehe und wenn ich meinen Finger nicht in die Wunden lege, glaube ich nicht.«

Acht Tage darauf waren seine Jünger wieder versammelt, und Thomas war dabei. Die Türen waren verschlossen. Da kam Jesus, trat in ihre Mitte und sagte: »Friede sei mit euch!«

Dann sagte er zu Thomas: »Streck deinen Finger aus – hier sind meine Hände! Streck deine Hand aus und leg sie in meine Seite, und sei nicht ungläubig, sondern gläubig!«

Thomas antwortete ihm: »Mein Herr und mein Gott!«

Jesus sagte zu ihm: »Weil du mich gesehen hast, glaubst du. Selig sind, die nicht sehen und doch glauben.«

Noch viele andere Zeichen, die in diesem Buch nicht aufgeschrieben sind, hat Jesus vor den Augen seiner Jünger getan. Diese aber sind aufgeschrieben, damit ihr glaubt, dass Jesus der Messias ist, der Sohn Gottes, und damit ihr durch den Glauben das Leben habt in seinem Namen.

Thematische Stichworte

Glauben und sehen / Jesusgebet: Mein Herr und mein Gott / Jesus, der Sohn Gottes / Friede sei mit euch

Liedvorschläge für die Altersgruppen:

3–13:	Amen, Amen , wir glauben (SL 44)
7–10:	Wir glauben an Gott (SL 47)
7–13:	So ist Gott (SL 49)
11–13:	Ich glaube an Gott, den Vater (SL 46)

Gestaltung der Mitte

Eine Jesuskerze auf einem gelben / orangefarbenen Tuch

Ausmalvorlage

3 bis 6 Jahre

Gebet

Herr Jesus, du bist nicht im Grab geblieben.
Du lebst. Das ist schwer zu verstehen.
Hilf uns. Amen.

Schriftlesung

Verklanglichung und Gesten zur Schriftlesung

Text:	*Gesten:*	*Verklanglichung:*
Die Freunde Jesu sind beisammen.	*Alle reichen sich die Hände.*	*Töne auf dem Xylophon*
Alle Türen haben sie verschlossen.	*Alle rücken eng zusammen.*	*Schläge mit den Klanghölzern*
Sie haben Angst.	*Alle halten sich die Hände vor das Gesicht.*	*Rumbarasseln*
Da kommt Jesus. Jesus sagt: Habt keine Angst. Friede sei mit euch.	*Die Hände werden vom Gesicht genommen.*	*Triangel*
Die Freunde Jesu sind froh.	*Alle heben die Arme hoch, gehen etwas auseinander und breiten die Arme aus.*	*Triangel und fröhliche Töne auf dem Xylophon*
Als Jesus wieder weg ist, kommt Thomas.	*Alle schauen sich um.*	*Eine Melodie auf dem Xylophon*
Die Freunde sagen: Wir haben Jesus gesehen.	*Die offenen Hände zeigen in die Mitte.*	*Triangel und Xylophon*
Thomas sagt: Das glaube ich nicht. Ich glaube es erst, wenn ich ihn sehe.	*Die Hände zurück nehmen, Arme vor der Brust verschränken.*	*Xylophon und Handtrommel*
Acht Tage später kommt Jesus wieder. Er sagt: Friede sei mit euch.	*Alle reichen sich im Kreis die Hände.*	*Xylophontöne, Triangel*
Zu Thomas sagt er: Berühre mich. Ich bin wirklich da.	*Alle berühren sich mit den Händen in der Mitte.*	*Triangel und Xylophon*
Thomas sagte: Mein Herr und mein Gott.	*Alle knien sich hin und öffnen die Hände.*	*Xylophon*
Jesus sagt: Du glaubst, weil du mich siehst. Froh dürfen sie sein, die mich nicht sehen und dennoch glauben, dass ich sie froh mache.	*Alle reichen sich die Hände und stehen langsam auf. Eine Kerze wird in die Mitte gestellt.*	*Triangel und Xylophon, Halleluja-Lied*

7 bis 10 Jahre

Gebet
Herr Jesus, du bist
von den Toten auferstanden.
Du lebst bei Gott.
Deine Freunde hatten Angst.
Bis du ihnen gesagt hast:
Ich bin doch bei euch.
Geht und erzählt allen Menschen von mir.
Hilf uns, dass wir es tun können. Amen.

Schriftlesung

Geschichte: Spuren Gottes
Da war ein Mädchen. Es ging durch die Straßen. Es ging durch die Wiesen. Es freute sich und hüpfte. Die Sonne schien und die Vögel sangen. Da kam ein Junge: Er sagte: »Warum bist du so fröhlich?«
Da sagte das Mädchen: »Ich freue mich, dass die Welt so schön ist. Ich freue mich, dass die Sonne scheint. Ich freue mich, dass ich lebe. Ich danke Gott dafür.«
Da sagte der Junge: »Gott? Den gibt es nicht. Hast du ihn jemals gesehen? Was man nicht sieht, das gibt es nicht.«
Ein paar Tage später ging das Mädchen mit dem Jungen spazieren. Sie gingen in den Wald. »Sieh nur«, sagte der Junge, »hier ist ein Reh gelaufen und hier, das war ein Hase.«
»Woher weißt du das?«, fragte das Mädchen. »Ich kann kein Reh und keinen Hasen sehen.«
»Nun«, sagte der Junge, »aber du kannst doch ihre Spuren sehen.«
»Siehst du«, sagt das Mädchen, »so ist es auch mit Gott. Du kannst ihn nicht sehen. Aber wenn du genau hinsiehst, dann entdeckst du seine Spuren in dir, in mir, in allen Pflanzen und Tieren. Und auch dort kannst du seine Spur entdecken.«
Und es zeigte auf die Sonne, die leuchtend rot am Abendhimmel unterging.

Elsbeth Bibler

Spuren Gottes in unserer Umwelt

Versuche die abgebildeten Spuren zu erkennen:	**Male in dieses Feld Spuren Gottes, die du in deiner Umwelt entdecken kannst.**
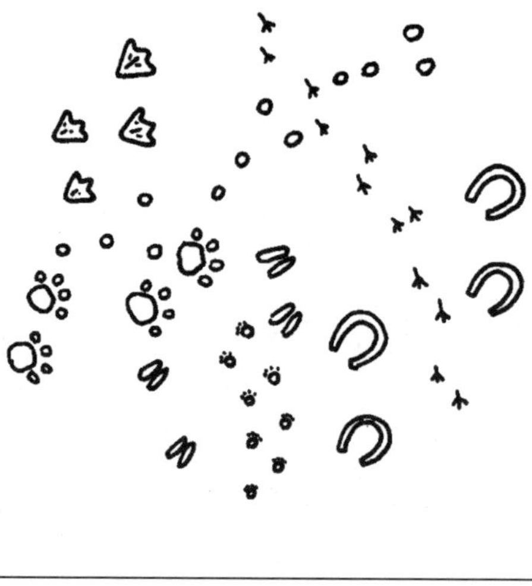	

11 bis 13 Jahre

Gebet
Herr Jesus Christus,
du bist von den Toten auferstanden
und hast dich den Jüngern gezeigt.
Die dich gesehen haben, konnten an dich glauben.
Wir sind oft wie die, die nicht sehen.
Wir haben Schwierigkeiten zu glauben.
Hilf uns dabei. Amen.

Schriftlesung

Gestaltung zum Jesusgebet: Mein Herr und mein Gott
In der Mitte liegt ein Kreuz aus braunen Tüchern, in seinem Schnittpunkt steht die Osterkerze. L spricht:
Wir sehen das Kreuz.
Jesus ist daran gestorben.
Für uns. Für unsere Schuldenlast.
Er hat sie uns genommen.

Wir sehen die Kerze.
Sie sagt uns: Jesus ist auferstanden.
Er lebt.
Er hat den Tod besiegt.
Er hat uns damit
Leben bei Gott geschenkt, das nie aufhört.

Jesu Freunde sind beisammen.

11 Holzkugeln werden um die Jesuskerze gelegt.

Jesu Freunde haben Angst.

Ein schwarzes Tuch wird um die Jesuskerze und die Kugeln gelegt.

Sie fürchten sich vor Verfolgung.
Jesus sagt: Fürchtet euch nicht.
Verkündet allen Menschen
die Frohe Botschaft.
Thomas hat Jesus nicht gesehen.
Thomas kann es nicht glauben.

Eine Holzkugel wird außerhalb des Kreises gelegt.

Er sagt: Ich will ihn sehen.
Ich will ihn berühren.
Erst dann glaube ich.
Jesus kommt.
Er sagt zu Thomas:
Hier bin ich. Berühre mich!
Thomas sieht und glaubt.
Er sagt: Mein Herr und mein Gott.

Die Kugel wird wieder zum Kreis gelegt. Eine kleine Kerze wird zum Kreis der Kugeln gestellt. Alle Kinder sind dann eingeladen, das Jesusgebet »Mein Herr und mein Gott« laut auszusprechen und eine kleine Kerze in die Mitte des Holzkugelkreises zu stellen.

3. Sonntag der Osterzeit

Schriftstellen: Apg 3,12a.13–15.17.19 / 1 Joh 2,1–5a / Lk 24,35–48

Schriftlesung: Nach Lk 24,35–48

Die Freunde Jesu waren beisammen. Sie erzählten sich, wann sie den auferstandenen Jesus getroffen hatten. Zwei hatten ihn auf dem Weg nach Emmaus gesehen. Sie erzählten, was sie unterwegs erlebt hatten. Sie erzählten, wie sie ihn erkannt hatten, als er das Brot brach.

Während sie so redeten, kam Jesus. Er sagte: »Friede sei mit euch!«

Sie erschraken und hatten große Angst, denn sie meinten, einen Geist zu sehen.

Da sagte er zu ihnen: »Was seid ihr so bestürzt? Warum lasst ihr in eurem Herzen solche Zweifel aufkommen? Seht meine Hände und meine Füße an: Ich bin es selbst. Fasst mich doch an und begreift: Kein Geist hat Fleisch und Knochen, wie ihr es bei mir seht.« Bei diesen Worten zeigte er ihnen seine Hände und Füße. Sie staunten, konnten es aber vor Freude immer noch nicht glauben. Da sagte er zu ihnen: »Habt ihr etwas zu essen hier?« Sie gaben ihm ein Stück gebratenen Fisch; er nahm es und aß es vor ihren Augen. Dann sprach er zu ihnen: »So steht es in der Schrift: Der Messias wird leiden und am dritten Tag von den Toten auferstehen, und in seinem Namen wird man allen Völkern, angefangen in Jerusalem, verkünden, sie sollen umkehren, damit ihre Sünden vergeben werden. Ihr seid Zeugen dafür.«

Thematische Stichworte

Freude / Jesus erkennen wie und wo? / Zeuge sein / Friede sei mit euch

Liedvorschläge für die Altersgruppen

3–6: Als Jesus gestorben war (SL 136)
7–10: Das wünsch ich sehr (SL 218)
11–13: Manchmal feiern wir (SL 133)
Friede, Friede (SL 278)

Gestaltung der Mitte

Jesuskerze auf einem blauen Tuch

Ausmalvorlage

3 bis 6 Jahre

Gebet
Jesus, du bist bei uns.
Du lässt uns nicht allein.
Viele Menschen haben es uns gesagt.
Danke dafür. Amen.

Schriftlesung

Text und Gemeinschaftsübung: Wir sind nicht allein
Alle Kinder sitzen im Kreis.
L spricht:
Wir sitzen hier gemeinsam um die Kerze.
Jesus ist bei uns.
Wir sind nicht allein.
Wir machen die Augen zu.

Wir spüren, dass wir ganz da sind.
Wir atmen tief.
Wir streichen mit den Händen ganz sanft über unsere Arme.
Wir berühren mit den Händen unser Gesicht.
Wir spüren unsere Finger auf der Haut im Gesicht.
Wir berühren die Stirn.
Wir berühren die Augen.
Wir berühren die Nase.
Wir berühren den Mund.

Wir legen unsere Hände in den Schoß.

Langsam ertasten wir zu beiden Seiten die Hände der Kinder, die neben uns sitzen.

L liest den Text:

Gib deine Hand!
Nimm meine Hand!

Wenn ich deine Hand nur spür,
weiß ich fest, du bist bei mir.
Böses tun, im Bösen leben,
heißt, die Hände nicht mehr geben.

Fasst euch an, wir sind ein Kreis,
dass ein jeder von uns weiß:
Ich bin nicht allein!
Lasst uns Freunde sein!

Langsam öffnen wir die Augen.
Wir schauen unseren Nachbarn in die Augen.
Wir sehen sie genau an.
Wir schauen in die Mitte.
Jesus sagt: Friede sei mit euch!
Wir geben unseren Nachbarn
die Hand und sagen:
Der Friede sei mit dir.

Text: »Gib deine Hand«: Sonja Matthes in: 100 einfache Texte zum Kirchenjahr, Verlag Ernst Kaufmann, Lahr

7 bis 10 Jahre

Gebet
Jesus, immer wenn du
deinen Freunden begegnet bist,
hast du gesagt: Friede sei mit euch.
Du wünschst uns den Frieden.
Wir wünschen im Gottesdienst
einander den Frieden.
Hilf uns, dass wir
in deinem Frieden leben können. Amen.

Schriftlesung

Text: Frieden
Ich wünsche mir Frieden.
Frieden für mich und alle anderen.
Mein Frieden soll ohne Bomben und Raketen sein.
Ich will keinen Krieg;
nicht nur zwischen Menschen verschiedener Nationen,
ich will auch keinen Krieg in der Familie.
Mein Frieden soll Einigkeit darstellen
zwischen Mensch und Tier,
zwischen Freund und Feind.
Mein Frieden soll die Bösen zum Guten bekehren.
Mein Frieden soll jedem helfen,
den anderen zu verstehen,
denn jeder braucht Freunde.
Mein Frieden soll den Hass der Menschen verdrängen und sie lehren,
einander zu lieben und zu helfen.

Axel Böttcher, 12 Jahre

Aus: Peter Musall, Ich will dir vom Frieden erzählen, Burckhardthaus-Laetare Verlag, Offenbach 1982

Aktion: Rosen für den Frieden
Die Rose auf rotes Papier kopieren (oder auf weißes und dann rot ausmalen lassen). In die Blütenblätter hinein schreiben, was zum Frieden untereinander dient. Die beschrifteten Blüten verschenken.

11 bis 13 Jahre

Gebet
Herr Jesus Christus,
»Der Friede sei mit euch«,
so begrüßt du deine Freunde immer wieder.
»Der Friede sei mit dir«
wünschen wir uns im Gottesdienst gegenseitig.
Hilf uns, dass wir in Frieden
miteinander leben können. Amen.

Schriftlesung

Lied und Tanz: Friede sei mit dir
Alle stehen im Kreis und halten sich an den Händen.

1. Str.: Alle bleiben starr auf der Stelle stehen.
2. Str.: Alle gehen in die Hocke und verbergen das Gesicht.
3. Str.: Alle bleiben stehen und öffnen die Arme nach oben.
4. Str.: Alle drehen sich nach außen und reichen sich die Hand.

Refrain:
Takt 1+2: Acht Schritte rechts herum auf der Kreisbahn gehen.
Takt 3+4: Vier Schritte in die Mitte und wieder nach außen.
Takt 5+6: Acht Schritte links herum auf der Kreisbahn gehen.
Takt 7+8: Jede/r dreht sich um sich selbst und hebt dabei die Arme.

2. Nicht jene Stille, die den Tod verkündet,
da, wo es früher einmal Leben gab,
wo man kein Wort und keine Tat mehr findet: nicht die Stille überm Grab.

3. Der tiefe Frieden, den wir nicht verstehen,
der wie ein Strom in unser Leben fließt,
der Wunden heilen kann, die wir nicht
sehen, weil es Gottes Friede ist.

4. Der Friede Gottes will in dir beginnen,
du brauchst nicht lange,
bis du es entdeckst:
was Gott in dich hineinlegt, bleibt nicht innen – Friede, der nach außen wächst.

T und M: Manfred Siebald
Aus: Jesu Name nie verklinget, Band 4
Rechte: Hänssler-Verlag, Holzgerlingen

4. Sonntag der Osterzeit

Schriftstellen: Apg 4,8–12 / 1 Joh 3,1–2 / Joh 10,11–18

Schriftlesung nach Joh 10,11–18

Jesus sagte zu seinen Freunden: »Ich bin der gute Hirt. Der gute Hirt setzt sein Leben für die Schafe ein. Der bezahlte Knecht aber, der nicht Hirt ist und dem die Schafe nicht gehören, lässt die Schafe im Stich und flieht, wenn er den Wolf kommen sieht; und der Wolf reißt sie und jagt sie auseinander. Er flieht, weil er nur ein bezahlter Knecht ist und ihm an den Schafen nichts liegt.

Ich bin der gute Hirt; ich kenne die, die zu mir gehören und sie kennen mich, so wie mich der Vater kennt und ich den Vater kenne. Ich setze mein Leben ein für die Schafe.

Ich habe noch andere Schafe, die nicht aus diesem Stall sind; auch sie muss ich führen, und sie werden auf meine Stimme hören; dann wird es nur eine Herde geben und einen Hirten.«

Thematische Stichworte

Hirte / der gute Hirte

Liedvorschläge für die Altersgruppen

3–6: Der gute Gott schenkt Frieden (SL 195)
7–10: Das wünsch' ich sehr (SL 218)
11–13: Wenn du singst, sing nicht allein (SL 220)

Gestaltung der Mitte

Aus Tüchern eine Weide, Hirt und Schafe

Ausmalvorlage

3 bis 6 Jahre

Gebet
Jesus, du sagst: Ich bin der gute Hirte.
Du setzt dich für uns ein.
Danke. Amen.

Schriftlesung

Ein altes Gebet
Der Herr ist mein Hirte,
nichts wird mir fehlen.
Er lässt mich weiden auf grünen Wiesen
und führt mich zum Ruheplatz
an frisches Wasser.
Er sorgt für mich und gibt mir,
was ich brauche,
er führt mich die richtigen Wege,
wie er es versprochen hat.
Muss ich auch wandern
in dunklen Schluchten,
ich fürchte nichts Böses;
denn du bist bei mir,
dein Stock und dein Stab
geben mir Zuversicht.

Gestaltung zum Psalm 23

Text:	***Gestaltung:***	***Verklanglichung:***
Der Herr ist mein Hirte	*Ein Kreuz wird in die Mitte gelegt.*	*Melodie auf der Flöte*
... auf grünen Wiesen	*Um das Kreuz herum werden grüne Tücher gelegt.*	*Mit Filzschlegeln leise Töne auf Metallophon*
... Ruheplatz an frisches Wasser	*Ein blaues Tuch wird als Bach in die grüne Landschaft gelegt.*	*Glissando auf und ab auf dem Glockenspiel*
... die richtigen Wege	*Mit Seilen (oder kleinen Steinen) werden Wege durch die grüne Landschaft gelegt.*	*Melodie auf der Flöte*
... in dunklen Schluchten	*Dunkle / schwarze Tücher werden als Bedrohung vor die grüne Fläche gelegt.*	*Bedrohliche Schläge auf der Handtrommel*
... dein Stock und dein Stab	*Zwei Stöcke werden in Kreuzesform so zwischen die Tücher gelegt, dass sie die schwarzen von den grünen Tüchern deutlich abtrennen.*	*Melodie auf der Flöte*

7 bis 10 Jahre

Gebet
Herr Jesus Christus,
du sagst: Ich bin der gute Hirte.
Du hast dein Leben für uns gegeben.
Du sorgst für uns und gibst uns Schutz.
Dafür danken wir dir. Amen.

Schriftlesung

Geschichte: Der Hirte
Als Alex und ich über den Hügel kommen, sehen wir einen Schäfer mit seiner Herde. Es ist ein schönes Bild, den Schafen zuzuschauen. Sie sehen friedfertig aus.
»So ein Schäfer hat einen schönen Beruf«, meint Alex. »Er hat keine Hausaufgaben, ist immer an der frischen Luft, muss sich nicht sonderlich plagen, muss nicht reden, nicht denken und nur über die Wiese schreiten.«
»Wer sagt denn, dass der nichts denkt? Und wenn der Regen über die Felder peitscht, Blitz und Donner herunterkrachen oder der Wind durch die Hecke pfeift, da möchte ich kein Schäfer sein.«
Jetzt aber scheint die Sonne, und der Schäfer stützt sich auf seinen langen Hirtenstab und schaut über seine Herde hinweg in die Ferne. Als die Schafe ins junge Getreide einbrechen, fängt er auf einmal an zu schreien. Er hat eine raue Stimme. Der Hund kommt herangehetzt, und die Schafe flüchten in weiten Sätzen zurück.
Der Schäfer ruft nach dem Hund, der die Herde zusammentreibt.
Die Herde zieht weiter.
Ein Schaf bleibt in der Mulde zurück. Es sondert sich von der Herde ab.
Der Schäfer scheint es nicht zu bemerken. Wir gehen hin, um es ihm zu sagen.
»Es lammt«, sagt er nur und brüllt dann wieder seinem Hund.
Wenig später geht er zu dem einzelnen Schaf zurück.
Wir bleiben stehen, weil wir uns nicht recht trauen, zu folgen.
Nach einer Weile kommt der Schäfer wieder. Es ist etwas ganz Besonderes mit ihm geschehen. Den Hirtenstab hat er abgelegt und hält das neugeborene Lamm in beiden Armen. Behutsam umfassen seine groben, knochigen Hände das junge Leben.
»Schau mal, wie sich sein Gesicht verändert hat«, flüstere ich Alex zu, »wie zärtlich er es ansieht!«
»Er ist ein guter Hirte«, sagt Alex, »er sorgt sich um seine Schafe.«
Der Schäfer kehrt zu seiner Herde zurück und entfernt sich mit ihr.
Wir vergessen ihn nicht.
Und als wir später im Kommunionunterricht hören, dass Jesus sagt: »Ich bin der gute Hirte«, können wir das gut verstehen.
In Gedanken sehen wir unseren Schäfer wieder: wie er auf die Herde Acht gibt, wie er zu dem einzelnen Schaf zurückgeht, wie er das kleine Schaf in den Armen hält und dabei so froh aussieht.

Kurt Hock

Rechte beim Autor

Bild zur Geschichte
Zu dieser Geschichte ein Bild mit Wasserfarben malen: Ein Hirte hütet seine Herde, oder ein Mutterschaf mit Lamm und Hirte.

11 bis 13 Jahre

Gebet

Herr Jesus Christus,
du sagst: ich bin der gute Hirte.
Ich sorge für meine Schafe.
Ich bin für euch da.
Ich gebe mein Leben für euch.
Du hast es getan am Kreuz.
Dafür danken wir dir. Amen.

Stilleübung: Hirt und Herde

Die Mitte ist gestaltet mit einem Foto von einem Hirten mit Schafherde und mit einem Bild vom guten Hirten. Alternative: Hirte mit Schafen aus einer Weihnachtskrippe auf einem grünen Tuch. Die Kinder sitzen im Kreis und schauen in die Mitte. L spricht:
In der Mitte sehen wir Bilder, die uns so vielleicht nicht mehr vertraut sind.
Wir sehen einen Hirten mit seiner Herde.
Er ist für die Tiere verantwortlich.
Er sucht ihnen Futterplätze und führt sie dorthin. Wenn sie Durst haben, sucht er einen Platz zur Tränke für sie.

Wir schließen die Augen und stellen uns einen Hirten mit seiner Herde vor.

Die Schafe bewegen sich ruhig, der Hirte schaut über sie hinweg.

Wir überlegen:
Gibt es in unserem Leben Menschen, für die wir sind wie ein Hirte zu seinen Tieren?
Menschen, für die wir Verantwortung tragen?
Wir versuchen uns diese Menschen vor Augen zu führen.

Gibt es in unserem Leben Menschen,
die für uns wie ein guter Hirte waren und sind?
Die uns Halt und Schutz geben auf unterschiedlichste Art und Weise?
Auch diese Menschen lassen wir vor unserem inneren Auge stehen.

Wir kehren zurück zu unserer Herde mit ihrem Hirten.
Wir öffnen die Augen und schauen auf das Bild vom »Guten Hirten«.

Jetzt liest L eine Perikope vom guten Hirten aus der Bibel vor.

Schriftlesung

5. Sonntag der Osterzeit

Schriftstellen: Apg 9,26–31 / Joh 3,18–24 / Joh 15,1–18

Schriftlesung: Nach Joh 15,1–18

Jesus sagte zu seinen Freunden: »Ich bin der wahre Weinstock, und mein Vater ist der Winzer. Jede Rebe an mir, die keine Frucht bringt, schneidet er ab, und jede Rebe, die Frucht bringt, reinigt er, damit sie mehr Frucht bringt. Ihr seid schon rein, weil ihr zu mir gehört.

Bleibt in mir, dann bleibe ich in euch. Wie die Rebe alleine keine Frucht bringen kann, sondern nur, wenn sie am Weinstock bleibt, so könnt auch ihr keine Frucht bringen, wenn ihr nicht mit mir verbunden bleibt.

Ich bin der Weinstock, ihr seid die Reben. Wer in mir bleibt und in wem ich bleibe, der bringt reiche Frucht; denn getrennt von mir könnt ihr nichts tun.«

Thematische Stichworte

Weinstock / Wein

Liedvorschläge für die Altersgruppen

3–6: Das wünsch' ich sehr (SL 218)
7–10: Brot und Wein (SL 55)
11–13: Einer ist unser Leben (SL 172, bes. Str. 3)

Gestaltung der Mitte

Eine Weinrebe / ein Rebzweig oder das Bild eines Weinstocks auf einem Tuch

Ausmalvorlage

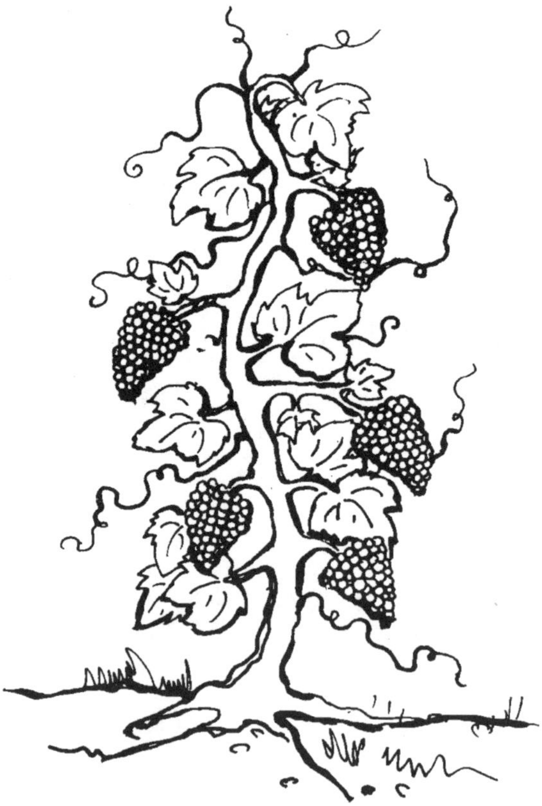

3 bis 6 Jahre

Gebet

Jesus, du sagst: Ihr gehört zu mir.
Ein Zweig kann auch nicht leben,
wenn er nicht an einem Stamm ist.
Hilf uns, dass wir nie vergessen,
dass wir zu dir gehören. Amen.

Schriftlesung

Die Geschichte vom Wein

1. Wachsen und Reifen

Auf einem Weinberg wachsen die Weinstöcke. Sie treiben Blätter und Blüten. Daraus werden Früchte. Viel Sonne brauchen die Früchte, damit aus ihnen volle, reife Trauben mit süßem Saft werden. Viel Wasser muss aus dem Boden in die Früchte gelangen, damit die Reben viel Saft haben.

2. Ernten und Pressen

Wenn die Trauben reif sind, kann der Weinbauer sie ernten. Er bringt sie in die Kelter. Dort werden die Trauben gepresst, so dass der Saft aus ihnen herausfließt. Die volle Traube ist kaputt. Aber der Saft, der übrig bleibt, ist süß. Noch ist er trübe.

3. Gären und Klarwerden

Der gepresste Traubensaft wird in Fässern gelagert. Dort kann er lange gären und klar werden. Er verwandelt sich.

4. Feiern und Freude

Aus der vollen, reifen Traube ist funkelnder Wein geworden, golden, durchsichtig und klar. Menschen trinken ihn, wenn sie feiern, wenn sie sich freuen, aus schönen Gläsern.

7 bis 10 Jahre

Gebet

Jesus, du sagst:
Ich bin der Weinstock,
ihr seid die Rebzweige.
Wir gehören zu dir.
Wir sind verbunden mit dir.
Lass uns das niemals vergessen. Amen.

Schriftlesung

Geschichte: Der Weinberg (1)

Manchmal gehe ich gern über die Felder, besonders wenn ich in der Schule eine schlechte Note bekommen habe, von der ich glaube, dass sie ungerecht war. Beim Gehen wird dann mein Herz leichter.
Einmal wanderte ich bis nach Hörstein. Die Sonne fiel fast senkrecht auf einen terrassenartig angelegten Weinberg, an dessen oberen Ende ein riesiges Sandsteinkreuz gegen den Himmel ragte. Ich setzte mich auf eine Steinmauer und betrachtete die Weinstöcke, die krummgebogen aus dem harten Erdreich wuchsen. Aus den knorrigen Stämmen sprossen die Triebe mit den kräftigen Reben, und aus den sich verzweigenden Ästen schoben sich die Traubenbündel hervor.
Eine Eidechse lief hurtig über die Steine, hoch im Himmel pfiff ein Bussard. Ich vergaß allen Schulärger, legte mich auf den Rücken und fühlte mich wohl. Plötzlich weckte mich eine Stimme aus meinen Tagträumen. Neben mir stand ein hagerer Mann von kräftiger Gestalt. Sein Gesicht sah freundlich aus, und seine Worte klangen nicht böse. Er setzte sich zu mir auf die Mauer und fragte mich, ob ich Durst hätte. Natürlich hatte ich Durst, denn es war heiß, und die Sonne fiel schattenlos in den Weinberg. Er reichte mir eine Flasche. Ich nahm einen Schluck; das Getränk schmeckte süß und schwer.
»Der ist vom letzten Jahr«, lachte der Winzer. Der Wein fuhr mir bis in die Fußzehen. Es war ein tolles Gefühl. Meine Eltern erlaubten mir nie, Wein zu trinken.
Danach erzählte mir der Mann die Geschichte seines Weinberges. Als er vor zwanzig Jahren hier mit den ersten Setzlingen angefangen hatte, war die Gegend ganz verwildert gewesen. Es war eine mühevolle Arbeit, und die Landbauern hänselten ihn oft, wenn er jedes Jahr die abgeschwemmte Erde wieder hinaustragen musste. Jedes Jahr schichtete er die Weinmäuerchen als Winterschutzbefestigung von neuem auf, setzte die Hecken und beschnitt sie. Das Erdreich und der Kompost zum Düngen mussten auf dem Rücken die Terrassen hinausgeschafft werden.
»Meine Eltern hätten es gerne gesehen, wenn ich unseren Bauernhof übernommen hätte«, sagte der Mann. »Aber ich wollte Weinbauer werden.«
Er schwieg, und wir saßen in der Hitze, sahen den Weinberg an und tranken Wein. Meine Glieder wurden schwer, und ich spürte den leichten Wind, der über den Reuschberg zog.
»Weißt du was«, sagte der Winzer plötzlich, »ich schenke dir einen Weinstock!« Er stand auf, und ich folgte ihm. Wir wanderten zusammen zwischen den Rebzeilen des Wingerts hindurch. Er kannte jeden einzelnen Weinstock. Ich spürte, dass der Weingarten seine Welt war. Schließlich blieb er vor einem kräftigen Weinstock stehen und betrachtete ihn lange. Sein gewundenes Holz wuchs überkreuz, wand sich in harmonisch geschwungenen Bögen weit über das stützende Traggeflecht hinaus.
»Den habe ich vor fünf Jahren gepflanzt«, sagte der Mann. »Er wird in diesem Herbst zum ersten Mal Trauben haben.«

(Fortsetzung auf Seite 131)

11 bis 13 Jahre

Gebet
Herr Jesus Christus,
du sagst: ich bin der Weinstock,
ihr seid die Reben.
Ohne dich können wir nicht leben.
Von dir bekommen wir Kraft.
Hilf uns, dass wir das nie vergessen. Amen

Schriftlesung

Geschichte: Der Weinberg (2)
Er strich zärtlich über die faserige Rinde und nickte mir aufmunternd zu. »Die Natur liefert keinen fertigen Wein!«, lachte er. »Mehr als zwanzig Mal im Jahr musst du dich um deinen Weinstock mühen. Der Boden, den der Rebstock als Lebensbereich braucht, steht in deiner Verantwortung. Der Weinstock erspürt in der Erde die Elixiere des Lebens, um sie mit seinen tiefen Wurzeln in die Trauben zu saugen. Du musst hacken, umwenden, düngen, aufschiefern und schlacken und im November die Reben gegen den Frost abdecken.«
Von diesem Tag an gehörte mir der Weinstock, und ich trug zum ersten Mal in meinem Leben Verantwortung für ein lebendiges Wesen. Ich war mit großem Eifer bei der Sache und wünschte mir, mein Weinstock würde durch meine Pflege ganz besonders süße Trauben hervorbringen.
Als die Erntezeit kam, hingen schwere Trauben an meinem Weinstock und leuchteten golden in der Herbstsonne. Ich pflückte sie einzeln und legte sie vorsichtig in einen Korb. Eigentlich hatte ich sie ganz für mich allein keltern wollen. Aber nachdem ich mich genug an ihnen gefreut hatte, tat ich sie zu den anderen.
Wichtig blieb mir der Weinstock! Fast war ich ein wenig traurig, dass er nun seinen Wurzeln Ruhe gönnen musste, damit er seine Kraft speichern konnte für das nächste Jahr.
Immer wenn ich dem Wein begegne, ob im Kelch, im Becher oder im Glas, denke ich an meinen Weinstock auf den Schiefergründen des Reuschberges, an sein stetiges Wachsen und seine verwandelnde Kraft.

Kurt Hock

Rechte beim Autor

Aktion: Weinstock und Rebzweige
Das Bild vom Weinstock wird vergrößert. Die Kinder schreiben in den Stamm »Jesus«. Auf die einzelnen Zweige schreiben sie ihre Namen.
In die Früchte schreiben sie nach vorherigem Gespräch, was sie im Geiste Jesu in der Welt tun können, weil sie mit Jesus verbunden sind.

6. Sonntag der Osterzeit

Schriftstellen: Apg 10,25–26.34.–35.44–48 / 1 Joh 4,7–10 / Joh 15,9–17

Schriftlesung: Nach Joh 15,9–17

Wie mich der Vater geliebt hat, so habe auch ich euch geliebt. Bleibt in meiner Liebe! Wenn ihr meine Gebote haltet, werdet ihr in meiner Liebe bleiben, so wie ich die Gebote meines Vaters gehalten habe und in seiner Liebe bleibe.
Dies habe ich euch gesagt, damit meine Freude in euch ist und damit eure Freude vollkommen wird.
Das ist mein Gebot: Liebt einander, so wie ich euch geliebt habe.
Es gibt keine größere Liebe, als wenn einer sein Leben für seine Freunde hingibt.
Ihr seid meine Freunde, wenn ihr tut, was ich euch auftrage.
Ich nenne euch nicht mehr Knechte; denn der Knecht weiß nicht, was sein Herr tut. Vielmehr habe ich euch Freunde genannt; denn ich habe euch alles mitgeteilt, was ich von meinem Vater gehört habe.
Nicht ihr habt mich erwählt, sondern ich habe euch erwählt und dazu bestimmt, dass ihr euch aufmacht und Frucht bringt und dass eure Frucht bleibt. Dann wird euch der Vater alles geben, um was ihr ihn in meinem Namen bittet.
Dies trage ich euch auf: Liebt einander!

Thematische Stichworte

Stichworte: Liebt einander / Bleibt in meiner Liebe

Liedvorschläge für die Altersgruppen

3–6: Gottes Liebe ist so wunderbar (S. 133)
7–10: Liebe ist nicht nur ein Wort (SL 169)
11–13: Herr, deine Liebe (SL 165)
Ins Wasser fällt ein Stein (SL 150)

Gestaltung der Mitte

Eine Jesuskerze auf einem Tuch

Ausmalvorlage

3 bis 6 Jahre

Gebet

Herr Jesus, du sagst: Habt euch lieb.
Ich habe euch sehr lieb und
Gott, mein Vater hat euch auch sehr lieb.
Deshalb müsst ihr euch auch lieb haben.
Hilf uns dabei. Amen.

Gespräch

Was bedeutet es, wie sehen wir, wie spüren wir, dass uns jemand ganz lieb hat?

Schriftlesung

Spiellied: Gottes Liebe ist so wunderbar

2. Gottes Güte ist so wunderbar ...
3. Gottes Treue ist so wunderbar ...
4. Gottes Gnade ist so wunderbar ...
5. Gottes Reichtum ist so wunderbar ...

Negro Spiritual

Spielanleitung

Zur Strophe rhythmisch in die Hände klatschen, bei: »So wunderbar groß« die Arme kreisförmig im großen Bogen bewegen.

Refrain
So hoch: Alle stellen sich auf die Zehenspitzen und heben die Arme, machen sich so groß wie möglich.
So tief: Alle gehen in die Hocke und machen sich ganz klein.
So weit: Alle stehen auf und breiten die Arme ganz weit auseinander.
So wunderbar groß: Mit den Armen einen großen Kreis beschreiben.

7 bis 10 Jahre

Gebet
Herr Jesus Christus, du hast uns aufgetragen:
Habt euch lieb!
Du hast uns lieb und wir
dürfen deine Liebe weiterschenken.
Hilf uns dabei. Amen.

Schriftlesung

Geschichte: Jens liebt Anna
Seit Sofie lesen kann, ist kein Buchstabe vor ihr sicher. Mitten im Reden stockt sie plötzlich, bekommt einen starren Blick und bewegt angestrengt ihre Lippen.
»Reiner Blütenhonig!«, verkündet sie dann beispielsweise und ist unheimlich stolz, weil sie den merkwürdigen schwarzen Zeichen auf dem Etikett des Honigglases ihr Geheimnis entlockt hat.
Man kann nicht mehr mit ihr spazieren gehen, ohne dass sie vor jedem Plakat, vor jedem Straßenschild und jeder Ladenaufschrift stehen bleibt und daran herumbuchstabiert.
Nur im Auto ist es schwierig. Sofie kann nicht so schnell lesen, wie Papa fährt. Vor allem auf der Autobahn.
»Ludwi –«, sagt sie. Da sind sie schon an dem großen blauen Schild vorbei.
»Jetzt hab' ich's nicht fertiglesen können!«, beschwert sie sich.
»Es hieß Ludwigshafen«, sagt die Mama.
Auf einmal gibt es einen Stau. Papa muss bremsen und herunterschalten. Jetzt geht es nur langsam vorwärts, und Sofie kann nach Herzenslust die Buchstaben auf den Nummernschildern der Autos lesen. Und die Namen auf den großen Lastwagen. Und die Sachen, die auf den Brückenpfeilern stehen. Auf dieser Strecke gibt es viele Brücken, damit die Bauern von der einen Seite auf die andere zu ihren Feldern kommen. Sofie hat allerhand zu lesen.
»Jens, Anna«, liest Sofie auf der nächsten Brücke. Zwischen Jens und Anna sind zwei ineinander verschlungene Kreise gemalt.
»Was heißt das?«, fragt Sofie.
In diesem Augenblick stockt der Verkehr völlig, und sie bleiben genau vor der Brücke stehen.
»Das heißt: Jens liebt Anna«, erklärt die Mama.
Sofie guckt die beiden Kreise an.
»Sind das Buchstaben?«, fragt sie verwundert.
»Es sind Zeichen – zwei Ringe ineinander«, sagt Papa. »Wenn ein Mann und eine Frau sich lieben, schenken sie einander Ringe. Siehst du, wie Mama und ich!«
Er hält seine rechte Hand hoch, streift den Ehering ab und gibt ihn Sofie. Mama hat auch einen Ring, aber er geht nicht ab. Er sitzt fest auf ihrem Finger.
»Lass nur«, sagt Sofie. Sie hat selber einen Ring – keinen Ehering, nur einen einfachen Blechring, den sie einmal in einem Überraschungsei gefunden hat. Den zieht sie ab und legt ihn zu Papas Ring auf ihre flache Hand. Wenn sie beide Ringe ein wenig übereinanderlegt, sehen wie aus wie die Kreise am Brückenpfeiler.
»Sofie liebt Papa«, liest Sofie aus ihrer Hand vor und lächelt den Papa schelmisch von der Seite an. Sie fährt mit dem Finger die beiden Ringe nach, erst jeden einzeln, immer im Kreis, dann alle beide wie eine Acht.
»Das hört nie auf«, sagt sie. »Das geht ewig rundum–und–um–und–um ...«
Da setzt sich die Autokolonne wieder in Bewegung. Sofie gibt Papa schnell den Ring zurück. Jetzt muss sie aufpassen. Bestimmt gibt es draußen gleich wieder etwas Wichtiges zu lesen!

Renate Schupp

Aus: Erhard Domay, Vorlesebuch Symbole, Verlag Ernst Kaufmann, Lahr

11 bis 13 Jahre

Gebet
Herr Jesus Christus, du hast uns aufgetragen:
Liebt einander, so wie ich euch geliebt habe.
Du hast uns so sehr geliebt, dass du für uns gestorben und auferstanden bist.
Du willst, dass wir deine Liebe weitergeben.
Hilf uns dabei. Amen.

Schriftlesung

Geschichte: Die beiden Brüder
Zwei Brüder wohnten einst auf dem Berg Morija. Der Jüngere war verheiratet und hatte Kinder, der Ältere war unverheiratet und allein. Die beiden Brüder arbeiteten zusammen, sie pflügten das Feld zusammen und streuten zusammen den Samen aus. Zur Zeit der Ernte brachten sie das Getreide ein und teilen die Garben in zwei gleich große Stöße, für jeden einen Stoß Garben. Als es Nacht geworden war, legte sich einer der beiden Brüder bei seinen Garben nieder und sprach in seinem Herzen: »Mein Bruder hat eine Familie, ich dagegen bin allein und ohne Kinder, und doch habe ich gleich viele Garben genommen wie er. Das ist nicht recht.« Er stand auf, nahm von seinen Garben und schichtete sie heimlich und leise zu den Garben seines Bruders. Dann legte er sich wieder hin und schlief ein.
In der gleichen Nacht nun, geraume Zeit später, erwachte der Jüngere. Auch er musste an seinen Bruder denken und sprach in seinem Herzen: »Mein Bruder ist allein und hat keine Kinder. Wer wird in seinen alten Tagen für ihn sorgen?« Und er stand auf, nahm von seinen Garben und trug sie heimlich und leise hinüber zum Stoß des Älteren.
Als es Tag wurde, erhoben sich die beiden Brüder, und wie war jeder erstaunt, dass ihre Garbenstöße die gleichen waren wie am Abend zuvor. Aber keiner sagte dem anderen ein Wort. In der zweiten Nacht wartete jeder ein Weilchen, bis er den anderen schlafend wähnte. Dann erhoben sie sich, und jeder nahm von seinen Garben, um sie zum Stoß des anderen zu tragen. Auf halbem Weg trafen sie plötzlich aufeinander, und jeder erkannte, wie gut es der andere mit ihm meinte. Da ließen sie ihre Garben fallen und umarmten einander in herzlicher brüderlicher Liebe. Gott im Himmel aber schaute auf sie hernieder und sprach: »Heilig, heilig sei mir dieser Ort. Hier will ich unter den Menschen wohnen.«

Aus dem Hebräischen von J. Kerschensteiner

Gespräch zur Geschichte
Wie können wir anderen zeigen, dass wir sie gern haben?

Christi Himmelfahrt

Schriftstellen: Apg 1,1–11 / Eph 4,1–13 / Mk 16,15–20

Schriftlesung: Nach Mk 16,15–20

Dann sagte er zu ihnen: »Geht hinaus in die ganze Welt, und verkündet das Evangelium allen Geschöpfen! Wer glaubt und sich taufen lässt, wird gerettet; wer aber nicht glaubt, wird verdammt werden.

Und durch die, die zum Glauben gekommen sind, werden folgende Zeichen geschehen: In meinem Namen werden sie Dämonen austreiben; sie werden in neuen Sprachen reden; wenn sie Schlangen anfassen oder tödliches Gift trinken, wird es ihnen nicht schaden; und die Kranken, denen sie die Hände auflegen, werden gesund werden.«

Nachdem Jesus, der Herr, dies zu ihnen gesagt hatte, wurde er in den Himmel aufgenommen und setzte sich zur Rechten Gottes. Sie aber zogen aus und predigten überall. Der Herr stand ihnen bei und bekräftigte die Verkündigung durch die Zeichen, die er geschehen ließ.

Thematische Stichworte

Himmel / Reich Gottes / Glauben weitersagen / Geht hinaus in die ganze Welt

Liedvorschläge für die Altersgruppen

3–6: Komm, bau ein Haus (SL 202)
7–10: Der Himmel geht über allen auf (S. 139)
7–13: Weißt du, wo (SL 204)
11–13: Wenn der Himmel in unsre Nacht fällt (SL 205)

Gestaltung der Mitte

Eine Jesuskerze auf hellblauen Tüchern

Ausmalvorlage

3 bis 6 Jahre

Gebet
Guter Gott,
dein Sohn Jesus ist zu dir zurückgekehrt.
Wir sagen: Er ist im Himmel.
Der Himmel ist groß und weit.
Wir können ihn nicht anfassen.
Aber wir können ihn immer sehen.
Wir wissen so:
Du bist wie der Himmel immer da.
Dafür danken wir dir. Amen.

Schriftlesung

Geschichte: Der graue und der blaue Himmel
Es gibt den blauen Himmel und den grauen Himmel. Der blaue Himmel ist immer schön. Manchmal hat er weiße Wolken. Heute ist der Himmel grau. Da scheint die Sonne nicht.
Es ist kalt.
Es wird noch regnen.
Das Kind ist traurig.
Auf einmal sieht es mitten im grauen Himmel ein blaues Loch – und dort noch eines.
Das eine geht wieder zu. Das andere wird größer. Jetzt geht es auch wieder zu.
Vielleicht kommt es wieder.
Die Mutter sagt: »Heute ist ein grauer Tag.«
»Nein«, sagt das Kind, »der blaue Himmel ist da, Mutter. Man sieht ihn nur nicht.«

Irmgard von Faber du Faur

Aus: Irmgard von Faber du Faur, Liebe Welt, Verlag Sauerländer, Aarau. Rechte: Irene Mannheimer

Verklanglichung zur Geschichte

Vorstellung:	***Verklanglichung:***
blauer Himmel	*Beckenschlag*
grauer Himmel	*dumpfe Töne auf Pauke oder Handtrommel*
weiße Wolken	*Glockenspielmelodie, tiefe Töne, langsam*
kalt	*Klangstäbe*
traurig	*langsame, tiefe Töne auf dem Xylophon*
blaues Loch im grauen Himmel	*dumpfe Töne auf der Pauke oder Handtrommel, dazu leise Triangeltöne, die laut und leiser werden (auch mehrere Triangeln)*

Malen zur Geschichte
Material: Papier, Wachsmalkreiden, Wasserfarben
Ein Blatt Papier wird mit Wasser ganz blau grundiert, evtl. mit einer Sonne darin. Wenn die Farbe getrocknet ist, wird das ganze Blatt mit grauer Wachsmalkreide übermalt, möglichst dick. Anschließend werden mit einem Schaber einige graue Flecken herausgekratzt, so dass der blaue Untergrund stellenweise wieder durchschimmert.

7 bis 10 Jahre

Gebet
Guter Gott, dein Sohn Jesus Christus
hat seinen Freunden aufgetragen:
Verkündet die frohe Botschaft
vom Reich Gottes allen Menschen.
Wir danken dir für alle Menschen,
die uns von dir erzählen
und so das weiterführen,
was du begonnen hast. Amen.

Schriftlesung

Interview
Die Kinder spielen miteinander eine Fernsehsendung. Einer ist der Reporter oder die Reporterin. Er / Sie fragt die Teilnehmer z. B.:

Jesus verkündet die frohe Botschaft vom Reich Gottes.
Wie wird das für dich deutlich?
Was stellst du dir unter »Himmel« vor?
Warum ist die Botschaft Jesu eine »Frohe Botschaft«?
Wenn du jemandem die frohe Botschaft von Jesus weitersagen wolltest, was würdest du sagen?

Ein Assistent / eine Assistentin schreibt in ein Kreuz – das Zeichen Jesu – oder in Sonnenstrahlen hinter dem Kreuz – Zeichen für das Reich Gottes – die besten, schönsten, wichtigsten, richtigsten Antworten. Zum Schluss gestalten alle das Kreuz mit der Sonne farbig.

11 bis 13 Jahre

Gebet

Herr Jesus Christus, bevor du
zu deinem Vater zurückgekehrt bist,
hast du deinen Freunden aufgetragen,
die Frohe Botschaft vom Reich Gottes
allen Menschen zu verkünden.
Immer weiter haben es die Menschen gesagt.
Auch wir sollen deine Botschaft weitersagen.
Hilf uns dabei. Amen.

Schriftlesung

Lied und Tanz: Der Himmel geht über allen auf

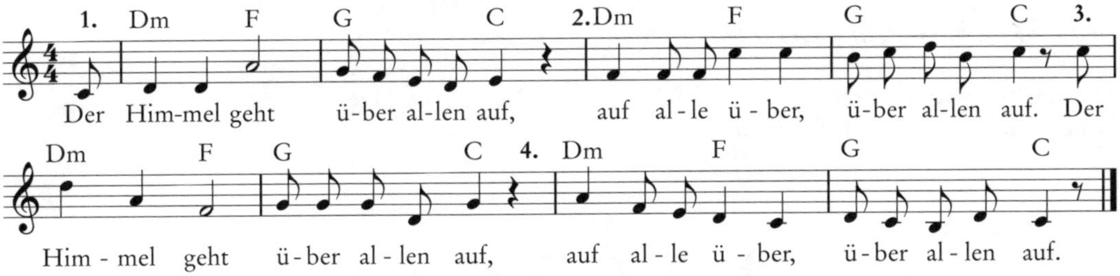

T: Wilhelm Willms M: Peter Janssens
Aus: Ave Eva, 1974
Rechte: Peter Janssens Musik Verlag, Telgte

Tanzbeschreibung

Aufstellung in der Kreisbahn, Front zur Mitte. Schrittfolge: Viertelnoten.

1. Teil: Arme heben.
2. Teil: Jeder dreht sich um sich selbst, am Ende Arme senken.
3. Teil: Acht kleine Schritte in die Mitte, dabei Arme heben.
4. Teil: Acht kleine Schritte nach außen, dabei Arme senken.

Gestaltung zum Thema: Gottes frohe Botschaft weitersagen

Eine Menschenfigur wird aus Tonpapier geschnitten. Auf diese Figur schreiben alle Kinder ihre Namen. Aus andersfarbigem Papier werden große »Sprechblasen« geschnitten.
Die Kinder überlegen, was sie den Menschen sagen können, wenn sie Gottes frohe Botschaft weitergeben wollen. Diese Gedanken schreiben sie in die Sprechblasen und legen sie zu dem Menschen in der Mitte.

7. Sonntag der Osterzeit

Schriftstellen: Apg 1,15–17.20ac–26 / 1 Joh 4,11–16 / Joh 17,6a.11b–19

Schriftlesung nach 1 Joh 4,11–16

Gott hat uns sehr geliebt. Deshalb müssen auch wir einander lieb haben. Niemand hat Gott je gesehen; aber wir können ihn entdecken in der Liebe, die wir zueinander haben. Wenn wir gut zueinander sind und einander lieben, dann ist Gott in uns.

Gott hat Jesus, seinen Sohn, zu uns gesandt, um uns zu erlösen. Er hat uns seinen Geist geschickt, damit er immer bei uns ist.

Wenn wir daran glauben und versuchen, Jesus nachzufolgen, dann bleibt Gott in uns. Gott ist die Liebe, und wer in der Liebe bleibt, bleibt in Gott, und Gott bleibt in ihm.

Thematische Stichworte

Gott ist die Liebe / Einander lieben

Liedvorschläge für die Altersgruppen

3–6: Gottes Liebe ist so wunderbar (S. 133)
Du bist da, wo Menschen leben (SL 160)

7–10: Der gute Gott schenkt Frieden (SL 195)
Hände, die schenken (SL 158)

11–13: Liebe ist nicht nur ein Wort (SL 169)
Ein Gott des Feuers (S. 143)

Gestaltung der Mitte

Eine Sonne oder ein Herz auf einem blauen Tuch

Ausmalvorlage

3 bis 6 Jahre

Gebet
Guter Gott,
die Bibel sagt:
Du hast uns lieb.
Du wohnst in unseren Herzen.
Wir sollen deine Liebe weiterschenken.
Hilf uns dabei. Amen.

Schriftlesung

Mandala: Herz
Darüber sprechen, wie es ist, wenn man jemanden sehr lieb hat. (Man will bei ihm sein und es tut gut, dass es Menschen gibt, die einen lieb haben.) Dann dürfen die Kinder in das »Herzmandala« hineinmalen, wen oder was sie ganz lieb haben. Oder sie denken nur darüber nach und malen das Mandala bei ruhiger Musik bunt an.

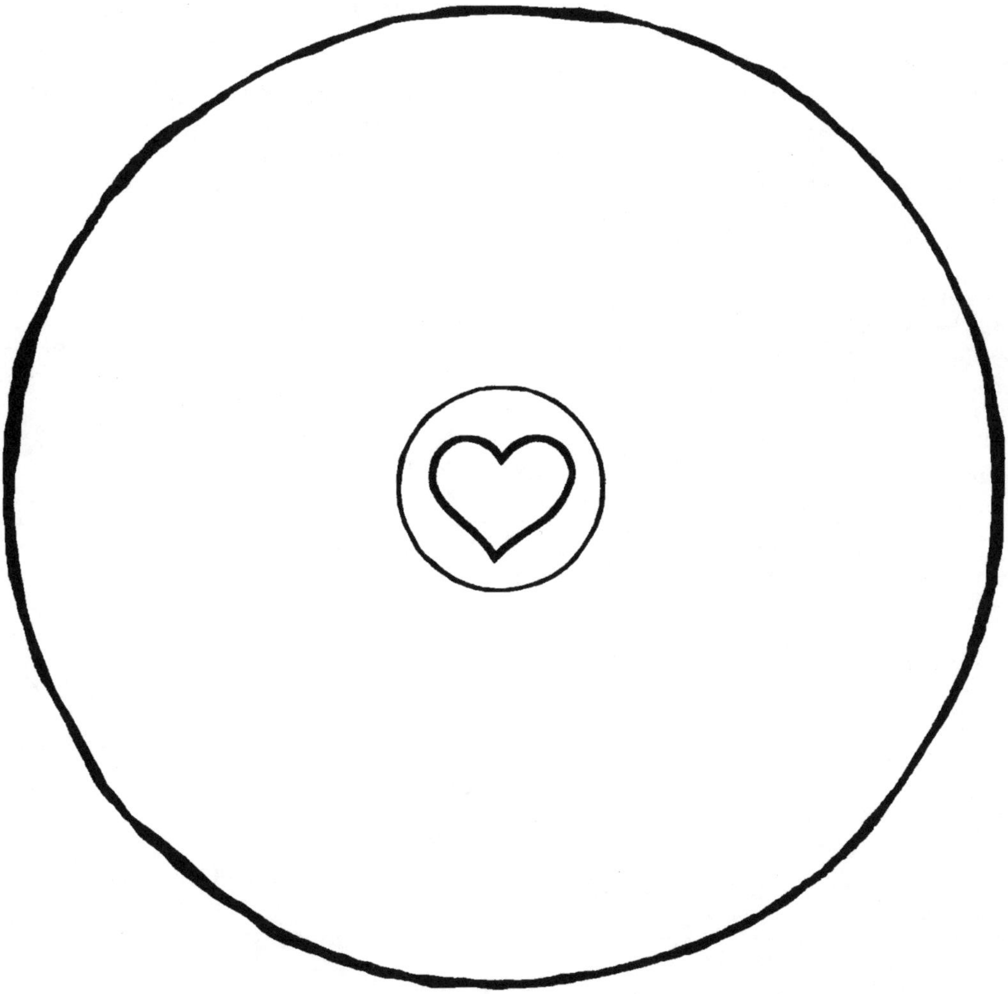

7 bis 10 Jahre

Gebet

Guter Gott, du hast uns aufgetragen:
Habt einander lieb.
Dann bin ich in euch.
Dann bin ich euch ganz nahe.
Gib uns ein Herz,
das immer offen ist,
Liebe zu empfangen
und Liebe zu schenken. Amen.

Schriftlesung

Geschichte: Gegen ein Maschinenherz

Als Dsi Gung durch die Gegend nördlich des Han-Flusses kam, sah er einen alten Mann, der in seinem Gemüsegarten beschäftigt war. Er hatte Gräben gezogen zur Bewässerung. Er stieg selbst in den Brunnen hinunter und brachte in seinen Armen ein Gefäß voll Wasser herauf, das er ausgoss. Er mühte sich aufs Äußerste ab und brachte doch wenig zustande.
Dsi Gung sprach: »Da gibt es eine Einrichtung, mit der man an einem Tag hundert Gräben bewässern kann. Mit wenig Mühe wird viel erreicht. Möchtet ihr die nicht anwenden?«
Der Gärtner richtete sich auf, sah ihn an und sprach: »Und das wäre?«
Dsi Gung sprach: »Man nimmt einen hölzernen Hebelarm, der hinten beschwert und vorne leicht ist. Auf diese Weise kann man das Wasser schöpfen, dass es nur so sprudelt. Man nennt das einen Ziehbrunnen.«
Da stieg dem Alten der Ärger ins Gesicht, und er sagte lachend: »Ich habe meinen Lehrer sagen hören: Wenn einer Maschinen benutzt, so betreibt er alle Geschäfte maschinenmäßig; wer seine Geschäfte maschinenmäßig betreibt, der bekommt ein Maschinenherz. Wenn einer aber ein Maschinenherz in der Brust hat, dem geht die reine Einfalt verloren. Bei wem die reine Einfalt hin ist, der wird ungewiss in den Regungen seines Geistes. Ungewissheit in den Regungen des Geistes ist etwas, das sich mit dem wahren Sinn nicht verträgt. Nicht, daß ich solche Dinge nicht kenne, ich schäme mich, sie anzuwenden.«

Tschuang-tse (380 bis 310 v. Chr.)

Gespräch zur Geschichte

Was können wir in unserem Leben alles durch Maschinen ersetzen?
Welche Maschinen kennen wir?
Was ist nicht durch Maschinen ersetzbar?
Dazu eine Tabelle erstellen.

Wozu Maschinen nützen	Was Maschinen nicht können

11 bis 13 Jahre

Gebet

Guter Gott, du sagst uns:
Ich bin in euch.
Deine Liebe bleibt in uns,
egal, wo wir sind und was wir tun.
Du bist ein Gott, der bei uns bleibt,
wenn wir fähig sind zu lieben.
Wir danken dir. Amen.

Schriftlesung

Lied: Ein Gott des Feuers

Vor dem Singen, wird die erste Strophe laut gelesen und mit Tüchern in der Mitte ein »Feuer« oder die Andeutung eines Feuers gelegt. Dann wird die Strophe gesungen. Zum Refrain heben alle die Hände in die Höhe. Mit den anderen Strophen wird ähnlich verfahren, so dass in der Mitte ein Gesamtbild entsteht. Zur letzten Strophe wird eine Rose in die Mitte des Gesamtbildes gelegt.

2. Gott, du bist ein Gott des Wassers,
ein Gott des Wassers und der Hoffnung,
du schlägst uns als Tränen in den Wind
und wäschst uns als Salz in den Boden.

3. Gott, du bist ein Gott der Erde,
ein Gott der Erde und der Armen.
Dein Wort hat den Geruch des Ackers,
dein Gebot das Gewicht von Steinen.

4. Gott, du bist ein Gott der Wüste,
ein Gott der Wüste und der Fragen.
Du teilst das Schicksal der Welt
und stehst nicht allwissend daneben.

5. Gott, du bist ein Gott des Lebens,
wir singen dir ein ew'ges Lied.
Wir preisen deinen Namen auf Erden
wie Blinde die Hitze der Sonne.

T: Chr. Recker M: Aus Frankreich Rechte beim Autor

Pfingsten

Schriftstellen: Gen 11,1–9 / Apg 2,1–11 / Joh 20,19–23

Schriftlesung: Nach Gen 11,1–9

Früher hatten alle Menschen die gleiche Sprache und gebrauchten die gleichen Worte. Es gab kein Deutsch, Englisch, Französisch, Polnisch, Russisch, Türkisch, Chinesisch und was noch alles. Aber die Menschen wollten immer höher hinaus. Sie wollten sein wie Gott. Als sie in einer großen Ebene waren, siedelten sie sich dort an und sagten zueinander: »Lasst uns aus Lehm Ziegel formen und sie zu Backsteinen brennen. Daraus bauen wir eine Stadt und einen hohen Turm, der bis in den Himmel reicht. Dann werden wir sein wie Gott. Wir werden uns nicht über die ganze Erde zerstreuen.«

Da stieg Gott, der Herr herab, um sich Stadt und Turm anzusehen, die die Menschenkinder bauten. Er sprach: »Seht nur, ein Volk sind sie, und eine Sprache haben sie alle. Sie wollen selbst sein wie ich. Das ist erst der Anfang ihres Tuns. Jetzt wird ihnen nichts mehr unerreichbar sein, was sie sich auch vornehmen. Dabei werden sie unglücklich werden, weil jeder nur noch auf sich sieht. Ich werde ihre Sprache verwirren, so dass keiner mehr die Sprache des anderen versteht.« Der Herr zerstreute sie von dort aus über die ganze Erde, und sie hörten auf, an der Stadt zu bauen. Darum nannte man die Stadt Babel (Wirrsal), denn dort hat der Herr die Sprache aller Welt verwirrt, und von dort aus hat er die Menschen über die ganze Erde zerstreut.

Thematische Stichworte

Turmbau zu Babel / Verstehen – nicht verstehen

Liedvorschläge für die Altersgruppen

3–10: Stein auf Stein (SL 201)
7–10: Dein Geist weht wo er will (SL 145)
11–13: Geist der Freude (SL 144)
Mutter Geist (SL 141)

Gestaltung der Mitte

Einen Turm aus Bauklötzen auf einem Tuch beginnen

Ausmalvorlage

3 bis 6 Jahre

Gebet

Guter Gott, wir kennen Menschen,
die sprechen eine andere Sprache als wir.
Wir können sie nicht verstehen.
Sie können uns nicht verstehen.
Aber wir können einander zeigen,
dass wir es gut miteinander meinen.
Hilf uns dabei. Amen.

Schriftlesung

Lied und Spiel der Turmbauer zu Babel

2. Heute woll'n wir Steine tragen,
   Steine tragen,
   Gottes Worte nicht mehr sagen,
   Steine tragen –
   morgen woll'n wir baun.
3. Heute woll'n wir Werkzeug wetzen,
   Werkzeug wetzen,
   Gott absetzen, Gott absetzen,
   Werkzeug wetzen –
   morgen woll'n wir baun.
4. Heute woll'n wir Herren heißen,
   Herren heißen,
   Gott aus unsern Herzen reißen,
   Herren heißen –
   morgen woll'n wir baun.

T: Rudolf Otto Wiemer M: Heinrich Kraft
Textrechte beim Autor
Musikrechte beim Christophorus-Verlag, Freiburg

Spielanleitung

Alle stehen im Kreis und machen pantomimisch nach, was gesungen wird.

1. Str.: Mit den Händen die rechteckige Ziegelform nachmachen.
2. Str.: Alle gehen gebeugt im Beistellschritt rechts herum, wie unter der Last von Steinen.
3. Str.: Alle wetzen die Finger der eigenen Hände als »Werkzeuge« gegeneinander.
4. Str.: Alle stellen sich auf mit herausforderndem Blick, Gesicht nach außen und die Arme verschränkt.

7 bis 10 Jahre

Gebet
Guter Gott,
wir sprechen alle verschiedene Sprachen.
Das führt zu Missverständnissen.
Das führt zu Misstrauen.
Das führt zu Streit.
Hilf uns, dass wir die Sprache
des Verstehens finden. Amen.

Schriftlesung

Verklanglichung: Der Turmbau zu Babel

Vorstellung:	***Verklanglichung:***
Alle hatten die gleiche Sprache.	*Auf den Stabspielen harmonische Klänge, z. B. C-Dur: Nur die Töne C – E – G langsam immer wieder spielen.*
Als sie aufbrachen.	*Mit Handtrommeln und Klanghölzern das Gehen nachahmen.*
Sie bauen Turm und Stadt.	*Auf Klanghölzern, Becken, Triangeln Baugeräusche nachahmen.*
Der Herr verwirrt die Sprache.	*Alle Instrumente spielen gleichzeitig wirr durcheinander.*

Aktion: Turmbau
In der Mitte liegen viele bunte Bauklötze. Das Lied der Turmbauer zu Babel wird gesungen und gespielt. Die Geschichte vom Turmbau zu Babel ist vorgelesen. Jetzt werden die Kinder eingeladen, immer nacheinander einen Bauklotz auf den anderen zu stellen, bis der Turm umkippt. Der Versuch kann mehrmals wiederholt werden. (Je nach Anzahl der Steine den Grundriss des Turmes, der vorgegeben sein sollte, größer oder kleiner gestalten. Vorher ausprobieren!)

Geschichte: Wir verstehen uns (1)
»Siehst du, wenn du nicht so getrödelt hättest, wäre uns der Zug nicht vor der Nase weggefahren!«, ruft die Mutter böse. »Immer dasselbe! Du kannst ja nie pünktlich sein!«
Der Vater geht ohne ein Wort zur Theke und lässt sich einen Korn einschenken.
»Nun sitzen wir bei all den Ausländern zwei Stunden hier im Wartesaal herum und feiern und öden uns an!« Die Mutter sieht sich wütend um.
Tatsächlich sitzen fast nur Spanier, Griechen und Türken auf den harten Bänken. Sie haben wohl Spätschicht gehabt und warten auf den letzten Zug.
Ingrid sitzt zusammengeduckt und ängstlich da. Wenn die Eltern sich bloß nicht wieder zanken vor all den Fremden!
Da holt auf einmal ein Spanier seine Gitarre heraus und klimpert ein paar Akkorde. Ein anderer stampft ein paarmal mit dem Fuß auf, wagt einige zögernde Schritte und beginnt dann in schnellem Rhythmus zu tanzen, während der andere mit harter, kehliger Stimme dazu singt.
Die anderen klatschen den Rhythmus mit. Der Tanz ist so mitreißend, dass alle Gespräche verstummen. Sogar der Vater hat sein Glas stehen lassen und kommt langsam näher.

(Fortsetzung auf Seite 147)

11 bis 13 Jahre

Gebet
Guter Gott, wir Menschen
sprechen verschiedene Sprachen.
Oft führt das zu Misstrauen
und Unverständnis.
Wir verstehen einander nicht.
Das geschieht auch dann,
wenn wir die gleiche Sprache sprechen.
Hilf uns, die Sprache des Verständnisses
und der Versöhnung zu lernen. Amen.

Schriftlesung

Geschichte: Wir verstehen uns (2)
Immer wieder werden Tänzer und Spieler angefeuert. Als sie erschöpft innehalten, stehen einige Griechen auf, fassen sich an den Schultern und fangen an, nach ihren griechischen Liedern zu tanzen, zuerst langsam und dann immer schneller.
»Mas! Mas!«, schreien die Spanier.
»Mehr, mehr!«, rufen die wenigen Deutschen. Mutter ruft auch laut mit.
Vater ist dicht hinter Mutter getreten. »Ist das nicht großartig!«, sagt er bewundernd.
»Besser als im Fernsehen!«, antwortet Mutter ihm lachend. »Ich friere gar nicht mehr!«

Aus: Barbara Cratzius, Kinder im Kirchenjahr, Brunnen Verlag Gießen

Gestaltung: Verschiedene Sprachen
In der Mitte eines weißen Blattes liegt ein Stein aus Tonpapier. Darauf steht: »Der Geist Gottes verbindet.«
Jedes Kind erhält einen »Baustein«. Alle überlegen, wie »Danke«, »Liebe«, »Frieden« usw. in verschiedenen Sprachen heißen und schreiben es auf jeweils einen Baustein. Falls ausländische Kinder dabei sind, sollen sie die Worte in ihrer Sprache aufschreiben.
Aus den Bausteinen wird um den mittleren Stein eine Kirche gelegt. Evtl. Grundriss vorgeben. Über das Bild miteinander sprechen.

Dreifaltigkeitssonntag

Schriftstellen: Dtn 4,32–34.39–40 / Röm 8,14–17 / Mt 28,16–20

Schriftlesung: Nach Mt 28,16–20
Die elf Jünger gingen nach Galiläa auf den Berg, den Jesus ihnen genannt hatte. Und als sie Jesus sahen, fielen sie vor ihm auf die Knie, denn sie wussten: In Jesus ist uns Gott ganz nah. Einige aber hatten Zweifel.
Da trat Jesus auf sie zu und sagte zu ihnen: »Es ist wahr, Gott ist mein Vater. Wer tut, was ich euch gesagt habe, tut, was Gott will. Dann werden alle Menschen froh werden. Darum geht zu allen Völkern und macht alle Menschen zu meinen Jüngern; tauft sie auf den Namen des Vaters und des Sohnes und des Heiligen Geistes, und lehrt sie, alles zu befolgen, was ich euch geboten habe. Seid gewiss: Ich bin bei euch alle Tage bis zum Ende der Welt.«

Thematische Stichworte
Jesus sagt: »Ich bin bei euch« / Geht zu allen Völkern / Kreuzzeichen / Taufe

Liedvorschläge für die Altersgruppen
3–10: Im Namen des Vaters (S. 38)
7–13: Gott umhülle uns (SL 247)
11–13: Geh mit uns (SL 242)

Gestaltung der Mitte
Ein Kreuz auf einer Sonne auf einem roten Tuch

Ausmalvorlage

3 bis 6 Jahre

Gebet

Guter Gott, immer wieder sagst du uns:
Ich bin da.
Ich bin bei euch.
Du lässt uns nicht allein.
Dafür danken wir dir. Amen.

Schriftlesung

Gestaltung: Sonne – Kreuz – Feuer

Alle sitzen im Kreis. In der Mitte brennt auf einem braunen Tuch eine Kerze.

L liest langsam den Text und lädt die Kinder ein, dazu aus bunten Tüchern und Legematerial die Mitte zu gestalten und den Text mit den Instrumenten, die im Kreis verteilt liegen, zu verklanglichen.

Text:	***Gestaltung:***	***Verklanglichung:***
In der Mitte sehen wir eine Kerze auf einem braunen Tuch. Das braune Tuch erinnert uns an Erde. Wir leben auf der Erde.	*Eine Kerze auf einem braunen Tuch.*	*Schläge auf der Handtrommel*
Darauf steht eine Kerze. Sie erinnert uns daran, dass Jesus gesagt hat: Ich bin bei euch. Ich mache die Welt hell und warm.		*Leise Töne auf der Triangel*
Wir legen eine große Sonne neben das braune Tuch. Die Sonne erinnert uns daran, dass Jesus gesagt hat: Mein Licht leuchtet nicht von allein. Es kommt von Gott, der größer und heller ist als alles, was man sich vorstellen kann.	*Aus gelbem Tonpapier legen die Kinder die Sonne und Sonnenstrahlen dazu.*	*Einen Ton auf dem Becken anschlagen und verklingen lassen*
Auf die andere Seite neben das braune Tuch legen wir ein Kreuz. Das Kreuz erinnert uns wie die Kerze an Jesus. Jesus ist am Kreuz gestorben. Gott sagt damit: Ich lasse euch nicht allein. Auch dann nicht, wenn ihr leiden und sterben müsst.	*Aus Bausteinen legen die Kinder ein Kreuz neben das braune Tuch.*	*Langsame Schläge auf der Holzblocktrommel*
Um Sonne, Kreuz und Erde legen wir jetzt hellblaue, rote und orange Tücher. Sie erinnern uns daran, dass Jesus sagt: Ich lasse euch nicht allein, ich schicke euch meinen Heiligen Geist. Der Geist Gottes ist wie die Luft, die wir atmen. Er ist wie ein Feuer, in dem sich ein Scheit am anderen entzündet. So, wie Gottes Botschaft durch die Menschen von einem zum anderen weitergesagt wird.	*Blaue Tücher um die Mitte verteilen. Rote und orange Tücher um die Mitte verteilen.*	*Rasseln* *Triangel, Becken, Holzblocktrommel und Rasseln gleichzeitig*
Deshalb beginnen wir jedes Gebet mit dem Kreuzzeichen und sprechen dabei: Im Namen des Vaters und des Sohnes und des Heiligen Geistes. Amen.	*Alle machen miteinander ein Kreuzzeichen.*	

7 bis 10 Jahre

Gebet
Guter Gott, du sagst: Ich bin da.
Jesus sagt: Ich bin immer bei euch,
ich schicke euch meinen heiligen Geist.
Wir spüren oft so wenig deine Nähe.
Bitte, lass uns aufmerksam werden
auf die kleinen Zeichen, wenn du uns sagst:
Ich bin da! Amen.

Schriftlesung

Geschichte: Die Fische im Wasser
Die Fische eines Flusses sprachen zueinander: »Man behauptet, dass unser Leben vom Wasser abhängt. Aber wir haben noch niemals Wasser gesehen. Wir wissen nicht, was Wasser ist.« Da sagten einige, die klüger waren als die anderen: »Wir haben gehört, dass im Meer ein gelehrter Fisch lebt, der alle Dinge kennt. Wir wollen zu ihm gehen und ihn bitten, uns das Wasser zu zeigen.«

So machten sich einige auf und kamen auch endlich in das Meer und fragten den Fisch. Als der Fisch sie angehört hatte, sagte er: »Oh, ihr dummen Fische! Im Wasser lebt und bewegt ihr euch. Aus dem Wasser seid ihr gekommen, zum Wasser kehrt ihr wieder zurück. Ihr lebt im Wasser, aber ihr wisst es nicht.«

Aus: Kurt Bucher, Wegmarken. Kurze Geschichten als Predigthilfen., rex Verlag, Luzern 1980

Gespräch zur Geschichte
Geschichte vergleichen mit der Aussage Jesu: Ich bin bei euch alle Tage bis ans Ende der Welt.
Wie können wir spüren, dass Gott da ist? (Wenn wir still werden, wenn wir aufmerksam kleine Dinge betrachten, z. B. Blumen, die beginnen zu wachsen, wenn wir andere Menschen sehen und darauf achten, wieviel Schönes es gibt.)

11 bis 13 Jahre

Gebet
Herr guter Gott,
heute ist Dreifaltigkeitssonntag.
Du sagst, du bist bei uns
als Vater, Sohn und Heiliger Geist.
Das ist ein tiefes Geheimnis.
Bitte lehre uns, es immer besser zu verstehen.
Amen.

Schriftlesung

Bildbetrachtung: Hasenfenster
Das Bild miteinander ansehen. Es zeigt drei Hasen, jeder hat zwei Ohren und trotzdem gibt es nur drei Ohren. Kann uns dieses Bild etwas über das Geheimnis von dem einen Gott in drei Personen (Vater, Sohn und Heiliger Geist) sagen?
Das Bild bei ruhiger Musik bunt gestalten und über das Geheimnis der Dreifaltigkeit Gottes nachdenken.

Hasenfenster, Kreuzgang des Paderborner Doms

11. Sonntag im Jahreskreis

Schriftstellen: Ez 17,22–24 / 2 Kor 5,6–10 / Mk 4,26–34

Schriftlesung: Nach Mk 4,26–34

Jesus sagte zu den Menschen: »Mit dem Reich Gottes ist es so, wie wenn ein Mann Samen auf seinen Acker sät; dann schläft er und steht wieder auf, es wird Nacht und wird Tag, der Samen keimt und wächst, und der Mann weiß nicht, wie. Die Erde bringt von selbst ihre Frucht, zuerst den Halm, dann die Ähre, dann das volle Korn in der Ähre. Sobald aber die Frucht reif ist, legt er die Sichel an; denn die Zeit der Ernte ist da.«

Er sagte: »Womit sollen wir das Reich Gottes vergleichen, mit welchem Gleichnis sollen wir es beschreiben? Es gleicht einem Senfkorn. Dieses ist das kleinste von allen Samenkörnern, die man in die Ernte sät. Ist es aber gesät, dann geht es auf und wird größer als alle anderen Gewächse und treibt große Zweige, so dass in seinem Schatten die Vögel des Himmels nisten können.«

Durch viele solche Gleichnisse verkündete er ihnen die frohe Botschaft vom Reich Gottes, in dem alle Menschen froh sein können.

Thematische Stichworte

Reich Gottes / Acker und Aussaat, Wachsen der Halme / Senfkorn / Baum

Liedvorschläge für die Altersgruppen

3–6: Du hast uns deine Welt geschenkt (SL 302)
3–10: Komm, bau ein Haus (SL 202)
7–10: Schönheit ist die Schöpfung Gottes (SL 306)
Weißt du, wo der Himmel ist (SL 204)
11–13: Eine Handvoll Erde (SL 305)

Gestaltung der Mitte

Senfkörner auf einem Tuch / Einen Baum aus Tüchern legen / Bild eines Ackers / Ackerfurchen aus Tüchern

Ausmalvorlage

3 bis 6 Jahre

Gebet
Guter Gott,
du willst, dass alle Menschen froh sind.
Du sagst: In meinem Reich wird es so sein.
Helft mir, damit mein Reich
Wirklichkeit wird.
Das wollen wir tun. Amen.

Schriftlesung

Bildergeschichte: Der Bauer, der der Saat beim Wachsen helfen wollte

Da war ein Bauer, der säte Korn auf seinen Acker. Jeden Tag ging er und schaute sich das Feld an. Er war sehr ungeduldig. Wann beginnt es endlich zu wachsen?, fragte er.

Endlich, nach Sonnenschein und Regen kamen die ersten grünen Halme hervor. Da sagte der Bauer: Meine Saat soll schneller wachsen. Ich will ihr helfen.

Gespräch zu Bildern und Texten
Den Kindern die Geschichte vorlesen. Dann die Bilder zeigen und überlegen: Zu welcher Bilderreihe gehört wohl die Geschichte? Den Schrifttext vorlesen (nur die Stelle von der selbst wachsenden Saat). Überlegen, was richtig ist, damit die Saat wachsen kann. Anregen, selbst zu Hause etwas einzupflanzen. Über das Reich Gottes sprechen und überlegen, wo, wann und wie es wächst.

So machte er sich an die Arbeit und zog an jedem Halm ein wenig.
Abends legte er sich zufrieden schlafen.

Am nächsten Morgen ging er auf seinen Acker, um zu sehen, wie schnell die Saat gewachsen war. Da zog er ein langes Gesicht: Alle Halme waren vertrocknet.

7 bis 10 Jahre

Gebet
Herr Jesus Christus,
du erzählst uns vom Reich Gottes.
Du sagst: Es wächst
aus ganz kleinen Anfängen.
Es kommt nicht mit einem Knall,
großartig und riesig,
sondern langsam, wie ein Baum, der wächst.
Hilf uns, Geduld zu haben und zu wachsen,
damit wir an deinem Reich mitbauen können.
Amen.

Schriftlesung

Körperübung: Ich bin wie ein Baum
Alle stehen im Raum verteilt.
L spricht:
Wir beginnen, im Raum umherzugehen.
Dazu hören wir leise Musik.
Wenn die Musik zu Ende ist,
bleiben wir stehen.

Musik wird eingespielt. Wenn sie zu Ende ist, spricht L weiter:

Wir sind wie ein Baum.
Zu Beginn waren wir nur
ein kleines Samenkorn in der Erde.
Versucht, wieder so klein zu werden
wie ein Samenkorn.
Verbergt euch im Boden.

Die Kraft der Sonne und die Feuchtigkeit aus dem Boden ließen uns wachsen.
Wer war für uns Sonne,
Licht und Wärme?
Wer war für uns Wasser,
Nahrung und Kraft?

Versucht zu wachsen, bis ihr auf euren Füßen steht.

Unsere Füße stehen fest auf dem Boden.
Unser Baum wächst mit seinen Wurzeln in die Erde.

Spürt ihr den Boden unter euren Füßen?
Spürt ihr, wie eure Fußsohlen in den Boden hineinzuwachsen scheinen?

Was sind unsere Wurzeln?
Wo kommen wir her,
worin sind wir fest verankert?

Spürt der Kraft nach, die aus dem Boden in euch übergeht.
Sie wächst den Stamm hinauf:
über die Unterschenkel,
die Oberschenkel,
den Beckenbereich,
den Oberkörper
bis hin in die letzten Haarspitzen.
Der Stamm ist fest und stark.
Er gibt unserem Leben Halt.

Wer oder was macht mich stark,
gibt mir Halt?

Die Kraft, die uns wachsen lässt,
drängt danach,
sich immer weiter auszudehnen.
Streckt euch wie ein Baum
dem Himmel entgegen,
entfaltet Zweige und Äste.
Wonach strecken wir uns aus?
Was sind unsere Sehnsüchte und Wünsche?

Der Baum bringt Blätter,
Blüten und Früchte hervor.
Was sind die Hoffnungen,
die schönen Ereignisse unseres Lebens?
Wie heißen die Früchte unseres Lebens?
Wir senken die Arme und setzen uns
langsam auf den Fußboden.
Zur folgenden Musik
denken wir über das,
was wir gerade erlebt haben, nach.

Musik wird eingespielt.

11 bis 13 Jahre

Gebet

Guter Gott,
du vergleichst das Wachsen des Gottesreiches mit einem Baum.
Er wächst langsam, aber stetig,
immer der Sonne entgegen.
Wir bitten dich, lass uns mit diesem Baum verbunden bleiben.
Hilf uns, dass wir uns für die Menschen, für dein Reich einsetzen. Amen.

Schriftlesung

Bildbetrachtung: Reich Gottes-Baum

Das Bild miteinander ansehen. Was können wir entdecken? In welcher Verbindung steht es zum Schrifttext?
Kann ich mir vorstellen, auch zu diesem Baum zu gehören?
Was kann ich dafür tun? (Vorschläge um das Bild herum schreiben.)

Sr. Sigmunda May, »Reich Gottes-Baum«

Aus: Sigmunda May/Christina Mülling, Von Gott geheilt, Don Bosco Verlag, München 1996

12. Sonntag im Jahreskreis

Schriftstellen: Ijob 38.1.8–11 / 2 Kor 5,14–17 / Mk 4,35–41

Schriftlesung: Nach Mk 4,35–41

Am Abend dieses Tages sagte Jesus zu seinen Freunden: »Wir wollen ans andere Ufer hinüberfahren.« Sie schickten die Leute fort und fuhren mit ihm in dem Boot, in dem er saß, weg; einige andere Boote begleiteten ihn. Plötzlich erhob sich ein heftiger Wirbelsturm, und die Wellen schlugen in das Boot, so dass es sich mit Wasser zu füllen begann. Er aber lag hinten im Boot auf einem Kissen und schlief. Sie weckten ihn und riefen: »Meister, kümmert es dich nicht, dass wir zugrunde gehen?«

Da stand er auf, drohte dem Wind und sagte zu dem See: »Schweig, sei still!« Und der Wind legte sich, und es trat völlige Stille ein.

Er sagte zu ihnen: »Warum habt ihr solche Angst? Habt ihr noch keinen Glauben?«

Da ergriff sie große Furcht, und sie sagten zueinander: »Was ist das für ein Mensch, dass ihm sogar der Wind und der See gehorchen?«

Thematische Stichworte

Sturm auf dem See / Wasser / Wind / Boot

Liedvorschläge für die Altersgruppen

3–13: Das wünsch' ich sehr (SL 218)
7–13: Du kannst der erste Ton (SL 264)

Gestaltung der Mitte

Ein Boot aus Pappe o. Ä. auf einem blauen Tuch

Ausmalvorlage

3 bis 6 Jahre

Gebet
Guter Jesus, du sagst: Wenn ich bei euch bin,
dann braucht ihr keine Angst zu haben.
Ich bin bei euch.
Dafür danken wir dir. Amen.

Schriftlesung

Spiel: Jesus fährt mit seinen Freunden

Vorstellung:	***Verklanglichung:***	***Spielanleitung:***
Jesus schläft bei seinen Freunden in dem Boot, in dem Boot.	*sanfte Wellenbewegungen auf und ab auf Xylophon, Metallophon und Glockenspiel.*	*In einem umgedrehten Tisch sitzen einige Kinder und machen Ruderbewegungen. Andere Kinder mit blauen Tüchern stehen rechts und links neben dem Boot. Je zwei Kinder halten ein Tuch und ahmen damit die sanften Wellenbewegungen nach. Ein Kind liegt im Boot und schläft.*
Es fängt schrecklich an zu stürmen. Welche Not, welche Not!	*Trommeln, Hölzer und Rasseln ahmen den Sturm nach.*	*Die Tücherkinder machen mit den Tüchern hohe Wellenbewegungen.*
Und die Männer wecken Jesus: Hilf uns doch! Hilf uns doch!	*Rasseln*	*Die Kinder im Boot wecken »Jesus«.*
Jesus sagt zum Sturm: Nun schweige! Es wird still. Es wird still. So hilft Jesus seinen Freunden in der Not, in der Not.	*Paukenschlag, dann Stille.*	*»Jesus« steht auf und streckt einen Arm aus. Die Tücherkinder halten ihre Tücher still.*

T: Gertrud Lorenz

Gespräch
Als ich einmal Angst hatte – gut, dass jemand da war.

7 bis 10 Jahre

Gebet
Guter Jesus, du sagst:
wenn ich bei euch bin,
dann braucht ihr keine Angst zu haben.
Wir bitten dich,
lass uns immer spüren, dass du da bist.
Schenke uns den Glauben an dich. Amen.

Schriftlesung

Vorstellungsübung: Sturm auf dem Meer
Alle sitzen im Kreis. In der Mitte ist ein großes blaues Schwungtuch ausgebreitet. L spricht:
In der Mitte sehen wir ein blaues Tuch.
Es soll uns an einen See erinnern.
Wir haben eben gehört:
Jesus fährt mit seinen Freunden über den See Gennesaret.
Wir fassen alle das blaue Tuch und machen damit kleine, sanfte Wellenbewegungen.
Dann legen wir das Tuch wieder zurück.
Wir schließen die Augen.
Vor unserem inneren Auge sehen wir das kleine Fischerboot auf dem See.
Es wird angetrieben von einem sanften Wind,
der in das Segel bläst.
Es schaukelt sanft auf den Wellen.
Plötzlich kommt ein Sturm auf.
Ein heftiger Windstoß
lässt das Segel aufblähen.
Die Wellen werden heftiger.
Immer höher schlagen sie ins Boot.
Der Sturm beginnt zu heulen.
Die Menschen im Boot sind hilflos.
Sie haben Angst.
An dieser Stelle fragen wir uns:
Waren wir auch schon einmal in großer Not?
Hatten wir auch schon einmal große Angst?
Jesus sagt:
Wenn ihr an mich glaubt,
wenn ihr auf mich vertraut,
dann braucht ihr keine Angst zu haben.
Der Sturm lässt nach.
Die Wellen gehen wieder sanfter.
Jetzt ist es ganz still.
Wir öffnen die Augen
und sehen auf den stillen See.
Wir fragen uns:
Haben wir es schon einmal erlebt, dass jemand da war, als wir große Angst hatten?
Wie hat er, wie hat sie es geschafft, unsere Angst zu vertreiben?

11 bis 13 Jahre

Gebet

Herr Jesus Christus,
du hast deine Jünger gelehrt:
Wenn du bei ihnen bist,
brauchen sie nichts zu fürchten.
Wir bitten dich, schenke uns den Glauben
und das Vertrauen in dich.
Lass uns auch anderen Vertrauen schenken.
Amen.

Schriftlesung

Lied: Wo ein Mensch Vertrauen gibt

2. Wo ein Mensch den andern sieht,
   nicht nur sich und seine Welt,
   fällt ein Tropfen von dem Regen,
   der aus Wüsten Gärten macht.

3. Wo ein Mensch sich selbst verschenkt
   und den alten Weg verlässt,
   fällt ein Tropfen von dem Regen,
   der aus Wüsten Gärten macht.

T: Hans-Jürgen Netz M: Fritz Baltruweit
Rechte bei den Autoren

Tanzbeschreibung

Alle stehen im Kreis.

1. Strophe:
Takt 1–2: Alle gehen zur Mitte und heben die Arme mit den Handflächen schützend nach unten.
Takt 3–4: Alle gehen nach außen in den Kreis.
Takt 5–6: Alle gehen rechts herum im Kreis.
Takt 7–8: Alle gehen links herum.

2. Strophe:
Takt 1–2: Alle reichen sich die Hände und gehen mit gefassten Händen in die Mitte und heben die Arme.
Takt 3–4: Alle gehen zurück, danach wie Str. 1.

3. Strophe:
Takt 1–2: Alle drehen sich nach außen, halten die Hände wie eine Schale vor sich und strecken die Arme nach vorne.
Takt 3–4: Alle führen die Arme seitlich nach oben, drehen sich wieder nach innen, reichen sich die Hand, dann wie Str. 1.

13. Sonntag im Jahreskreis

Schriftstellen: Weish 1,13–15; 2,23–24 / 2 Kor 8, 7.9.13–15 / Mk 5,21–43

Schriftlesung: Nach Mk 5,21–43

Jesus fuhr im Boot wieder ans andere Ufer hinüber, und eine große Menschenmenge versammelte sich um ihn. Während er noch am See war, kam ein Synagogenvorsteher namens Jaïrus zu ihm. Als er Jesus sah, fiel er ihm zu Füßen und flehte ihn um Hilfe an. Er sagte: »Meine Tochter liegt im Sterben. Komm und leg ihr die Hände auf, damit sie wieder gesund wird und am Leben bleibt.«

Da ging Jesus mit ihm. Viele Menschen folgten ihm und drängten sich um ihn.

Während Jesus noch unterwegs war, kamen Leute, die zum Haus des Synagogenvorstehers gehörten, und sagten zu Jaïrus: »Deine Tochter ist gestorben. Warum bemühst du den Meister noch länger?«

Jesus, der diese Worte gehört hatte, sagte zu dem Synagogenvorsteher: »Sei ohne Furcht, glaube nur!« Und er ließ keinen mitkommen außer Petrus, Jakobus und Johannes, den Bruder des Jakobus.

Sie gingen zum Haus des Synagogenvorstehers. Als Jesus den Lärm bemerkte und hörte, wie die Leute laut weinten und jammerten, trat er ein und sagte zu ihnen: »Warum schreit und weint ihr? Das Kind ist nicht gestorben, es schläft nur.« Da lachten sie ihn aus. Er aber schickte alle hinaus und nahm außer seinen Begleitern nur die Eltern mit in den Raum, in dem das Kind lag.

Er fasste das Kind an der Hand und sagte zu ihm: »Talita kum!«, das heißt übersetzt: »Mädchen, ich sage dir, steh auf!«

Sofort stand das Mädchen auf und ging umher. Es war zwölf Jahre alt. Die Leute gerieten außer sich vor Entsetzen. Doch er schärfte ihnen ein, niemand dürfe etwas davon erfahren; dann sagte er, man solle dem Mädchen etwas zu essen geben.

Thematische Stichworte

Heilende Berührungen / Beziehungen

Liedvorschläge für die Altersgruppen

3–10: Halte zu mir, guter Gott (SL 249)
Jedem gibst du (SL 208)
11–13: Weil wir von Hilfe leben (SL 272)

Gestaltung der Mitte

Auf einem Tuch ein Foto zweier Hände, die sich halten

Ausmalvorlage

3 bis 6 Jahre

Gebet
Guter Gott, dein Sohn Jesus
hilft den Menschen,
dass sie leben können.
Bitte, bleibe bei uns. Amen.

Schriftlesung

Lied: Ich hab' eine Hand

2. Du, ich spüre dich,
   und du spürst auch mich,
   allein auf der Welt wär's fürchterlich!

3. Schaut, wer noch allein: Jesus lädt uns ein,
   wir können alle fröhlich sein!

4. Amen, Amen, Amen, Amen, Amen.

T: Wolfgang Longardt (nach einem Spiritual)
Rechte beim Autor

Spielanleitung
Alle stehen oder sitzen im Kreis.
1. Strophe:
Takt 1: Alle zeigen die Hände vor.
Takt 2: Alle reichen sich die Hände.
Takt 3–4: Alle schütteln die gereichten Hände.
Takt 5: Mit der rechten Hand zeigt jeder auf seine linke Hand.
Takt 6: Mit der rechten Hand zeigt jeder auf die linke Hand seines Nachbarn.
Takt 7–8: Hände reichen und schütteln.

2. Strophe:
Takt 1–4: Die Handflächen werden wie eine Kette von einem zum anderen sanft aufeinander gelegt und gestreichelt.

3. Strophe:
Takt 1: Alle heben die Hände über die Augen und schauen sich um.
Takt 2: Alle heben die Arme hoch.
Takt 3–4: Alle reichen sich die Hände und schütteln sie.

4. Strophe:
Alle klatschen in die Hände.

7 bis 10 Jahre

Gebet
Herr Jesus, wir hören:
Du legst deine Hände auf
und jemand wird heil.
Du willst uns berühren.
Du willst, dass wir heil
und froh sind und leben.
Lass uns niemals allein. Amen.

Partnerübung: Hand auflegen
Zwei Kinder knien voreinander. Sie legen sich nacheinander gegenseitig die Hände auf den Kopf und bleiben einige Zeit so in Stille. Dabei schließen sie die Augen. Anschließend werden die Empfindungen miteinander im Gespräch ausgetauscht.

Schriftlesung

Lied: Die Hoffnung braucht Hände

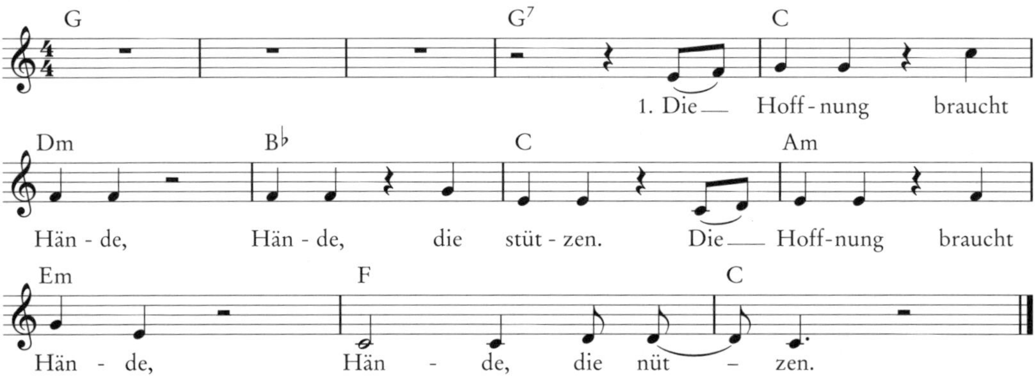

2. Die Hoffnung braucht Hände,
   Hände, die leben.
   Die Hoffnung braucht Hände,
   Hände, die geben.
3. Die Hoffnung braucht Hände,
   Hände, die teilen.
   Die Hoffnung braucht Hände,
   Hände, die heilen.
4. Die Hoffnung braucht Hände,
   Hände begegnen.
   Die Hoffnung braucht Hände,
   Hände, die segnen.

T: Josef Reding M: Reinhard Horn
Aus: Kontakte Songbook 2
Rechte: KONTAKTE Musikverlag, Lippstadt.

Spielanleitung
Alle stellen sich paarweise in einer Reihe oder im Kreis auf. Beim Text »Die Hoffnung braucht Hände« werden die Hände über den Kopf gehalten und hin und her bewegt.

1. Str.: Die Paare halten die Arme hoch und die Handflächen gegeneinander.
2. Str.: Alle halten die Hände hoch und spielen mit den Fingern.
3. Str.: Alle Paare machen die Gesten des Gebens und Nehmens.
4. Str.: a) Die Paare reichen sich die Hände; b) sie halten sich die Hände segnend über den Kopf.

Aus der 4. Strophe können auch zwei einzelne Strophen gemacht werden.

11 bis 13 Jahre

Gebet
Guter Gott, dein Sohn Jesus
hat Menschen durch die Berührung
seiner Hände geheilt.
Wir bitten dich, lass uns
durch unsere Hände auch Gutes bewirken,
damit wir den Menschen um uns
das Leben froh machen. Amen.

Schriftlesung

Geschichte: Mit den Händen sehen
Jürgen fährt auf seinem Roller über den Gehsteig. Bei diesem Sommerwetter hält ihn nichts im Haus. Er will auf den Spielplatz, denn da kann er klettern und toben und raufen mit anderen Kindern und Verstecken spielen. Erst wenn es dämmert und Jürgen müde ist, wird er nach Hause gehen und seinen Eltern erzählen, was er heute erlebt hat.
Beinahe hätte er jemanden angefahren. Der kleine Junge da geht so langsam und vorsichtig und tastet sich mit den Händen an den Mauern der Häuser entlang, als ob er Angst hätte, sich zu stoßen. Das findet Jürgen komisch, er drückt hart auf die Bremse am Hinterrad des Rollers und hält neben dem Kleinen. »Du machst vielleicht wie ein richtiger Opa«, spricht er ihn an. »Bist du aber ulkig.« Und er lacht: »Kannst du überhaupt schon bis drei zählen?«
Der Kleine stellt sich mit dem Rücken gegen die Hauswand und verzieht ängstlich das Gesicht. »Ich bin fünf«, sagt Jürgen, »und wie alt bist du?« Der Kleine hebt die rechte Hand und spreizt seine Finger. »Fünf?«, staunt Jürgen. »Die bin ich auch. Und warum gehst du so langsam, bist du krank? Dann lauf schnell nach Haus!« Jürgen bekommt keine Antwort. Aber jetzt tut der Junge einen Schritt auf ihn zu und betastet ihn vorsichtig mit den Fingerspitzen.
»Was machst du da? Lass das!«, sagt Jürgen.
Mit einemmal steht eine Frau neben den beiden. »Das ist Son«, sagt sie zu Jürgen, »und wie heißt du?« Sie faßt den Kleinen fest bei der Hand. Son schmiegt sich an sie und lacht fröhlich.
»Er kann dich nicht sehen«, sagt die Frau, »er kann auch die Sonne nicht sehen, er ist blind. Er kann auch nicht nach Hause gehen. Zu Hause, das ist für Son viel zu weit.« »Ja, wie weit ist das denn?«, will Jürgen wissen. »Er kommt aus Vietnam, und wer dorthin will, muss um die halbe Welt fahren.«
»Vietnam – wo der schreckliche Krieg ist?« Jürgen weiß das vom Fernsehen.
»Ja, in Vietnam ist Krieg. Viele Jahre schon. Dorther ist Son gekommen«, erzählt die Frau im Weitergehen. »Eines Tages gingen ein paar Soldaten über eine Landstraße, und plötzlich sahen sie im Straßengraben ein wimmerndes Bündel. Als sie es genauer betrachteten, war es ein kleiner Junge, der kaum noch atmete. Sein Gesicht war voll Blut. Eine verirrte Kugel hatte ihn blindgeschossen.
Nun kann Son nicht mehr sehen. Wenn er mit anderen Kindern spielen will, betastet er sie mit den Fingerspitzen. Dann fühlt er, mit wem er es zu tun hat. Son muss mit seinen Händen sehen.«
Jürgen bleibt erschrocken stehen, so etwas hat er noch nicht gehört. Die Frau zieht Son mit sich fort, jetzt spricht sie mit ihm, streicht ihm übers Haar.
Ob er sie überhaupt versteht?
»Und wo geht ihr jetzt hin?«, ruft Jürgen plötzlich hinterher. Aber da sind die beiden schon fort ...

Hans Georg Noack

Rechte beim Autor

14. Sonntag im Jahreskreis

Schriftstellen: Ez 1,28b–2,5 / 2 Kor 12,7–10 / Mk 6,1b–6

Schriftlesung: Nach Mk 6,1b–6

Jesus kam in seine Heimatstadt; seine Jünger begleiteten ihn.
Am Sabbat lehrte er in der Synagoge. Und die vielen Menschen, die ihm zuhörten, staunten und sagten: »Woher hat er das alles? Was ist das für eine Weisheit, die ihm gegeben ist! Und was sind das für Wunder, die durch ihn geschehen? Ist das nicht der Zimmermann, der Sohn der Maria und der Bruder von Jakobus, Joses, Judas und Simon? Leben nicht seine Schwestern hier unter uns?
Und sie nahmen Anstoß an ihm und lehnten ihn ab. Da sagte Jesus zu ihnen: »Nirgends hat ein Prophet so wenig Ansehen wie in seiner Heimat, bei seinen Verwandten und in seiner Familie.« Und er konnte dort kein Wunder tun; nur einigen Kranken legte er die Hände auf und heilte sie. Und er wunderte sich über ihren Unglauben.
Jesus zog durch die benachbarten Dörfer und lehrte.

Thematische Stichworte

Unglauben / Woher hat er das? / Ablehnung

Liedvorschläge für die Altersgruppen

3–6: Wenn einer sagt: Ich mag dich, du (SL 221)
7–10: Herr, erbarme dich (SL 7)
11–13: Was wir denken ist eng (SL 12)

Gestaltung der Mitte

Jesuskerze auf einem dunklen Tuch

Ausmalvorlage

3 bis 6 Jahre

Gebet
Guter Gott, nicht alle verstehen,
was dein Sohn Jesus für uns Gutes tut.
Hilf uns, dass wir es immer verstehen. Amen.

Schriftlesung

Text: Der Dirk hat eine Kuh gemalt
Der Dirk hat eine Kuh gemalt.
Die Kuh ist rund und schick.
Dass diese Kuh kein Ochse ist,
sieht man auf einem Blick.

Er zeigt dem Onkel Knut das Bild.
Der Onkel sagt gemein:
„Das schöne Tier, das du gemalt,
ist sicherlich ein Schwein!"

Und Tante Vera holt sogleich
die Lesebrille raus:
„Das Tier, das du gezeichnet hast,
sieht wie ein Auto aus!"

Der Onkel Leo guckt und lacht
dann laut vor Übermut:
„Das Tier, das du gezeichnet hast,
ist ein Zylinderhut!"

Und selbst Cousine Annegret
trägt ihren Senf noch bei:
„Das ganze Bild, das du gemalt,
ist nichts als Krakelei!"

Ganz traurig ist der kleine Dirk.
Doch Mutter sagt sodann:
„Dass diese Kuh kein Ochse ist,
das sieht man ihr doch an!"

Da drückt der Dirk die Mutter fest.
Ganz leis' muss er gestehn:
„Die Kühe, die ich male noch,
darfst du allein nur sehn!"

Rolf Krenzer

Aus: Rolf Krenzer, Glauben erlebbar machen, Verlag Herder, Freiburg 1985/1996

Das Gedicht vorlesen, eigene Erfahrungen miteinander austauschen. Anschließend zu jeder Strophe ein Bild malen.

7 bis 10 Jahre

Gebet
Jesus, auch du hast Ablehnung erfahren.
Deine eigenen Verwandten
haben dich nicht verstanden.
Bleibe du bei uns,
wenn wir nicht verstanden werden. Amen.

Schriftlesung

Text: Der nicht
»Kommst du heute, Thomas? Meine Eisenbahn läuft wieder!«
»Au ja, Frank, ich komme! Darf ich Gerhard mitbringen?«
»Der ist prima!«
»Darf ich auch kommen, Frank?«
»Nein, Jochen, dich darf ich nicht mitbringen?«

Paul Schwarzau

Rechte unbekannt

Gespräch:
Wie fühlt sich Jochen? Haben wir auch schon einmal so etwas erlebt? Wie geht Jesus mit der Ablehnung in seiner Heimatstadt, bei seinen Verwandten um?

Text: Anja
Anja, sieben Jahre alt,
geht in die erste Klasse.
Peter sagt: Anja ist eine blöde Kuh.
Ute sagt: Anja ist gemein.
Theodor sagt: Anja hat vorne keine Zähne.
Sylvia sagt: Anja ist meine beste Freundin.
Eva sagt: Anja ist lieb.
Jutta sagt: Anja fängt immer Streit an.
Wie ist Anja in Wirklichkeit?

Marianne Kreft

Rechte unbekannt

Wie sehen mich andere?
In der Stille überlegen und aufschreiben: Wie sieht (sehen) mich ...
- Meine Eltern
- Meine Geschwister
- Meine Freunde und Freundinnen
- Ich mich selbst?

11 bis 13 Jahre

Gebet
Guter Gott, dein Sohn Jesus hat erfahren,
was es bedeutet, abgelehnt zu werden.
Bleibe du bei uns,
wenn wir meinen,
nicht verstanden zu werden. Amen.

Schriftlesung

Geschichte: Der Frosch im Brunnen
Ein Frosch lebte in einem Brunnen. Er hatte dort seit langer Zeit gelebt. Er war dort geboren und aufgewachsen und war immer noch ein kleiner und unbedeutender Frosch. Nun kam eines Tages ein anderer Frosch, der im Meer gelebt hatte, und fiel in den Brunnen.
»Woher kommst du?«, fragte der Frosch im Brunnen. »Ich komme aus dem Meer«, sagte der andere Frosch. »Wie groß ist das? Ist es so groß wie mein Brunnen?«, fragte der Frosch im Brunnen und machte einen Satz von der einen Seite des Brunnens auf die andere.
»Mein Freund«, sagte der Frosch vom Meer, »wie kannst du das Meer mit deinem kleinen Brunnen vergleichen?« Da machte der Frosch im Brunnen einen zweiten Sprung und fragte: »Ist dein Meer so groß?« – »Was sagst du da für einen Unsinn und vergleichst das Meer mit deinem Brunnen!«, sagte der Frosch vom Meer.
»Nun denn«, sagte der Brunnenfrosch, »nichts kann größer sein als mein Brunnen. Es kann nichts Größeres geben als dies. Dieser Kerl ist ein Lügner. Werft ihn hinaus!«

Swami Vivekananda

Rechte unbekannt

Gespräch:
Warum glaubt der Frosch im Brunnen dem Frosch aus dem Meer nicht?
Was ist die Folge für den Frosch im Brunnen? (Er verändert sich nicht.)
Was ist die Folge für den Frosch aus dem Meer? (Ablehnung)
Wie ist das mit dem Schrifttext mit Jesus? Wie ergeht es ihm?

Einzelarbeit

Wem glauben wir? Wie muss jemand sein, der für uns glaubwürdig ist?	**Wem glauben wir nicht? Wie gibt sich jemand, der für uns unglaubwürdig ist?**

15. Sonntag im Jahreskreis

Schriftstellen: Am 7,12–15 / Eph 1,3–14 / Mk 6,7–13

Schriftlesung: Nach Mk 6,7–13

Jesus rief seine zwölf engsten Freunde zu sich und sandte sie aus, immer zwei zusammen. Er gab ihnen die Vollmacht, die unreinen Geister auszutreiben, und er gebot ihnen, außer einem Wanderstab nichts auf den Weg mitzunehmen, kein Brot, keine Vorratstasche, kein Geld im Gürtel, kein zweites Hemd und an den Füßen nur Sandalen.
Und er sagte zu ihnen: »Bleibt in dem Haus, in dem ihr einkehrt, bis ihr den Ort wieder verlasst.
Wenn man euch aber in einem Ort nicht aufnimmt und euch nicht hören will, dann geht weiter und schüttelt den Staub von euren Füßen, zum Zeugnis gegen sie.«
Die Zwölf machten sich auf den Weg und riefen die Menschen zur Umkehr auf. Sie trieben viele Dämonen aus und salbten viele Kranke mit Öl und heilten sie.

Thematische Stichworte

Heil machen / Wandern und nichts mitnehmen / Einkehren und zu Gast sein / Menschen aufnehmen, die von Jesus kommen / Weg

Liedvorschläge für die Altersgruppen

3–6:	Kindermutmachlied (SL 221)
7–13:	Den Weg wollen wir gehen (207)
7–13:	Wir haben Gottes Spuren (S. 171)
11–13:	Geh mit uns auf unserm Weg (242)
	Zieh den Kreis (SL 220)

Gestaltung der Mitte

Ein Weg aus Tüchern

Ausmalvorlage

3 bis 6 Jahre

Gebet
Guter Gott, du hast
deine Freunde ausgesandt,
damit sie deine frohe Botschaft weitersagen.
Lass auch uns sie hören und weitergeben.
Amen.

Schriftlesung

Bildergeschichten: Frohe Botschaften, die weitergesagt werden
Zu den folgenden Bildern Geschichten »frohe Botschaften« erzählen. Anschließend die Bilder bunt malen lassen.

1. Geburt eines Kindes

2. Besuch eines lieben Menschen

3. Frieden schließen

4. Tod und Auferstehung

7 bis 10 Jahre

Gebet

Herr Jesus Christus,
weil du deine Freunde ausgesandt hast,
weil andere sie aufgenommen haben,
deshalb können wir heute noch
von dir hören.
Mache uns bereit, dein Wort aufzunehmen.
Amen.

Schriftlesung

Gestaltung zur Schriftlesung

Text:	***Gestaltung:***
Hier ist Jesus.	*Eine Kerze wird in die Mitte gestellt, die mit braunen Tüchern ausgelegt ist.*
Er ruft seine zwölf Freunde.	*Zwölf Teelichter werden an der Jesuskerze entzündet und darum herum gestellt.*
Jesus sagt: Geht zu den Menschen. Sagt, ihr kommt von mir. Geht immer zu zweit.	*Mit Seilen werden Wege von der Jesuskerze aus gelegt, dazu werden jeweils zwei Teelichter gestellt.*
Nehmt nichts mit. Nur einen Wanderstab und ein paar Sandalen an den Füßen.	*Ein Wanderstab und ein Paar Sandalen werden zwischen die Wege gelegt.*
Wenn ihr in ein Dorf kommt, kehrt in einem Haus ein und bleibt dort.	*Aus bunten Bauklötzen wird der Umriss eines Hauses in den Weg gebaut oder ein Haus aus Tüchern gelegt.*
Verkündet die frohe Botschaft.	*Eine Bibel wird in die Mitte des Hauses gelegt.*
Helft den Menschen, die krank sind.	*Ein Verband und Salbe werden in das Haus gelegt.*
Wenn man euch in einem Haus nicht haben möchte, dann geht weiter.	*Ein Haus aus dunklen Tüchern wird zu den Wegen gelegt.*

Gespräch

Das fertige Bild wird miteinander betrachtet.
Dann wird gemeinsam überlegt:
Was ist notwendig, wenn wir auf eine Wanderung nur einen Wanderstab und Sandalen mitnehmen?
Warum sollen die Freunde Jesu nur so wenig mitnehmen?
Können wir uns vorstellen, wie die Freunde Jesu den Menschen die Frohe Botschaft von Gott erzählen, um sie zu froh zu machen?
Wie kann das durch uns geschehen?

11 bis 13 Jahre

Gebet
Herr Jesus Christus,
du hast deine Jünger ausgesandt,
deine Frohe Botschaft zu verkünden.
Wenn auch wir darauf hören,
können wir deine Spuren
in der Welt entdecken.
Hilf uns dabei. Amen.

Schriftlesung

Lied: Wir haben Gottes Spuren festgestellt

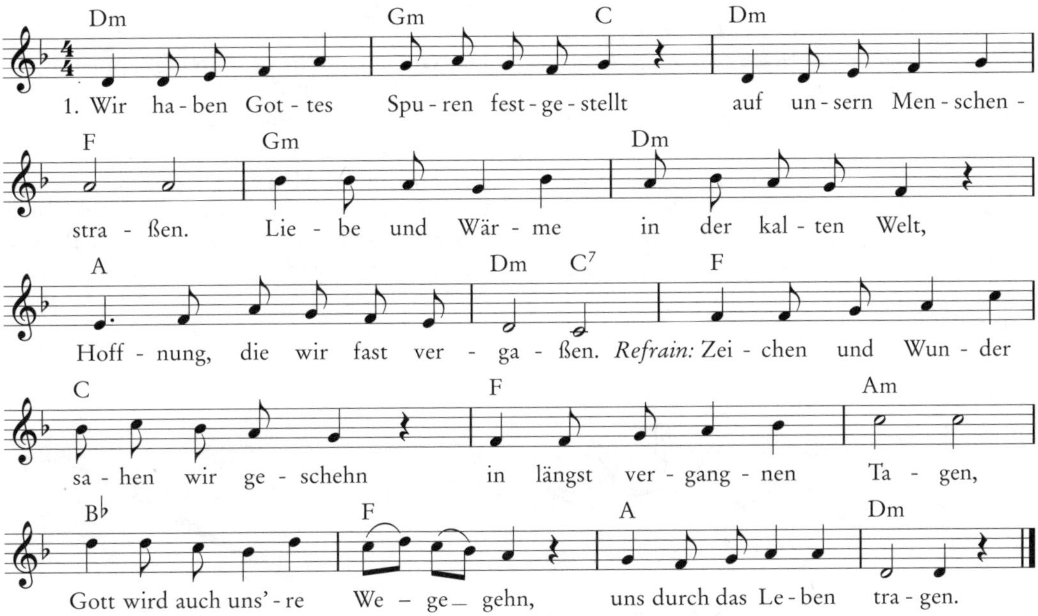

2. Blühende Bäume haben wir gesehn,
   wo niemand sie vermutet,
   Sklaven, die durch das Wasser gehn,
   das die Herren überflutet.
3. Bettler und Lahme sahen wir beim Tanz,
   hörten die Stummen sprechen,
   aus toten Fensterhöhlen kam ein Glanz,
   Strahlen, die die Nacht durchbrechen.

T: M. Scouarnec, Übersetzung: Diethard Zils
M: Jo Akepsimas
Rechte: Editions Musicales, Paris, für die Übersetzung: tvd-Verlag, Düsseldorf

Tanzbeschreibung
Alle stehen auf der Kreisbahn paarweise voreinander und reichen sich die rechte Hand.

Strophen:
Alle gehen vorwärts, die Paare aneinander vorbei, so dass die rechten Schultern sich am nächsten sind. Dem/der folgenden Tänzer/in wird die linke Hand gereicht, und man geht an der linken Schulter aneinander vorbei, dann wieder rechts usw. Schluss: paarweise auf der Kreisbahn stehen bleiben.

Refrain:
Die Paare reichen sich die Hand und drehen sich rechts im Kreis (acht Schritte), dann links (acht Schritte), alle fassen zum großen Kreis durch und gehen dann acht Schritte nach außen (am Ende sich dem/der letzten Partner/in zuwenden und die Ausgangsstellung einnehmen).

16. Sonntag im Jahreskreis

Schriftstellen: Jer 23,1–6 / Eph 2,13–18 / Mk 6,30–34

Schriftlesung: Nach Mk 6,30–34
Nachdem die Freunde Jesu seine Frohe Botschaft in den Dörfern verkündet hatten, kamen sie wieder zu Jesus und berichteten ihm alles, was sie getan und gelehrt hatten.
Da sagte er zu ihnen: »Kommt mit an einen einsamen Ort, wo wir allein sind, und ruht ein wenig aus.« Denn sie fanden nicht einmal Zeit zum Essen, so zahlreich waren die Leute, die kamen und gingen. Sie fuhren also mit dem Boot in eine einsame Gegend, um allein zu sein.
Aber man sah sie abfahren, und viele erfuhren davon; sie liefen zu Fuß aus allen Städten dorthin und kamen noch vor ihnen an. Als er ausstieg und die vielen Menschen sah, hatte er Mitleid mit ihnen; denn sie waren wie Schafe, die keinen Hirten haben. Und er lehrte sie lange.

Thematische Stichworte
Ausruhen / Zeit für Ruhe / Mitleid / Viele Menschen gehen mit Jesus

Liedvorschläge für die Altersgruppen
3–10: Zeit für Ruhe (SL 231)
11–13: Gott umhülle uns (SL 247)

Gestaltung der Mitte
Eine Kerze auf einem rund gelegten Tuch (oder ein anderes Symbol, das zum Ruhigwerden veranlasst)

Ausmalvorlage

3 bis 6 Jahre

Gebet

Guter Gott, du möchtest,
dass wir nicht nur laut sind.
Du möchtest, dass wir still werden.
Du möchtest, dass wir uns ausruhen.
Dann können wir besser auf dich hören.
Hilf uns dabei.
Amen.

Schriftlesung

Bildbetrachtung

L spricht:

Schau dir diesen Flötenspieler an. Er sieht ganz ruhig und still aus. Er hat die Augen geschlossen. Er lauscht der kleinen Melodie, die er auf seiner Flöte bläst. Hören auch wir auf eine ruhige Musik. Dabei atmen wir ganz langsam und versuchen ganz ruhig zu werden.

Musik einspielen.

Ernst Barlach, »Der Flötenbläser«

Rechte: Ernst und Hans Barlach Lizenzverwaltung, Ratzeburg

7 bis 10 Jahre

Gebet
Guter Gott, du möchtest, dass wir nicht nur laut und in Unruhe sind.
Du möchtest, dass wir still werden.
Du möchtest, dass wir ausruhen von dem, was uns anstrengt.
Hilf uns dabei. Amen.

Schriftlesung

Stilleübung
Alle sitzen im Kreis um eine Mitte. In der Mitte brennt eine Kerze. L spricht:
Jesus möchte, dass wir still werden.
Noch ist es unruhig in uns.
Wir schauen auf die Kerze in der Mitte.

Wir schließen die Augen.
Wir hören dem Ton der Triangel nach,
bis er verschwindet.

Langsam lassen wir alles Laute, Unruhige und Anstrengende hinter uns.
Wir entspannen uns.
Den ganzen Körper.
Den Nacken.
Die Arme.
Die Hände.
Die Beine.

Alle unruhigen Gedanken
vertreiben wir aus unserem Kopf.
Ganz leer räumen wir ihn.

Jesus sagt:
Kommt mit an einen einsamen Ort.
Wir wollen uns ausruhen
von der Anstrengung der letzten Tage.

Wir werden ganz still.

Leise wird jetzt das Lied »Zeit für Ruhe« (SL 231) gesummt. Dann wird die erste Strophe ganz langsam gesungen, dann wieder gesummt, dann die zweite Strophe usw.

Wir beten:
Guter Jesus, danke für die Ruhe.
Danke für die Stille. Amen.

An dieser Stelle wird ruhige Musik eingespielt.

11 bis 13 Jahre

Gebet
Herr Jesus Christus,
du hast mit deinen Freunden den Menschen
die Frohe Botschaft verkündet.
Du hast aber auch gesagt:
Jetzt ist es Zeit, dass wir uns
zurückziehen und ruhig werden.
Wir brauchen noch viel Kraft
für die kommende Zeit.
Hilf auch uns, in unruhigen Zeiten
immer wieder zur Ruhe zu kommen. Amen.

Schriftlesung

Mandala
Das Mandala bei ruhiger Musik ausmalen. Vorher klären, dass beim Malen nicht gesprochen wird.

Mandala: Stefanie Groß

17. Sonntag im Jahreskreis

Schriftstellen: 2 Kön 4,42–44 / Eph 4,1–6 / Joh 6,1–15

Schriftlesung: Nach Joh 6,1–15

Danach ging Jesus an das andere Ufer des Sees von Galiläa, der auch See von Tiberias heißt. Eine große Menschenmenge folgte ihm, weil sie die Zeichen sahen, die er an den Kranken tat. Jesus stieg auf den Berg und setzte sich dort mit seinen Jüngern nieder.

Das Pascha, das Fest der Juden, war nahe. Als Jesus aufblickte und sah, dass so viele Menschen zu ihm kamen, fragte er Philippus: »Wo sollen wir Brot kaufen, damit diese Leute zu essen haben? Brot für zweihundert Denare reicht nicht aus, wenn jeder von ihnen auch nur ein kleines Stück bekommen soll.«

Einer seiner Jünger, Andreas, der Bruder des Simon Petrus, sagte zu ihm: »Hier ist ein kleiner Junge, der hat fünf Gerstenbrote und zwei Fische; doch was ist das für so viele!«

Jesus sagte: »Lasst die Leute sich setzen!« Es gab dort nämlich viel Gras. Da setzten sie sich; es waren etwa fünftausend Männer. Dann nahm Jesus die Brote, sprach das Dankgebet und teilte an die Leute aus, soviel sie wollten; ebenso machte er es mit den Fischen.

Als die Menge satt war, sagte er zu seinen Jüngern: »Sammelt die übrig gebliebenen Brotstücke, damit nichts verdirbt.« Sie sammelten und füllten zwölf Körbe mit den Stücken, die von den fünf Gerstenbroten nach dem Essen übrig waren.

Als die Menschen das Zeichen sahen, das er getan hatte, sagten sie: »Das ist wirklich der Prophet, der in die Welt kommen soll.«

Da erkannte Jesus, dass sie kommen würden, um ihn in ihre Gewalt zu bringen und zum König zu machen. Daher zog er sich wieder auf den Berg zurück, er allein.

Thematische Stichworte

Brotvermehrung / Teilen / Brot

Liedvorschläge für die Altersgruppen

3–10: Als Jesus in der Wüste war (SL 99)
7–10: Wenn jeder gibt, was er hat (SL 53)
7–13: Wenn das Brot (SL 82)
11–13: Das Brot aus der Erde (SL 61)

Gestaltung der Mitte

Ein Fladenbrot auf einem Tuch

Ausmalvorlage

3 bis 6 Jahre

Gebet
Guter Jesus, du siehst,
wenn Menschen hungrig sind.
Du sorgst auch für uns.
Dafür danken wir dir. Amen.

Schriftlesung

Legespiel
Alle Kinder gehen durch den Raum. Sie geben sich dabei die Hände. L macht darauf aufmerksam, wie viele Kinder da sind. Alle Kinder bleiben im Kreis stehen und schauen in die Mitte. L spricht:
Hier ist eine Wüste.

L legt ein Tuch in »Wüstenfarben« in die Mitte.

Als Jesus in der Wüste war, da sind ihm viele Menschen gefolgt.
Viel mehr, als hier Kinder im Raum sind.

In das Tuch werden die »Menschenmenge« und »Jesus« (vorher vergrößert und ausgeschnitten) gelegt.

Die Menschen haben Hunger.
Jesus sagt zu seinen Freunden: Gebt ihnen zu essen.

Die »Freunde Jesu« werden zwischen Jesus und die Menschenmenge gelegt.

Die Freunde Jesu sagen:
Wir haben nur fünf Brote und zwei Fische.

Fünf »Brote« und zwei »Fische« werden um die Freunde Jesu gelegt.

Jesus sagt: Verteilt es an die Menschen.
Wenn alle teilen, wird es reichen.

Fünf »Brote« und zwei »Fische« werden zur Menschenmenge gelegt.
Die Freunde Jesu verteilen Brot und Fisch.
Alle Menschen essen.
Alle Menschen werden satt.
Jesus, seine Freunde und die vielen Menschen danken Gott.

Zum Schluss wird ein Danklied gesungen.

7 bis 10 Jahre

Gebet

Guter Gott, dein Sohn Jesus hat uns gezeigt,
dass du alle Menschen
mit dem Brot des Lebens satt machen willst.
Gib uns auch von diesem Brot. Amen.

Schriftlesung

Gestaltung zum Evangelium

Material: Jesuskerze, dunkle Tücher, Tücher in Wüstenfarben, zwölf bunte Bauklötze, viele kleine Steine, fünf Brötchen, zwei Fische aus Tonpapier.

Text:	***Gestaltung:***
Hier siehst du in der Mitte eine Wüste.	*Tücher in Wüstenfarben werden in die Mitte gelegt.*
Jesus ist in der Wüste. Seine Freunde sind bei ihm. Sie wollen sich ausruhen.	*Eine Jesuskerze wird in die Mitte auf die Tücher gestellt.* *Zwölf bunte Bausteine werden um die Jesuskerze gelegt.*
Aber viele tausend Menschen sind ihnen gefolgt. Sie wollen Jesus hören. Jesus spricht zu ihnen.	*Viele kleine Steine werden in die Wüste gelegt.*
Es wird Abend.	*Um die Wüste werden dunkle Tücher gelegt.*
Jesus sagt zu seinen Freunden: Die Menschen haben Hunger. Gebt ihnen etwas zu essen. Die Freunde sagen: Wir haben nichts. Doch, sagt einer, da ist ein kleiner Junge. Der hat fünf Brote und zwei Fische. Jesus sagt: Bringt sie her!	*Fünf Brötchen oder aus Tonpapier geschnittene Brote und zwei aus Tonpapier geschnittene Fische werden in die Mitte zu Jesus gelegt.*
Jesus segnet das Brot und den Fisch.	*Alle machen ein Kreuzzeichen.*
Dann sagt er zu den Menschen: Setzt euch in Gruppen zusammen. Und zu seinen Freunden sagt er: Verteilt das Brot und den Fisch. Die Freunde verteilen das Brot.	*Die Steine werden in fünf kleine Kreise gelegt.* *In jeden der Kreise wird ein Brötchen gelegt.*
Jesus spricht das Dankgebet. Dann essen alle und teilen miteinander. Alle werden satt.	*Die Anzahl der Kinder wird auch in fünf Gruppen unterteilt, die sich ein Brötchen teilen und es essen.*
Jesus sagt: Wenn die Menschen teilen, dann werden alle satt. Sammelt alles ein, was übrig geblieben ist. Die Freunde gehen und sammeln die Brotreste ein. Es sind zwölf Körbe voll.	

11 bis 13 Jahre

Gebet
Herr Jesus Christus,
im Evangelium heute hören wir:
Alle Menschen können satt werden,
wenn wir miteinander teilen.
Hilf auch uns, das zu teilen, was wir haben.
Amen.

Schriftlesung

Geschichte: Die Brote von Stein
Da ist einmal eine sehr arme Frau gewesen, die hatte drei Kinder. Und eine sehr reiche Frau, die hatte auch drei Kinder. Die reiche Frau war so geizig, nie hat sie der Armen etwas abgeben wollen.
Nun hatte die arme Frau wieder einmal kein Brot für ihre drei Kinder. Und die Kinder hatten so großen Hunger. Da ist die arme Frau zu der Reichen gegangen und hat gesagt: »Bitte, gib mir doch ein Brot für meine armen Kinder! Die hungern gar so sehr!«
»Ich habe selber kein Brot«, sagte die reiche Frau, »wie soll ich dir dann etwas geben?«
»Ach«, sagte die Arme, »du bist doch so reich. Gewiss hast du ein bisschen Brot im Schrank.«
»Nein«, sagte die Reiche, »wenn ich auch bloß ein Stückchen habe, dann soll Gott es mir in Stein verwandeln!«
Da ist die arme Frau weggegangen und hat geweint. Und die reiche Frau sagte zu ihren Kindern: »So, jetzt will ich euch mal ein feines Butterbrot machen.« Und sie ging an den Schrank und wollte ein Brot herausholen. Aber da sind alle Brote im Schrank Steine gewesen.
»Das schadet nichts«, sagte die reiche Frau. Sie gab den Kindern Geld und einen Korb und sagte: »Geht zum Bäcker, Kinder, und holt drei neue Brote!«
Da sind die Kinder gegangen, aber es hat sehr lange gedauert, bis sie wiedergekommen sind. »Warum seid ihr so lange geblieben?«, fragte die reiche Frau. »Mutter«, sagten die Kinder, »der Korb mit den Broten war so entsetzlich schwer.« Da machte die reiche Frau den Korb auf – ja, und da waren auch diese Brote in Stein verwandelt.
Da ist sie erschrocken. Gleich ist sie zum Bäcker gelaufen und hat Brot und Kuchen gekauft für die arme Frau. Und Mehl und Fleisch und Butter hat sie ihr auch mitgebracht. »Frau«, sagte sie, »jetzt will ich nie mehr geizig sein! All mein Brot hat Gott in Stein verwandelt. Wenn es doch nur wieder Brot würde, das meine Kinder essen könnten!«
Und dann ist sie nach Hause gegangen, die reiche Frau. Und siehe da, alle Steine sind wieder Brot gewesen. Und nun ist die Frau gut zu den armen Leuten gewesen.

Rechte unbekannt

Umgang mit der Geschichte
Die Geschichte miteinander als szenisches Spiel spielen.
Miteinander überlegen: Was könnten wir gut mit anderen teilen? Von welchem Überfluss könnten wir abgeben?

18. Sonntag im Jahreskreis

Schriftstellen: Ex 16,2–4.12–15 / Eph 4,17.20–24 / Joh 6,24–35

Schriftlesung: Nach Ex 16,2–4.12–15

Das Volk der Israeliten wanderte mit Mose durch die Wüste. Mose hat sie aus der Gefangenschaft in Ägypten herausgeführt, wo die Israeliten als Sklaven arbeiten mussten. Jetzt waren sie schon lange unterwegs. Sie waren hungrig, durstig und müde. Sie begannen auf Mose und Aaron zu schimpfen.

Die Israeliten sagten zu ihnen: »Wären wir doch in Ägypten gestorben, als wir an den Fleischtöpfen saßen und Brot genug zu essen hatten. Ihr habt uns nur deshalb in diese Wüste geführt, um alle, die hier versammelt sind, an Hunger sterben zu lassen.«

Da sprach Gott, der Herr, zu Mose: »Ich will euch Brot vom Himmel regnen lassen. Das Volk soll hinausgehen, um seinen täglichen Bedarf zu sammeln. Ich will es prüfen, ob es nach meiner Weisung lebt oder nicht. Wenn sie am sechsten Tag feststellen, was sie zusammengebracht haben, wird es doppelt soviel sein, wie sie sonst täglich gesammelt haben.«

Da sagten Mose und Aaron zu allen Israeliten: »Heute Abend sollt ihr erfahren, dass der Herr euch aus Ägypten geführt hat, und morgen werdet ihr die Herrlichkeit des Herrn schauen; denn er hat euer Murren gegen ihn gehört.«

Dann sagte Mose zu Aaron: »Sag der ganzen Gemeinde der Israeliten: Tretet hin vor den Herrn; denn er hat euer Murren gehört!« Während Aaron zur ganzen Gemeinde der Israeliten sprach, wandten sie sich zur Wüste hin. Da erschien plötzlich in der Wolke die Herrlichkeit des Herrn.

Gott sprach zu Mose: »Ich habe das Murren der Israeliten gehört. Sag ihnen: Am Abend werdet ihr Fleisch zu essen haben, am Morgen werdet ihr satt sein von Brot, und ihr werdet erkennen, dass ich der Herr, euer Gott, bin.«

Am Abend kamen die Wachteln und bedeckten das Lager. Am Morgen lag eine Schicht von Tau rings um das Lager. Als sich die Tauschicht gehoben hatte, lag etwas Feines, Knuspriges auf der Erde.

Als das die Israeliten sahen, sagten sie zueinander: »Was ist das?« Denn sie wussten nicht, was es war. Da sagte Mose zu ihnen: »Das ist das Brot, das der Herr euch zu essen gibt.«

Thematische Stichworte

Brot vom Himmel / Brot, das Gott uns gibt / Jesus ist das lebendige Brot / Gabenbereitung

Liedvorschläge für die Altersgruppen

3–6: Alles, was wir haben (SL 52)
7–13: Brot, das die Hoffnung nährt (SL 58)
Brot vom Himmel (SL 80)
11–13: Brot gegen den Tod (SL 59)

Gestaltung der Mitte

Hostien in einer Hostienschale auf einem Tuch

Ausmalvorlage

3 bis 6 Jahre

Gebet
Guter Gott, den Menschen,
die zu dir gehören,
gibst du das, was sie zum Leben brauchen.
Dafür danken wir dir.
Bleibe bei uns. Amen.

Schriftlesung

Bildbetrachtung: Brotlandschaft
Die Kinder schauen sich das Bild an und beschreiben, was sie sehen. Miteinander überlegen sie, welche Brotsorten sie kennen.
Wichtig ist der Austausch über die Hostie und die Erklärung, dass auch dieses Brot zu unserem Leben beiträgt und dass Gott es ist, der uns dieses Brot, sich selbst, schenkt.

© Sieger Köder, »Brotlandschaft«

7 bis 10 Jahre

Gebet

Guter Gott,
du hast deinem Volk
in der Wüste Nahrung gegeben.
Dein Sohn Jesus schenkt sich uns im Brot.
Wir bitten dich:
Gib uns das, was wir zum Leben brauchen,
damit wir unsere Kraft einsetzen,
um anderen Gutes zu tun. Amen.

Schriftlesung

Geschichte: Der Wert eines Brotes

Einen aufschlussreichen Test unternahm kürzlich ein englischer Journalist. Er kaufte ein Dreipfundbrot und stellte sich damit an belebte Straßenecken verschiedener Städte. Die Vorübergehenden forderte er auf, für dieses Brot eine Stunde lang zu arbeiten. Seine Ergebnisse:
In Hamburg wurde er ausgelacht.
In New York von der Polizei festgenommen.
Im afrikanischen Nigeria waren mehrere Personen bereit, für dieses Brot drei Stunden zu arbeiten.
Im indischen Neu Delhi hatten sich rasch mehrere hundert Personen angesammelt, die alle für dieses Brot einen ganzen Tag arbeiten wollten ...

Aus: Pfarrbrief-Materialdienst »Image«, Bergmoser + Höller Verlag, Aachen

Stilleübung: Brot zum Leben

Alle sitzen im Kreis.
In der Mitte steht eine Schale mit Hostien.
L spricht:
In der Mitte sehen wir eine Schale mit Hostien.
Hostien sind Brot.
Die Israeliten haben in der Wüste nach Brot geschrien.
Sie hatten Hunger.
Sie wollten überleben.
Sie hatten Angst, ihr Leben zu verlieren.
Gott hat ihnen Brot
vom Himmel zu essen gegeben.
Feines, weißes, knuspriges Brot.
Jetzt brauchten sie
keinen Hunger mehr zu leiden.
Gott sorgt für sein Volk.

Wir haben auch oft Hunger.
Hunger nach immer mehr.
Hunger danach, geliebt zu werden.
Hunger nach Freundschaft.
Hunger nach Frieden.
Gott möchte uns auch diesen Hunger stillen.
Wir geben die Schale mit Hostien herum.
Jedes Kind darf sich eine Hostie nehmen.
Wir legen sie auf die Hand und schauen sie an.

Die Schale mit den Hostien wird herumgereicht.

Wir schauen auf das kleine Scheibchen Brot.
Im Gottesdienst wird aus diesem Brot Leib Christi.
Das heißt: Gott möchte uns ganz nah sein.
Gott möchte unseren Hunger nach Leben stillen.

Im Anschluss an die Stilleübung werden die Kinder aufgefordert, mit geschlossenen Augen das Scheibchen Brot zu essen. Dabei evtl. leise Musik einspielen.

11 bis 13 Jahre

Gebet
Guter Gott, du schenkst deinem Volk
in der Wüste Nahrung zum Leben.
Du bist bei den Menschen,
gerade dann, wenn sie in Not sind.
Du gibst Brot zum Leben,
damals den Israeliten,
heute uns, immer wieder,
wenn wir dein Brot, den Leib Christi,
dich selbst,
miteinander teilen.
Lass uns dieses Geheimnis
immer tiefer verstehen. Amen.

Schriftlesung

Stilleübung
Alle sitzen im Kreis und reichen die Hostienschale herum. Jedes Kind nimmt sich eine Hostie. Das Lied wird gesungen, dabei das Brot in der Hand angeschaut. Während das Brot gegessen wird, wird die Melodie weiter gesummt. Hinterher wird das Lied noch einmal gesungen und eine Collage zu den Liedstrophen angefertigt bzw. Bilder gemalt.

Lied: Das Lied vom Brot

2. Das Brot des Krieges und des Friedens,
das täglich gleiche Brot,
das fremde Brot einer Liebe,
das steinerne Brot vom Tod.

3. Das Brot, das wir teuer verdienen,
das Geld, unser Leib und Genuss,
das Brot des Zusammenlebens,
der ärmliche Überfluss.

4. Das Brot, das wir essen müssen,
das Brot, das zum Leben uns dient,
wir teilen es miteinander,
solange es Menschen gibt.

5. Du teilst es mit uns
und so teilst du dich selber für alle Zeit,
ein Gott von Fleisch und von Blut,
Du, ein Mensch, dem wir ewig geweiht.

T: Rolf Krenzer M: Ludger Edelkötter
Rechte: Impulse Musikverlag Ludger Edelkötter, Drensteinfurt

19. Sonntag im Jahreskreis

Schriftstellen: 1 Kön 19,4–8 / Eph 4,30–5,2 / Joh 6,41–51

Schriftlesung: Nach 1 Kön 19,4–8

Elija ging eine Tagesreise weit in die Wüste hinein. Er wollte nicht mehr der Prophet Gottes sein. In der Wüste setzte er sich unter einen Ginsterstrauch und wünschte sich den Tod. Er sagte: »Nun ist es genug, Herr. Nimm mein Leben; denn ich bin nicht besser als meine Väter.«

Dann legte er sich unter den Ginsterstrauch und schlief ein. Doch ein Engel rührte ihn an und sprach: »Steh auf und iss!« Als er um sich blickte, sah er neben seinem Kopf Brot, das in glühender Asche gebacken war, und einen Krug mit Wasser. Er aß und trank und legte sich wieder hin. Doch der Engel des Herrn kam zum zweiten Mal, rührte ihn an und sprach: »Steh auf und iss! Sonst ist der Weg zu weit für dich.«

Da stand er auf, aß und trank und wanderte, durch diese Speise gestärkt, vierzig Tage und vierzig Nächte bis zum Gottesberg Horeb.

Thematische Stichworte

Wüste / Brot und Wasser / Engel / Nahrung auf dem Weg

Liedvorschläge für die Altersgruppen

3–6: Du bist immer bei mir (SL 163)

7–13: Engel kommen unverhofft (SL 212)

Gestaltung der Mitte

Auf einem Tuch in Wüstenfarben ein Ginsterstrauch, ein Krug Wasser und Brot

Ausmalvorlage

3 bis 6 Jahre

Gebet

Guter Gott, du schickst Elija in die Wüste.
Er möchte nicht mehr weiter.
Du schickst ihm einen Engel.
Du gibst ihm Brot und Wasser.
Du gibst ihm neue Kraft.
Lass auch uns nicht allein. Amen.

Schriftlesung

Text: Engel

Alle Kinder sitzen im Kreis. In der Mitte liegt ein Tuch in Wüstenfarben.

Versuche einmal ganz still zu werden.
Schau in die Mitte.
Das Tuch erinnert uns an die Wüste.
Die Wüste ist ganz heiß.
In der Wüste ist es ganz trocken.
Kaum ein Mensch geht in die Wüste.
Elija weiß das.
Elija hat Angst.
Elija ist in großer Not.
Er flieht in die Wüste.
Er kann nicht weiter.
Er sagt Gott: Ich will nicht mehr.

Ein schwarzes Tuch wird zur Wüste gelegt.

Warst du auch schon einmal in großer Angst und Not?
Versuche, dich daran zu erinnern.
Gott schickt jemanden.
Die Bibel sagt: einen Engel.
Der bringt Wasser und Brot.

Ein Krug Wasser und ein Brot werden zu dem schwarzen Tuch gelegt. Darum herum wird ein weißes Tuch gebreitet.

Er sagt: Elija, du musst essen und trinken, sonst kannst du nicht tun, was Gott von dir will. Vielleicht bist du auch schon einmal so einem Engel begegnet:
jemandem, der dir geholfen hat,
als du in Not warst,
jemandem, der dich getröstet hat,
als du traurig warst,
jemandem, der dir zu essen
und zu trinken gegeben hat.
Gott schickt uns jemanden – wir sagen einen Engel.
Wir meinen: Gott lässt uns nicht allein.

7 bis 10 Jahre

Gebet
Guter Gott, du stellst deinem Propheten Elija
eine schwere Aufgabe.
Er flieht in die Wüste.
Er möchte nicht mehr weiter machen.
Da zeigst du ihm,
dass du ihn nicht allein lässt.
Du schickst jemand,
der ihm Brot und Wasser bringt,
Kraft zum Weitergehen.
Wir bitten dich:
Lass auch uns immer wieder
Menschen begegnen,
die uns Kraft zum Weiterleben geben. Amen.

Schriftlesung

Text und Gestaltung: Elija (1)
elija
der prophet
hatte es satt,
und dann lief dieser elija weg
in die einsamkeit
in die wüste
und er legte sich hin
unter einen strauch
und er legte sich hin
und wollte sterben
und da
kommt etwas
ja
etwas
die bibel sagt
ein engel
das sagt die bibel immer
wenn sie nicht weiß
wie sie sich ausdrücken soll
wenn sie nicht richtig sagen kann
woher etwas kommt
also
da kam ein engel
beugte sich über elija
stieß ihn an
und sagte

steh auf
elija
du bist kein mensch der sterben darf
komm iss und trink
elija wollte sich rumdrehen
denn dieses gerede
klang in seinen ohren
in seiner hoffnungslosen situation
wie spott

aber etwas
in der stimme dieses engels
ließ ihn aufhorchen
und er schlug die augen auf
und da war da jemand
wie gesagt
ein engel
der hatte da ein brot hingelegt
ein ganz frisches
auf dem heißen stein des lebens gebacken
und eine kanne wasser
hatte der engel hingestellt

brot und wasser
ein prophet bei wasser und brot

was war das
immerhin etwas
etwas
das ihn erfreute
etwas
was ihm
elija
mut machte
aufzustehen
zu essen
und zu trinken

und nachher erinnerte sich elija
dass dieser engel
gesagt hatte
elija steh auf
iss und trink

(Fortsetzung auf Seite 187)

11 bis 13 Jahre

Gebet
Guter Gott,
wenn wir einmal ganz fertig sind,
dann lass jemand bei uns sein,
der für uns wie Brot und Wasser ist,
der uns Mut macht zum Weiterleben. Amen.

Schriftlesung

Text und Gestaltung: Elija (2)
du hast noch einen weiten weg
du bist kein mensch
der es aufgibt
zu leben

aber elija dachte
was wär ich denn gewesen
wenn nicht dieser engel gekommen wäre
allein geht's nicht

und der engel
wer war das
ich weiß es nicht
vielleicht irgend jemand
von nebenan

aber eine wichtige person
wird's nicht gewesen sein
sonst hätte man sie
mit titel und so
benennen können
der engel
der weiterhalf
war ganz bescheiden
aber er war einer

einer
der hand und fuß hatte
der zeit hatte
der ein herz hatte
einer
der keinen aufgab
einer
der selbst brot und wasser
eiserne ration
gewesen sein muss

denn
bloß fürn stück brot
bloß fürn schluck wasser
wär elija nicht aufgestanden

Wilhelm Willms

Aus: Wilhelm Willms, der geerdete himmel. wiederbelebungsversuche, Verlag Butzon & Bercker, Kevelaer (leicht gekürzt)

Gestaltung zum Text
Zu Beginn werden Wüstentücher in der Mitte ausgebreitet.
Graugrüne Tücher werden als Ginsterstrauch dazugelegt.
Elija wird als schwarzes Tuch neben den Ginsterstrauch gelegt.
Ein gelbes oder weißes Tuch für den Engel um Elija und den Ginsterstrauch legen.
Einen Krug Wasser und ein Brot an der entsprechenden Stelle zur Mitte legen.
Zum Schluss wird das weiße Tuch über Elija ausgebreitet.

20. Sonntag im Jahreskreis

Schriftstellen: Spr 9,1–6 / Eph 5,15–20 / Joh 6,51–58

Schriftlesung: Nach Eph 5,15–20
Achtet also sorgfältig darauf, wie ihr euer Leben führt, nicht töricht, sondern klug.
Nutzt die Zeit; denn diese Tage sind böse.
Darum seid nicht unverständig, sondern begreift, was der Wille des Herrn ist.
Berauscht euch nicht mit Wein – das macht zügellos –, sondern lasst euch vom Geist erfüllen!
Lasst in eurer Mitte Psalmen, Hymnen und Lieder erklingen, wie der Geist sie eingibt. Singt und jubelt aus vollem Herzen zum Lob des Herrn!
Sagt Gott, dem Vater, jederzeit Dank für alles im Namen Jesu Christi, unseres Herrn!

Thematische Stichworte
Lob und Dank / Auf das persönliche Leben achten

Liedvorschläge für die Altersgruppen
3–6: Wir singen alle hallelu (SL 26)
7–10: Halleluja, preiset den Herrn (SL 23)
11–13: Halleluja, lobet Gott (SL 19)

Gestaltung der Mitte
Musikinstrumente auf einem Tuch

Ausmalvorlage

3 bis 6 Jahre

Gebet
Guter Gott, du hast uns lieb.
Du hast uns die Blumen und Tiere geschenkt.
Du hast uns Menschen geschenkt,
die uns lieb haben. Wir danken dir. Amen.

Schriftlesung

Lied und Tanz: Die Sonne hoch am Himmelszelt

Tanzbeschreibung
Alle stehen im Kreis und halten sich an den Händen.

1. Str.: *Sonne:* Alle heben die Arme mit den geschlossenen Händen. *Alles hat …* Alle drehen sich um sich selbst und klatschen dabei in die Hände (auch im Folgenden immer gleich). *Sterne:* Mit den Fingern das Flimmern der Sterne spielen, dabei die Arme nach oben strecken. *Weite Welt:* Arme ausbreiten.

2. Str.: *Blumen:* Hände wie einen Blütenkelch halten. *Vögel:* Mit den Armen wie mit Flügeln schlagen. *Er schenkte …* In die Mitte gehen und wieder nach außen.

3. Str.: *Wälder:* Die Arme nach oben strecken und wie Bäume wiegen. *Flüsse und Meer:* Mit den Armen Wellenbewegungen machen. *Und darum loben wir:* In die Mitte und wieder nach außen gehen.

Refrain: Alle gehen im Kreis rechts herum, bei der Wiederholung links herum.

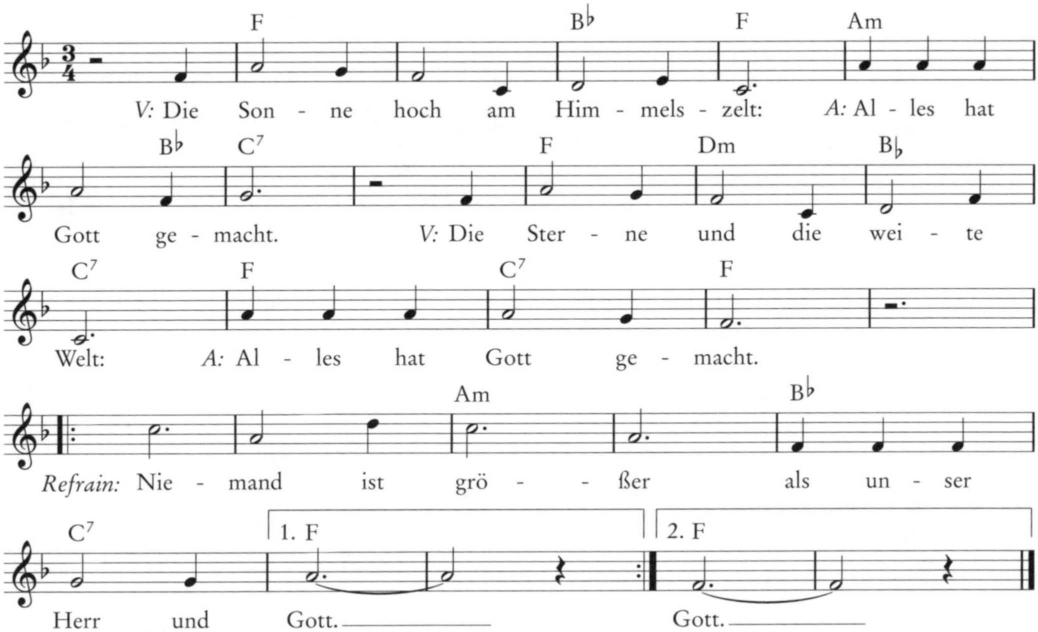

2. Die Blumen, Vögel, jedes Tier:
Alles hat Gott gemacht.
Er schenkte sie zur Freude mir:
Alles hat Gott gemacht.

3. Die Wälder, Flüsse und das Meer:
Alles hat Gott gemacht.
Und darum loben wir ihn sehr:
Alles hat Gott gemacht.

T: H. Bergmann M: H. Wortmann Aus: Pfälzer Kindermesse Rechte: Studio Union im Lahn-Verlag, Limburg

7 bis 10 Jahre

Gebet
Guter Gott, du schenkst uns so viel Schönes.
Das vergessen wir oft.
Wir vergessen, dir zu danken, dich zu loben.
Das wollen wir heute tun.
Bleibe bitte bei uns. Amen.

Schriftlesung

Bildgestaltung: Wofür wir Gott danken
Miteinander im Gespräch überlegen, wofür wir Gott danken und loben können: für Menschen, Dinge, Tiere, die ganze Schöpfung. Jedes Kind bekommt ein Blatt mit Kreisen. In die Kreise hinein schreibt oder malt es, wofür es Gott danken und ihn loben möchte. Danach stellen die Kinder vor, was sie geschrieben oder gemalt haben und legen in der Mitte ein großes Bild.
Mit Orffinstrumenten versuchen sie das Genannte in Klang umzusetzen und dazwischen einen Liedruf als Dank zu singen (z. B. den Refrain des Liedes »Die Sonne hoch am Himmelszelt«)

Wofür wir Gott danken und ihn loben:

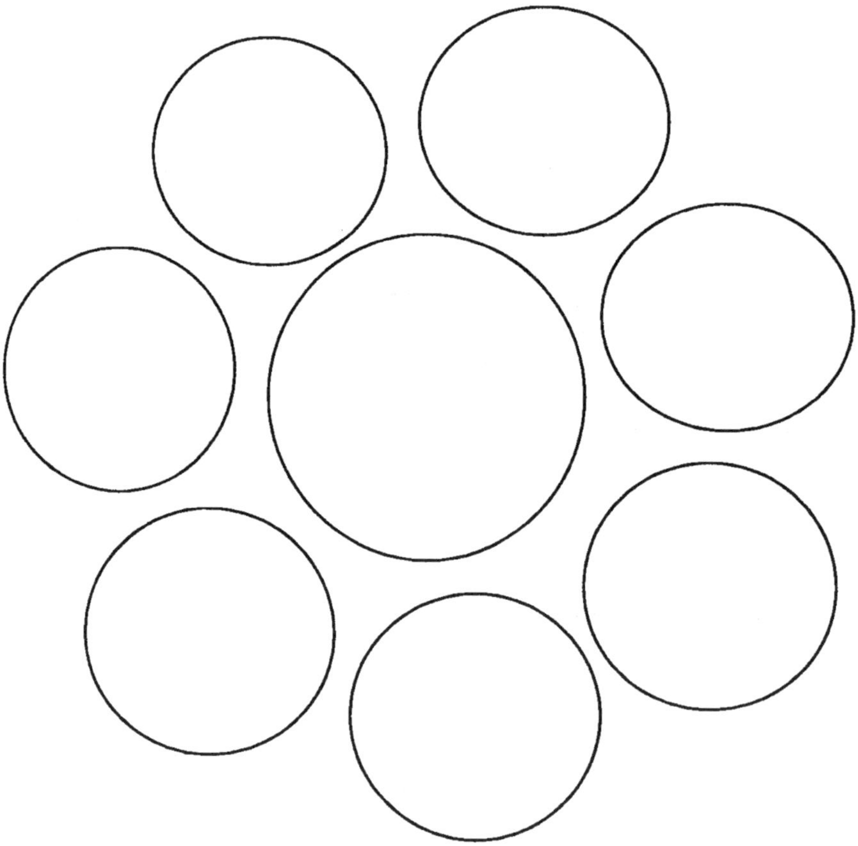

11 bis 13 Jahre

Gebet
Gott, unser Vater,
wir stecken oft in unserem Alltag fest.
Wir vergessen,
auf all das Gute und Schöne zu achten,
das du uns schenkst.
Wir bitten dich:
Lass uns nicht vergessen
dich zu loben und zu preisen,
wie es die Menschen vor uns
auch nicht vergessen haben. Amen.

Schriftlesung

Ein sehr altes Lobgebet: Psalm 148
Halleluja! Lobt den Herrn vom Himmel her,
lobt ihn in den Höhen:
Lobt ihn, all seine Engel,
lobt ihn, all seine Scharen;
lobt ihn, Sonne und Mond, lobt ihn,
all ihr leuchtenden Sterne;
lobt ihn, alle Himmel
und ihr Wasser über dem Himmel!
Loben sollen sie den Namen des Herrn;
denn er gebot, und sie waren erschaffen.
Er stellte sie hin für immer und ewig,
er gab ihnen ein Gesetz, das sie nicht übertreten.
Lobt den Herrn, ihr auf der Erde,
ihr Seeungeheuer und all ihr Tiefen,
Feuer und Hagel, Schnee und Nebel,
du Sturmwind, der sein Wort vollzieht,
ihr Berge und all ihr Hügel,
ihr Fruchtbäume und alle Zedern,
ihr wilden Tiere und alles Vieh,
Kriechtiere und gefiederte Vögel,
ihr Könige der Erde und alle Völker,
ihr Fürsten und alle Richter auf Erden,
ihr jungen Männer und auch ihr Mädchen,
ihr Alten mit den Jungen!
Loben sollen sie den Namen des Herrn;
denn sein Name allein ist erhaben,
seine Hoheit strahlt über Erde und Himmel.
Seinem Volk verleiht er Macht,
das ist ein Ruhm für all seine Frommen,
für Israels Kinder, das Volk, das ihm nahen darf. Halleluja!

Aus: Einheitsübersetzung der Heiligen Schrift, © Katholische Bibelanstalt, Stuttgart 1980

Verklanglichung
Zu jedem einzelnen Vers werden aus der Mitte Instrumente gesucht, die der Vorstellung dazu entsprechen. Zu Beginn und zum Ende wird ein Halleluja-Lied gesungen, dazwischen der Text gelesen und vertont.

Malen des Psalms
Jedes Kind sucht sich einen Psalmvers aus, den es mit Wasserfarben oder Wachsmalstiften malt. Dann wird der Psalm gelesen und die Bilder werden entsprechend in die Mitte gelegt (evtl. auch mit dem Verklanglichen verbinden).

21. Sonntag im Jahreskreis

Schriftstellen: Jos 24,1–2a.15–17.18b / Eph 5,21–32 / Joh 6,60–69

Schriftlesung: Nach Joh 6,60–69
Viele seiner Jünger, die Jesus reden hörten, sagten: »Was er sagt, ist unerträglich. Wer kann das anhören?«
Jesus erkannte, dass seine Jünger darüber murrten, und fragte sie: »Daran nehmt ihr Anstoß? Was werdet ihr sagen, wenn ihr den Menschensohn zu Gott hinaufsteigen seht, dorthin, wo er vorher war? Der Geist ist es, der lebendig macht; das Fleisch nützt nichts. Die Worte, die ich zu euch gesprochen haben, sind Geist und sind Leben. Aber es gibt unter euch einige, die nicht glauben.« Jesus wusste nämlich von Anfang an, welche es waren, die nicht glaubten, und wer ihn verraten würde.
Und er sagte: »Deshalb habe ich zu euch gesagt: Niemand kann zu mir kommen, wenn es ihm nicht vom Vater gegeben ist!« Daraufhin zogen sich viele Jünger zurück und wanderten nicht mehr mit ihm umher.
Da fragte Jesus die Zwölf: »Wollt auch ihr weggehen?« Simon Petrus antwortete ihm: »Herr, zu wem sollen wir gehen? Du hast Worte des ewigen Leben. Wir sind zum Glauben gekommen und haben erkannt: Du bist der Heilige Gottes.«

Thematische Stichworte
Zusammenhalt, Treue / Wollt auch ihr weggehen?

Liedvorschläge für die Altersgruppen
3–6: Wir glauben an Gott (SL 47)
7–10: Wir beten dich an (SL 45)
11–13: Lebendiger Gott, wir glauben an dich (SL 50)

Gestaltung der Mitte
Ein Kreuz auf einem Tuch, darum herum Strahlen aus Tonpapier

Ausmalvorlage

3 bis 6 Jahre

Gebet

Guter Jesus, viele Menschen
wollen nichts von dir wissen.
Hilf uns, dass wir dich verstehen. Amen.

Schriftlesung

Stilleübung: Was ich glaube – Was ich nicht glaube

Alle sitzen im Kreis, in der Mitte das Kreuz und die Strahlen. L spricht:
Wir schauen in die Mitte.
Wir sehen das Kreuz.
Es erinnert uns an Jesus.
Wir sehen die Strahlen.
Sie sagen uns:
Gott ist da.
Wir sehen ihn nicht, aber wir glauben:
Jesus ist bei uns, Gott ist bei uns.
Er ist uns ganz nah.

Viele Menschen sagen:
Wir glauben nicht an Gott.
Wir glauben nur das, was wir sehen können.
Wir glauben, dass die Sonne scheint.
Wir glauben, dass es die Wolken gibt.
Wir glauben, dass es die Sterne gibt.
Wir glauben, dass es Menschen, Tiere, Bäume und Blumen gibt.
Wir können sie sehen.
Wir können sie anfassen.
Aber sie glauben nicht. Sie wissen wie wir, dass es das alles gibt.

Andere sagen:
Es ist wunderbar, dass es das alles gibt.
Das muss Gott gemacht haben.
Wir staunen über die Schönheit von Gottes Schöpfung.
Gott kannst du nicht sehen.
Gott kannst du nicht anfassen.
Aber wenn du all die schönen Dinge siehst, dann kannst du spüren, dass er da ist.
Du kannst danke sagen.

Deine Mutter und dein Vater haben dich lieb.
Du kannst es nicht sehen.
Du kannst es nicht anfassen.
Aber du weißt es ganz genau, weil du es spürst:
Sie haben mich lieb.
Ich habe sie lieb.

Gott schenkt uns die Schöpfung, weil er uns lieb hat.
So wie du für Mama und Papa ein Bild malst oder Blumen pflückst und damit sagen willst:
Ich habe euch lieb.

7 bis 10 Jahre

Gebet
Guter Jesus,
du hast Freunde gehabt, die mit dir gingen.
Manche haben dir nicht geglaubt.
Sie sind weggegangen.
Da warst du sicher traurig.
Hilf uns, dass wir dich verstehen
und bei dir bleiben. Amen.

Schriftlesung

Geschichte: Ein Freund ist jemand
Ein Freund ist jemand, der dich gern hat.
Es kann ein Junge sein.
Es kann ein Mädchen sein.
Oder eine Katze. Oder ein Hund.
Manchmal erkennst du deine Freunde nicht,
auch wenn sie bei dir sind die ganze Zeit.
Du gehst an ihnen vorbei
und siehst nicht, wie gern sie dich haben
auf ihre Art.
Und wenn du dann denkst,
du hast keine Freunde,
dann musst du innehalten
und dich besinnen ...
Freunde musst du eben manchmal suchen!
Manche haben viele, viele Freunde.
Manche haben ein paar Freunde.
Aber jeder,
jeder in der ganzen weiten Welt
hat bestimmt einen Freund!
Hast du einen gefunden?

Joan Walsh Anglund (gekürzt)

Aus: Joan Walsh Anglund, Ein Freund ist jemand, der dich gern hat, © 1963 Walter Verlag, Düsseldorf / Zürich

Den Text miteinander lesen und dann austauschen, was man unter einem guten Freund versteht bzw. was ein Freund auf keinen Fall macht. Die Tabelle ausfüllen, für jedes Kind oder vergrößert für alle sichtbar.

Was ich mir unter einem guten Freund vorstelle	Was ein Freund auf keinen Fall macht

11 bis 13 Jahre

Gebet
Herr Jesus Christus,
Viele Menschen sagen: Gott gibt es nicht.
Sie glauben dir nicht.
Schon damals sind sie von dir weggegangen.
Hilf uns, dass wir glauben können
und immer besser verstehen,
was wir glauben. Amen.

Schriftlesung

Verklanglichung
Die einzelnen Aussagen des Glaubensbekenntnisses in Klang umsetzen. Zu jedem Satz bzw. zu jedem gelegten Tuch oder Gegenstand eine entsprechende Klangfarbe suchen.

Gestaltung zum Glaubensbekenntnis

Text:	***Gestaltung:***
Ich glaube an Gott, den Vater, den Allmächtigen,	*Aus Tonpapier oder gelbem Tuch einen Sonnenball legen.*
den Schöpfer des Himmels und der Erde,	*Blaue Tücher für den Himmel oberhalb der Sonne, braune Tücher für die Erde unterhalb der Sonne legen.*
und an Jesus Christus, seinen eingeborenen Sohn, unsern Herrn,	*Ein Kreuz wird aus zwei Balken unterhalb der Sonne gelegt.*
empfangen durch den Heiligen Geist, geboren von der Jungfrau Maria,	*Ein hellblaues Tuch wird als Gewand zur Erde gelegt.*
gelitten unter Pontius Pilatus, gekreuzigt, gestorben und begraben, hinabgestiegen in das Reich des Todes,	*Ein schwarzes Tuch wird unter das braune Tuch gelegt.*
am dritten Tage auferstanden von den Toten, aufgefahren in den Himmel; er sitzt zur Rechten Gottes, des allmächtigen Vaters; von dort wird er kommen, zu richten die Lebenden und die Toten.	*Ein weißes Tuch wird als Verbindung von dem schwarzen Tuch zum Himmel gelegt.*
Ich glaube an den heiligen Geist, die heilige katholische Kirche,	*Rote Tüchter werden auf die Schnittstelle von Himmel und Erde gelegt.*
Gemeinschaft der Heiligen, Vergebung der Sünden, Auferstehung der Toten und das ewige Leben. Amen.	*Zu jeder Aussage wird als Zeichen der Hoffnung ein grünes Tuch oder ein grüner Zweig um die Mitte, die entstanden ist, gelegt. Als Zeichen für das »Amen« können die Kinder aus kleinen Zweigen selbst Kreuze binden und sie um die Mitte legen.*

22. Sonntag im Jahreskreis

Schriftstellen: Dtn 4,1–2.6–8 / Jak 1,17–18.21b–22.27 / Mk 7,1–8.14–15.21–23

Schriftlesung; Nach Mk 7,1–8.14–15.21–23
Die Pharisäer und einige Schriftgelehrte, die aus Jerusalem gekommen waren, hielten sich bei Jesus auf. Sie sahen, dass einige seiner Freunde ihr Brot mit unreinen, das heißt mit ungewaschenen Händen aßen. Die Pharisäer essen nämlich wie alle Juden nur, wenn sie vorher mit einer Handvoll Wasser die Hände gewaschen haben, wie es die Überlieferung der Alten vorschreibt.
Sie fragten ihn also: »Warum halten sich deine Jünger nicht an die Überlieferung der Alten, sondern essen ihr Brot mit unreinen Händen?«
Jesus antwortete ihnen: »Der Prophet Jesaja hatte Recht mit dem, was er über euch Heuchler sagte: ›Dieses Volk ehrt mich mit den Lippen, sein Herz aber ist weit weg von mir. Es ist sinnlos, wie sie mich verehren; was sie lehren, sind Satzungen von Menschen.‹ Ihr gebt Gottes Gebot preis und haltet euch an die Überlieferung der Menschen. Ihr macht eure eigenen Gesetze und behauptet: Es sind Gottes Gebote.«
Dann sagte er zu den Leuten: »Hört mir alle zu und begreift, was ich sage: Nichts, was von außen in den Menschen hineinkommt, kann ihn unrein machen, sondern was aus dem Menschen herauskommt, das macht ihn unrein.«
Er verließ die Menge und ging in ein Haus. Da fragten ihn seine Jünger nach dem Sinn dieses rätselhaften Wortes.
Er antwortete ihnen: »Begreift auch ihr nicht? Seht ihr nicht ein, dass das, was von außen in den Menschen hineinkommt, ihn nicht unrein machen kann? Denn es gelangt ja nicht in sein Herz, sondern in den Magen und wird wieder ausgeschieden.«
Weiter sagte er: »Was aus dem Menschen herauskommt, das macht ihn unrein. Denn von innen, aus dem Herzen der Menschen, kommen die bösen Gedanken, Diebstahl, Mord, Ehebruch, Habgier, Bosheit, Hinterlist, Ausschweifung, Neid, Verleumdung, Hochmut und Unvernunft. All dieses Böse kommt von innen und macht den Menschen unrein.«

Thematische Stichworte
Was im Herzen ist / Das Böse kommt aus dem Menschen / Gottes Gebote sind wichtiger als Menschenworte

Liedvorschläge für die Altersgruppen
3–6: Pass auf, kleines Auge (SL 164)
7–10: Meine engen Grenzen (SL 14)
11–13: Schweige und höre (SL 271)
Was wir denken ist eng (SL 12)

Gestaltung der Mitte
Eine Jesuskerze auf einem Tuch, das in Herzform gelegt ist

Ausmalvorlage

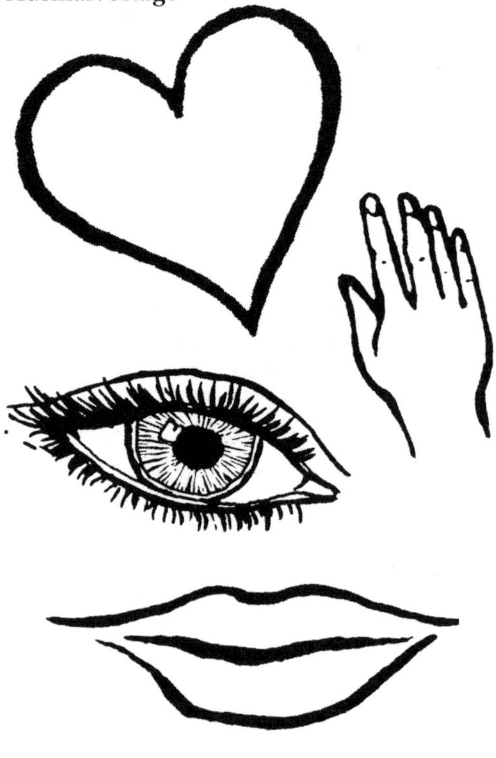

3 bis 6 Jahre

Gebet
Guter Gott, du hast uns lieb.
Wir wollen dich auch lieb haben.
Wir fühlen es ganz tief in uns.
Danke, Gott, dass du da bist. Amen.

Schriftlesung

Gestaltung und Stilleübung: Was im Herzen ist
Alle sitzen im Kreis. Viele rote Tücher, Teelichter und schwarze Punkte aus Tonpapier sind vorbereitet. L spricht:
Ich lade euch ein, aus den roten Tüchern hier in der Mitte ein großes Herz zu legen.

Die Kinder legen das Herz aus den roten Tüchern und setzen sich dann wieder hin.

Ein Herz, das hat jeder von uns.
Wenn wir ganz still sind,
hören wir es in uns pochen.
Das Herz ist die Mitte von uns Menschen.
Deshalb sagen wir auch:
Das Innerste, was wir denken und fühlen,
das tragen wir im Herzen.
Herz, das ist so tief in uns,
das gehört nur uns.
Manche Menschen sagen:
Ich schenke dir mein Herz.
Sie meinen damit: Ich habe dich so sehr lieb,
dass ich mich ganz für dich öffne.
Ich kann dir alles sagen.
Du verstehst mich.
Auch vor Gott können wir
unser Herz öffnen.
Wir können ihm alles sagen.
Alles, was wir in unserem Herzen tragen:
Freude, Liebe,
aber auch Kummer, Traurigkeit,
und wenn wir böse waren.
Wir wollen jetzt still werden
und in unser Herz schauen.
Was ist da Frohes?
Was ist da, was uns traurig macht?

Stille, evtl. mit Musik

Jedes Kind darf jetzt sagen,
was es traurig oder froh macht.
Ich stelle eine große Kerze in die Mitte.
Sie sagt uns: Jesus ist bei uns.
Wenn etwas Schönes gesagt wird,
darf das Kind, das es gesagt hat,
eine kleine Kerze in das Herz stellen.
Wenn etwas Trauriges gesagt wird,
legen wir einen schwarzen Punkt hinein.
Und immer dürfen wir darauf vertrauen,
dass Gott uns lieb hat.
Alles nimmt er an.

Die Kinder benennen jetzt Frohes und Trauriges, was sie im Herzen tragen. Nach ein paar Sätzen evtl. einen Liedruf singen, z. B. »Das wünsch ich sehr« (SL 218) oder »Ich lade dich ganz herzlich ein« (SL 4).

7 bis 10 Jahre

Gebet

Guter Gott, du willst,
dass wir in unserem Herzen gut sind.
Du willst, dass wir Gutes
denken, reden und tun.
Es gelingt uns nicht immer.
Hilf uns. Amen.

Schriftlesung

Geschichte: Von der besten und der schlechtesten Sache der Welt

Eines Tages entschloss sich der große Herrscher der Welt, Obatalah, die Herrschaft über die Welt in die Hände eines anderen zu legen. Der Erste, an den er dachte, war sein treuer Gehilfe Orula. Doch Orula war noch jung, und Obatalah befürchtete, dass er nicht genügend Erfahrung für eine so schwere Aufgabe haben würde. Und er sagte sich, dass er seine Klugheit auf die Probe stellen werde. Er ließ ihn holen und befahl, dass er ihm die beste Speise bereite, die er bereiten könne.
Orula gehorchte und begab sich auf den Markt. Eine Weile schaute er sich um, was zu kaufen wäre, und schließlich erwarb er eine Rindszunge. Zu Hause kochte er die Zunge schön, würzte sie und brachte sie dann dem großen Herrscher. Obatalah kostete die Zunge und war zufrieden. Noch nie hatte er so etwas Gutes gegessen. Als er zu Ende gegessen hatte, lobte er Orula und sagte zu ihm: »Sag mir, Orula, warum du gerade eine Zunge gewählt hast, als du auf dem Markt einkaufen warst?«
»Großer Herrscher«, antwortete Orula, »eine Zunge ist eine sehr wichtige Sache. Mit der Zunge kannst du eine gute Arbeit loben und jenem danken, der eine gute Tat vollbracht hat. Mit der Zunge kannst du gute Nachrichten verkünden und die Menschen auf den rechten Weg führen. Und mit der Zunge kannst du sogar den Menschen erhöhen und ihn zum Herrscher machen«, fügte Orula lächelnd hinzu. »Alles, was du sagst, stimmt«, sagte Obatalah und dachte sich: Orula ist ja doch ein sehr weiser Mann.
Doch der große Herrscher entschloss sich, Orula noch einmal auf die Probe zu stellen, und er sprach zu ihm: »Du hast mir die beste Speise der Welt bereitet, jetzt wünsche ich, dass du mir die schlechteste Speise bereitest, die du dir ausdenken kannst.«
Orula ging abermals auf den Markt. Ein Weilchen blickte er sich um, was zu kaufen wäre, und dann erwarb er wieder eine Rindszunge. Er brachte sie nach Hause, kochte sie, würzte sie und trug sie zu Obatalah.
Als der große Herrscher auf der Schüssel abermals eine Zunge sah, wunderte er sich und sprach: »Zuerst hast du mir eine Zunge als beste Sache der Welt gebracht, jetzt bringst du sie mir als schlechteste Sache der Welt. Wie willst du mir das erklären?«
»Großer Herrscher«, antwortete Orula, »die Zunge ist eine sehr wichtige Sache. Mit der Zunge kannst du den Menschen zur Arbeit antreiben und seinen guten Ruf vernichten. Mit der Zunge kannst du die Menschen ins Verderben stoßen und sie um ihren Lebensunterhalt bringen. Mit der Zunge kannst du deine Heimat verraten und dein Volk in Knechtschaft stürzen.«
Als das Obatalah hörte, sagte er zu Orula: »Alles, was du sagst, ist wahr. Obwohl du jung bist, bist du ein sehr weiser Mann.«
Und er legte die Herrschaft über die Welt in seine Hände.

Aus Kuba

11 bis 13 Jahre

Gebet
Guter Gott, du willst das Gute
für die Menschen.
Du willst das Gute von den Menschen.
Wir bitten dich:
Lass das Gute in uns wachsen,
damit wir leben, wie du es willst. Amen.

Schriftlesung

Gestaltung zu Kyrie-Rufen
In die grauen Felder hineinschreiben, was Böses aus dem Herzen der Menschen kommt. Aus diesem Bösen eine Fürbitte oder einen Kyrie-Ruf für die Menschen formulieren, die unter dem Bösen leiden, oder auch um Einsicht für die bitten, die das Böse tun. Dazwischen immer den »Herr erbarme dich«-Ruf singen (Refrain von SL 13).

23. Sonntag im Jahreskreis

Schriftstellen: Jes 35,4–7a / Jak 2,1–5 / Mk 7,31–37

Schriftlesung: Nach Mk 7,31–37

Menschen brachten einen Taubstummen zu Jesus. Er konnte nicht hören und nicht reden. Die Leute baten Jesus: »Berühre ihn, damit er gesund wird.«

Jesus ging mit dem Taubstummen von den Menschen weg, legte ihm die Finger in die Ohren und berührte dann die Zunge des Mannes mit Speichel; danach blickte er zum Himmel auf, und sagte zu dem Taubstummen: »Effata!«, das heißt: Öffne dich!

Sogleich öffneten sich seine Ohren, seine Zunge wurde von ihrer Fessel befreit, und er konnte richtig hören und reden.

Jesus verbot ihnen, jemand davon zu erzählen. Doch je mehr er es ihnen verbot, desto mehr erzählten sie es weiter. Außer sich vor Staunen sagten sie: »Er hat alles gut gemacht; er macht, dass die Tauben hören und die Stummen sprechen.«

Thematische Stichworte

Hören und reden / Öffne dich!

Liedvorschläge für die Altersgruppen

3–10: Als Jesus auf der Erde war (SL 105)
7–13: Blinde bleiben blind (SL 103)
11–13: Eines Tages kam einer (SL 170)

Gestaltung der Mitte

Eine Jesuskerze auf einem Tuch, daneben Orffinstrumente

Ausmalvorlage

3 bis 6 Jahre

Gebet
Guter Gott, du hast uns Ohren zum Hören und einen Mund zum Sprechen geschenkt. Danke dafür. Amen.

Schriftlesung

Übung: Was wir um uns herum hören
L spricht:
Wir schließen die Augen.
Ganz aufmerksam lauschen wir
auf die Geräusche,
die an unser Ohr dringen.
Wir prägen sie uns ein.
Wenn wir die Augen öffnen, dürfen wir uns erzählen, was wir gehört haben.

Übung: Triangel und Becken
Alle sitzen im Kreis. L spricht:
Ich halte eine Triangel (ein Becken) in den Händen.
Ich werde die Triangel (das Becken) anschlagen.
Wir schließen die Augen.
Wer den Ton nicht mehr hört, kann die Augen öffnen.

Diese Übung drei Mal wiederholen.

Lied: Sprachen gibt es viele

2. Schauen wir den Stummen zu,
   sehen, was sie zeigen;
   sie verstehen sich im Nu,
   selbst dann, wenn sie schweigen.

3. Hören wir ein schönes Lied,
   das die Vögel singen;
   und wir summen es gleich mit,
   dass die Ohren klingen.

4. Wollen wir ein kleines Stück
   ohne Worte spielen,
   zeigen Trauer oder Glück,
   alles, was wir fühlen.

T: Eckard Bücken M: Reinhard Horn
Rechte: KONTAKTE Musikverlag, Lippstadt.

(Tanzbeschreibung auf Seite 202)

7 bis 10 Jahre

Gebet

Guter Gott, du hast uns Ohren gegeben,
damit wir hören können.
Du hast uns einen Mund gegeben,
damit wir sprechen können.
Hilf uns, die Ohren
auch für dein Wort zu öffnen.
Hilf uns, mit unserem Mund
deine frohe Botschaft weiterzugeben. Amen.

Schriftlesung

Warum die Ohren / der Mund wichtig sind

Auf einen großen Bogen Papier wird ein Ohr gezeichnet, auf einen anderen ein Mund. Nacheinander werden die beiden Bögen in die Mitte gelegt. Die Kinder benennen, was ihnen spontan zum Bild in der Mitte einfällt. L schreibt es um das Ohr herum. Wenn die Kinder schon zügig selbst schreiben können, können auch die Kinder schreiben.

Tanz zum Lied: Sprachen gibt es viele

Alle stehen im Kreis, die Hände durchgefaßt.

Refrain:

Takt 1–2: Rechts seit, links kreuzt vorne, rechts seit, links kreuzt hinten, rechts seit, links kreuzt vorne, rechts seit, links wird an rechts herangestellt.

Takt 3–4: Wie Takt 1 und 2, nur links herum. (Der Mayim-Schritt in Takt 1–4 kann auch durch einfaches Gehen rechts und links herum ersetzt werden.)

Takt 5: Vier Schritte in die Mitte.

Takt 6: Arme nach oben strecken und nach hinten im Bogen nach unten führen.

Takt 7: Im Schlusssprung zurückhüpfen und in die Hände klatschen: Sprung, klatschen, Sprung, klatschen.

Takt 8: Sprung, klatschen, klatschen.

1. Strophe:

Takt 1–2: Im Kreis rechts herum um sich selbst drehen, dabei mit dem rechten Arm einen Bogen beschreiben.

Takt 3–4: Alle drehen sich nach außen. Die Hände wie eine vergrößerte Ohrmuschel hinter die Ohren legen.

Takt 5–6: Alle schauen nach außen und heben die Arme in Hüfthöhe nach vorne, die Handflächen zeigen nach oben.

Takt 7–8: Alle drehen sich nach innen, reichen sich die Hände und führen dann die Arme nach oben.

2. Strophe:

Takt 1–4: Eine Hand über die Augen legen und in die Ferne schauen.

Takt 5–8: Stumme Gebärden machen: begrüßen, helfen, trösten, gestikulieren.

3. Strophe:

Takt 1–4: Alle stehen im Kreis, Gesicht zur Kreismitte, und legen die Hände »hörend« hinter die Ohrmuscheln.

Takt 5–8: Alle reichen sich die Hände und wiegen im Rhythmus nach rechts und links.

4. Strophe:

Takt 1–2: Acht Schritte rechts herum gehen.

Takt 3–4: Acht Schritte links herum gehen.

Takt 5: In die Hocke gehen, Gesicht verbergen.

Takt 6: Nach oben springen und die Hände dabei in die Höhe strecken.

Takt 7–8: Mit erhobenen Händen um sich selbst drehen.

11 bis 13 Jahre

Gebet
Herr, guter Gott,
du hast uns Ohren zum Hören
und einen Mund zum Sprechen gegeben.
Hilf, dass wir unsere Ohren öffnen,
wenn uns jemand etwas Wichtiges sagen will.
Hilf uns, dass wir sprechen,
wenn es wichtig ist,
damit dein Reich unter den Menschen
immer mehr Wirklichkeit werden kann.
Amen.

Schriftlesung

Zuhören können
Momo konnte so zuhören, dass dummen Leuten plötzlich sehr gescheite Gedanken kamen. Nicht etwa, weil sie etwas sagte oder fragte, was den anderen auf solche Gedanken brachte, nein, sie saß nur da und hörte zu mit aller Anteilnahme und Aufmerksamkeit. Dabei schaute sie den anderen mit ihren großen dunklen Augen an, und der Betreffende fühlte, wie in ihm auf einmal Gedanken auftauchten, von denen er nie geahnt hatte, dass sie in ihm steckten.
Sie konnte so zuhören, dass ratlose und unentschlossene Leute auf einmal ganz genau wussten, was sie wollten. Oder dass Schüchterne sich plötzlich frei und mutig fühlten. Oder dass Unglückliche und Bedrückte zuversichtlich und froh wurden.
Und wenn jemand meinte, sein Leben sei ganz verfehlt und bedeutungslos und er selbst nur irgendeiner unter Millionen, einer, auf den es überhaupt nicht ankommt und der ebenso schnell ersetzt werden kann wie ein kaputter Topf – und er ging hin und erzählte alles das der kleinen Momo, dann wurde ihm, noch während er redete, auf geheimnisvolle Weise klar, dass er sich gründlich irrte, dass es ihn, genauso wie er war, unter allen Menschen nur ein einziges Mal gab und dass er deshalb auf seine besondere Weise für die Welt wichtig war. So konnte Momo zuhören!

Michael Ende

Aus: Michael Ende, Momo, © 1973 by K. Thienemanns Verlag Stuttgart – Wien – Bern.

Training: Zuhören
Die Kinder setzen sich zu Paaren zusammen. Einer beginnt zu erzählen, was er am Tag vorher oder einem anderen ereignisreichen Tag gemacht hat. Wenn zwei sich sehr vertraut sind, können sie sich auch andere Dinge erzählen, die ihnen wichtig sind. Der andere hat die Aufgabe, nur zuzuhören und nachzufragen, wenn er etwas genauer wissen möchte. Anschließend werden die Rollen getauscht.

Bild: Der Hörende
(siehe Seite 43)

24. Sonntag im Jahreskreis

Schriftstellen: Jes 50,5–9a / Jak 2,14–18 / Mk 8,27–35

Schriftlesung: Nach Jak 2,14–18

Ein Mann, der Jakobus hieß, schrieb an seine Freunde, die auch Christen waren:
»Meine Brüder, was nützt es, wenn einer sagt, er habe Glauben, aber es fehlen die Werke? Kann etwa der Glaube ihn retten? Wenn ein Bruder oder eine Schwester ohne Kleidung ist und ohne das tägliche Brot und einer von euch zu ihnen sagt: ›Geht in Frieden, wärmt und sättigt euch!‹, ihr gebt ihnen aber nicht, was sie zum Leben brauchen – was nützt das?
So ist auch der Glaube für sich allein tot, wenn er nicht Werke vorzuweisen hat.
Nun könnte einer sagen: ›Du hast Glauben, und ich kann Werke vorweisen; zeig mir deinen Glauben ohne die Werke‹, und ich zeige dir meinen Glauben aufgrund der Werke.«

Thematische Stichworte

Glauben und Werke

Liedvorschläge für die Altersgruppen

3–6: Pass auf, kleines Auge (SL 164)
7–10: Lass uns in deinem Namen (SL 240)
11–13: Ich rede, wenn ich schweigen sollte (SL 241)

Gestaltung der Mitte

Eine Bibel auf einem Tuch

Ausmalvorlage

3 bis 6 Jahre

Gebet
Guter Vater im Himmel,
wir glauben an dich. Wir vertrauen dir.
Hilf uns, dass es immer so bleibt. Amen.

Schriftlesung

Vaterunser mit Gesten
Nach jedem Abschnitt des Besinnungstextes spricht L: »Deshalb beten wir ...«

Besinnungstext:	**Gebet:**	***Bewegungen:***
Guter Gott, wir strecken unsere Arme nach oben. Wir sagen: Du wohnst im Himmel. Das bedeutet: Du umgibst uns ganz und dennoch können wir dich nicht fassen. Du bist heilig.	Vater unser im Himmel geheiligt werde dein Name.	*Die Hände nach oben strecken.*
Du bist wie ein König. Wenn wir unsere erhobenen Hände erfassen, dann bildet unser Kreis eine Krone. Wir alle gehören zu deinem Königreich.	Dein Reich komme.	*Die erhobenen Arme werden zum Kreis durchgefasst, so dass eine große Krone entsteht.*
Du sorgst für uns. Du willst, dass es allen Menschen gut geht. Dein Wille soll überall gelten im Himmel und auf Erden. Deshalb zeigen wir nach oben und nach unten.	Dein Wille geschehe, wie im Himmel, so auf Erden.	*Die rechte Hand deutet bei »Himmel« nach oben, die linke bei »Erde« nach unten.*
Du möchtest, dass wir alle genug zu essen haben. Aber wir brauchen noch mehr, um froh zu sein: Menschen, die uns lieb haben und die für uns sorgen.	Unser tägliches Brot gib uns heute.	*Die Hände werden vor dem Bauch wie eine Schale gehalten.*
Manchmal sind wir böse. Wir laden Schuld auf uns. Wir möchten sie zudecken, so wie unsere Hände jetzt einander zudecken. Du vergibst uns unsere Schuld. Du sagst: Alles ist wieder gut.	Und vergib uns unsere Schuld,	*Die hohlen Handflächen werden aufeinander gelegt.*

(Fortsetzung auf Seite 206)

7 bis 10 Jahre

Gebet

Guter Gott, du möchtest, dass wir tun,
was Jesus uns vorgelebt hat.
Wir sollen gut sein zu den Menschen.
Es reicht nicht, nur zu beten,
wenn wir uns nicht auch
für dein Reich einsetzen.
Hilf uns dabei. Amen.

Schriftlesung

Vaterunser mit Gesten (Fortsetzung)

Besinnungstext	**Gebet**	***Bewegungen***
Manchmal sind andere böse zu uns. Du möchtest, dass wir ihnen verzeihen, so wie du uns vergibst. Das fällt oft schwer. Wir brauchen dazu deine Hilfe.	wie auch wie vergeben unseren Schuldigern.	*Alle reichen sich die Hand.*
Es gibt viele Dinge, die uns in Versuchung führen, etwas Böses zu tun. Es gibt viele Dinge, die uns von dir, Gott, ablenken. Irgendwann fesseln sie uns so, dass wir nicht mehr an dich denken.	Und führe uns nicht in Versuchung,	*Die Arme werden vor dem Körper über Kreuz gehalten.*
Du willst das Gute. Du willst nicht, dass wir im Bösen verfangen bleiben.	sondern erlöse uns von dem Bösen.	*Die gekreuzten Arme werden gelöst und über den Kopf nach oben geführt.*
Wenn alle Menschen froh sind, wenn nichts Böses mehr geschieht, dann wird dein Reich Wirklichkeit. Wir können jetzt schon helfen, dass es ein klein wenig mehr sichtbar wird.	Denn dein ist das Reich und die Kraft und die Herrlichkeit in Ewigkeit.	*Die nach oben geführten Hände zu einer Krone zusammenführen.*
Dir wollen wir dienen. Wir sagen: So soll es sein.	Amen.	*Alle verneigen sich zur Mitte.*

11 bis 13 Jahre

Gebet
Herr, guter Gott, viele Menschen
leben und handeln für andere.
Sie sagen: Wir sind Christen.
Aber sie beten nicht.
Andere beten,
aber sie tun nichts für dein Reich.
Hilf uns, dass wir beides nicht vergessen:
beten und so handeln,
wie es dein Wille ist. Amen.

Schriftlesung

Geschichte: Die Fischer
Fischer waren draußen beim Fang mit ihrem Boot. Da kam ein Sturm auf. Sie fürchteten sich so sehr, dass sie die Ruder wegwarfen und den Himmel anflehten, sie zu retten. Aber das Boot wurde immer weiter weggetrieben vom Ufer. Da sagte ein alter Fischer: »Was haben wir auch die Ruder weggeworfen! Zu Gott beten *und* zum Ufer rudern – nur dies beides zusammen kann da helfen.«

Leo N. Tolstoi

Geschichte: Die beiden Kutscher
Beide kamen mit vollgeladenen Karren einher. Die Wege waren verschlammt, und beide Karren fuhren sich fest. Einer der beiden Kutscher war fromm. Er fiel sofort im Schlamm auf die Knie und begann, Gott darum zu bitten, er möchte ihm helfen. Er betete, betete, betete ohne Unterlass und betrachtete dabei den Himmel.
Währenddessen fluchte der andere, arbeitete aber. Er suchte sich Zweige, Blätter und Erde zusammen. Er schlug auf den Esel ein. Er schob am Karren. Er schimpfte, was das Zeug hielt.
Und da geschah das Wunder: Aus der Höhe steigt ein Engel nieder. Zur Überraschung der beiden Kutscher kommt er jedoch demjenigen zu Hilfe, der geflucht hat. Der arme Mann wird ganz verwirrt und ruft aus: »Entschuldige, das muss ein Irrtum sein. Sicher gilt die Hilfe dem anderen.« Aber der Engel sagte: »Nein, sie gilt dir. Gott hilft dem, der arbeitet.«

Nach Helder Camara

Gespräch
Die Kinder erzählen Beispiele, in denen Handeln und Glauben gefragt ist bzw. wo sie erleben, dass nur das eine oder andere geschieht.

Collage
Zeitungsausschnitte und Fotos der letzten Tage und Wochen als Collage zusammenstellen unter dem Motto: »Wo Christen beten **und** handeln sollten«.

25. Sonntag im Jahreskreis

Schriftstellen: Weish 2,1a.12.17–20 / Jak 3,16–4,3 / Mk 9,30–37

Schriftlesung: Nach Mk 9,30–37

Jesus zog mit seinen Freunden durch das Land Galiläa. Unterwegs sagte er zu seinen Jüngern: »Der Menschensohn wird den Menschen ausgeliefert, und sie werden ihn töten; doch drei Tage nach seinem Tod wird er auferstehen.«
Sie verstanden den Sinn seiner Worte nicht, trauten sich aber nicht, ihn zu fragen.
Sie kamen in den Ort Kafarnaum. Als Jesus im Haus war, fragte er seine Freunde: »Worüber habt ihr unterwegs gesprochen?« Sie schwiegen, denn sie hatten unterwegs miteinander darüber gesprochen, wer von ihnen der Größte und der Wichtigste sei.
Da setzte er sich, rief alle, damit sie ihm zuhörten und sagte zu ihnen: »Wer der Erste sein will, soll der Letzte von allen und der Diener aller sein.«
Da kam ein Kind. Jesus rief es zu sich. Er stellte das Kind in ihre Mitte, nahm es in seine Arme und sagte zu ihnen: »Wer ein solches Kind um meinetwillen aufnimmt, der nimmt mich auf; wer aber mich aufnimmt, der nimmt nicht nur mich auf, sondern den, der mich gesandt hat.«

Thematische Stichworte

Kind sein / Dienen / Wer der Erste sein will, soll der Letzte sein

Liedvorschläge für die Altersgruppen

3–10: Wenn einer sagt, ich mag dich, du (SL 221)
7–13: Wegzeichen (SL 209)
11–13: Einsam bist du klein (SL 215)
Selig seid ihr (SL 210)

Gestaltung der Mitte

Ein Foto von einem Kind auf einem Tuch mit einer Jesuskerze

Ausmalvorlage

3 bis 6 Jahre

Gebet
Guter Jesus, du sagst:
Auch wir Kinder sind wichtig.
Du hast uns lieb.
Danke. Amen.

Schriftlesung

Rosen verschenken
Jedes Kind malt das Bild einer Rose aus. Zum Friedensgruß der Gemeinde werden diese Blumen dann verteilt an jemanden, den die Kinder lieb haben. Wenn kein Gemeindegottesdienst stattfindet, schenken sich die Kinder die ausgemalten Rosen gegenseitig.

Lied: Vom Frieden reden hilft nicht viel

2. Der Frieden wächst, wie Rosen blüh'n,
so bunt, so schön und still.
Er fängt bei uns zu Hause an,
bei jedem, der ihn will.

3. Vom Frieden reden hilft nicht viel,
auch nicht, dass man marschiert.
Er kommt wie Lachen, Dank und Traum,
schon wenn man ihn probiert.

4. Man braucht zum Frieden Liebe,
natürlich auch Verstand,
und wo es was zu heilen gibt:
natürlich jede Hand.

T: Eva Rechlin M: Peter Janssens
Aus: Der grüne Zweig, 1980
Textrechte: Eva Rechlin, Schönau; Musikrechte: Peter Janssens Musik Verlag, Telgte

Spielanleitung
Alle Kinder stehen im Kreis. In der Mitte des Kreises liegt ein großes Bild einer Rose.
Zu den ersten beiden Zeilen reichen sich die Kinder die Hand. Sie wiegen im Rhythmus nach rechts und nach links. Bei den beiden letzten Zeilen gehen sie rechts herum im Kreis, bei der Wiederholung links herum.

7 bis 10 Jahre

Gebet
Jesus, du willst nicht, dass einer sagt:
Ich bin der Stärkste!
Ich bin der Wichtigste!
Wer stark ist, soll etwas für die,
die schwächer sind, tun und ihnen dienen.
Hilf uns, das immer besser zu verstehen
und zu befolgen! Amen.

Schriftlesung

Geschichte: Der Wunsch des Hirten
Es war einmal ein Hirte, der außer einigen Schafen nichts besaß als eine Flöte, die er sich aus dem Ast eines Holunderbaumes geschnitzt hatte. Es verging kein Tag, ohne dass er darauf spielte, manchmal laut, manchmal leise, manchmal traurig; je nachdem, wie es ihm zumute war. Wenn er seine Lieder spielte, erfüllte ihn der Wunsch nach etwas Vollkommenem. Und die Hoffnung, es zu finden, schenkte ihm neue Melodien.
Eines Tages, als er wieder auf seiner Flöte spielte, entdeckte er einen Vogel. Er saß auf dem Holunderbaum und hörte ihm zu. Sein Federkleid leuchtete in allen Farben des Regenbogens. Oh, dachte der Hirte erschrocken, da ist es endlich, das Vollkommene, nach dem ich mich sehne!
Er schlich an den Holunderbaum heran, um den Vogel zu fangen. Doch als er ihn mit den Händen fassen wollte, erhob sich der Vogel in die Luft und flog ins Geäst der Tanne. Der Wunsch des Hirten, den Vogel zu besitzen, war so groß, dass er beschloss, ihm zu folgen. Als der Hirte nun zu der Tanne kam, erhob sich der Vogel in die Luft und flog davon. An seiner Stelle fand der Hirte eine von einer Katze bedrohte Amsel. Kaum hatte der Hirte die Katze vertrieben, entdeckte er den Vogel am Rande eines Weihers. Aber als der Hirte zu dem Weiher kam, erhob sich der Vogel in die Luft und flog davon. An seiner Stelle fand der Hirte einen im Netz gefangenen Fisch, der ihn um Hilfe bat. Kaum hatte der Hirte den Fisch befreit, entdeckte er den Vogel auf der Kuppe eines Hügels. Aber als der Hirte zu dem Hügel kam, erhob sich der Vogel in die Luft und flog davon. An seiner Stelle fand der Hirte eine von der Hitze verdorrte Blume, die ihn um Hilfe bat. Kaum hatte der Hirte die Blume bewässert, entdeckte er den Vogel am Ufer des Meeres. Aber als der Hirte ans Ufer des Meeres kam, erhob sich der Vogel in die Luft und flog übers Wasser der untergehenden Sonne zu.
Ach, dachte der Hirte, der Vogel hat mich zum Narren gehalten. Enttäuscht machte er sich auf den Rückweg nach Hause zu seinen Schafen. Als er nun wieder auf den Hügel kam, da öffnete sich vor seinen Augen eine wunderbare Blume. Am Weiher erwartete ihn ein Fisch, der sich seines Lebens freute. Und auf der Tanne grüßte ihn eine Amsel mit ihrem Lied.
Da wusste der Hirte, dass es einen Sinn hatte, sich bis ans Ende seiner Tage nach Vollkommenheit zu sehnen, auch wenn sie sich nie mit den Händen fassen lassen wird.

Max Bolliger

Rechte beim Autor

Gestaltung zur Geschichte
(siehe Seite 211)

11 bis 13 Jahre

Gebet

Herr Jesus Christus, du sagst:
Wer groß sein will, muss dienen können.
Wer klug sein will, muss seine Klugheit
für die anderen einsetzen.
Hilf uns, unsere Stärken zu erkennen
und für andere einzusetzen. Amen.

Schriftlesung

Verklanglichung zur Geschichte: Der Wunsch des Hirten

Während die Geschichte vorgelesen wird, werden die einzelnen Elemente verklanglicht. Die Flötenmelodie zieht sich durch die ganze Geschichte; die Melodie des Wundervogels bis zu der Stelle, an der er der untergehenden Sonne zufliegt.

Vorstellung:	***Verklanglichung:***
Hirt	*Flötenmelodie erfinden*
Wunsch nach Vollkommenem	*leiser Schlag mit Watteschlegel auf Becken*
Der wunderbare Vogel	*Melodie auf dem Glockenspiel*
Der Hirt folgt dem Vogel.	*Schrittgeräusche auf der Handtrommel und Flötenmelodie folgen der Glockenspielmelodie.*
Katze	*Rassel*
Amsel	*Klangstäbe*
Fisch im Netz	*Schellen*
verdorrte Blume	*Holzblocktrommel*
Wasser	*Glockenkranz*
untergehende Sonne	*leiser Schlag auf dem Becken*
Amsel, Fisch und Blume begegnen dem Hirten.	*Die Instrumente jeweils wie oben, die Flötenmelodie und der leise Klang des Beckens gleichzeitig.*

Reißbild

Material: selbst klebendes Buntpapier, weißes Papier, Stifte

Den Wundervogel auf Papier zeichnen und mit buntem Papier, das vorher in kleine Schnipsel gerissen wurde, bekleben. Indem man den Vogel als Plakat groß gestaltet, kann man auch ein Gemeinschaftsbild herstellen.

26. Sonntag im Jahreskreis

Schriftstellen: Num 11,25–29 / Jak 5,1–6 / Mk 9,38–43.45.47–48

Schriftlesung: Nach Mk 9,38–43.45.47–48
Einmal sagte Johannes zu Jesus: »Meister, wir haben gesehen, wie jemand in deinem Namen Dämonen austrieb; und wir versuchten, ihn daran zu hindern, weil er uns nicht nachfolgt und nicht zu uns gehört.«
Jesus erwiderte: »Hindert ihn nicht! Keiner, der in meinem Namen Wunder tut, kann so leicht schlecht von mir reden. Denn wer nicht gegen uns ist, der ist für uns. Wer euch auch nur einen Becher Wasser zu trinken gibt, weil ihr zu Christus gehört – amen, ich sage euch: Er wird nicht um seinen Lohn kommen.
Wenn dich deine Hand zum Bösen verführt, dann hau sie ab; es ist besser für dich, verstümmelt in das Leben zu gelangen, als mit zwei Händen in die Hölle zu kommen, in das nie erlöschende Feuer. Und wenn dich dein Fuß zum Bösen verführt, dann hau ihn ab; es ist besser für dich, verstümmelt in das Leben zu gelangen, als mit zwei Füßen in die Hölle geworfen zu werden.
Und wenn dich dein Auge zum Bösen verführt, dann reiß es aus; es ist besser für dich, einäugig in das Reich Gottes zu kommen, als mit zwei Augen in die Hölle geworfen zu werden, wo ihr Wurm nicht stirbt und das Feuer nicht erlischt.«

Thematische Stichworte
Wer nicht gegen uns ist, der ist für uns / Mit allen Sinnen das Gute tun

Liedvorschläge für die Altersgruppen
3–6: Ich freue mich und springe (S. 61)
Pass auf, kleines Auge (SL 164)
7–10: Halte zu mir, guter Gott (SL 249)
Gott hat alles gut geschaffen (SL 245)
11–13: Zeige uns den Weg (SL 238)

Gestaltung der Mitte
Eine Jesuskerze auf einem Tuch

Ausmalvorlage

3 bis 6 Jahre

Gebet
Guter Gott, du möchtest für uns das Gute.
Wir sollen mit Augen, Ohren,
Händen und Füßen entdecken,
was du uns schenkst.
Danke. Amen.

Schriftlesung

Geschichte: Wie Loma den guten Gott fand (1)
»Großvater, erzählst du mir am Abend wieder eine Geschichte?« So fragte Loma, der kleine Indianerjunge. Den ganzen Tag über hatte Großvater viel, viel Arbeit. Aber am Abend, da rauchte er die lange Pfeife und erzählte dem Kind Geschichten – eine schöner als die andere.
Da stand nun Loma und wartete auf den Großvater. Er stand am Fenster und sah hinaus in den Garten. Da leuchtete ein Stern durch die Zweige des Baumes, und noch ein Stern und noch ein Stern und der Mond. Loma schaute lange auf die Sterne und den Mond im Dunkel der Nacht.
»Großvater, wer hat uns die Sterne und den Mond gegeben?« »Gott hat Sterne und Mond erschaffen, kleiner Loma, Gott!« Loma dachte nach. »Gott? Wie gut muss Gott sein, dass er uns so schöne Lichter am Himmel geschenkt hat!«
Am anderen Morgen spielte Loma im Sand. Er ließ die hellen Sandkörner durch seine Finger rieseln und schaute dann auf seine Hände. »Großvater, wer hat mir die Hände geschenkt, damit ich spielen kann?« »Gott«, sagte Großvater wie am Abend vorher. Und Loma dachte wieder nach: »Gott hat mir die Hände gegeben. Gott ist gut!«
Wieder einen Tag später lief Loma über das weite Grasland bis in den Wald. »Gut, dass ich so flinke Füße habe«, freute er sich. Am Abend fragte Loma den Großvater: »Großvater, sag mir, wer gab mir die Füße, dass ich bis in den Wald laufen kann?« Und wieder sagte der Großvater: »Gott, Loma.« Gott ist gut, dachte Loma, er hat mir die Füße zum Laufen gegeben.
»Wo wohnt Gott? Ich will hingehen und mich bei ihm bedanken, ich will ihn suchen, ich muss ihn finden, ich will ganz nahe bei ihm sein!«
So sehr wurde Loma von diesen Gedanken getrieben, dass er sich einfach leise, unbemerkt auf den Weg machte. Er steckte eine Flasche mit Saft und einige Äpfel in die Tasche und hing sich einen warmen Poncho um gegen die Kälte der Nacht.
Gott wird sich über den süßen Saft und über die Äpfel freuen, dachte Loma. Ich will ihm alles schenken. Und er zog seines Weges. Er wanderte immerfort. Da hörte Loma ganz in der Nähe ein Kind weinen. Es weinte vor Kälte, und seine Mutter fror auch. »Gott ist gut«, sagte Loma für sich. »Wie kann er sich freuen, wenn ich zu ihm komme, wenn er hört, dass ich eine arme Mutter mit ihrem Kind frieren ließ?« Und er schenkte der armen Frau und dem kleinen Kind seinen Poncho und ging weiter. Da trat ihm ein Junge in den Weg. Sehr erbärmlich und hungrig sah er aus. »O, du hast Äpfel, bitte, gib mir einen Apfel, ich sterbe sonst vor Hunger!« Loma sah das arme Kind an und schenkte ihm alle Äpfel. »Gott ist gut«, dachte Loma wieder. »Wie könnte er sich an meinen Äpfeln freuen, wenn er hört, dass ich sie einem armen Kind verweigert habe!«
Und wieder ging er seines Weges. Da traf er einen alten Mann. Der saß am Wegrand auf der Erde und konnte vor Müdigkeit kaum die Augen öffnen.

(Fortsetzung auf Seite 214)

7 bis 10 Jahre

Gebet
Guter Gott,
du hast uns Hände und Füße,
Mund und Ohren gegeben,
damit wir damit Gutes tun.
Wir bitten dich:
Hilf uns dabei. Amen.

Schriftlesung

Geschichte: Wie Loma den guten Gott fand (2)
»Gib mir zu trinken«, bat der alte Mann. »Seit zwei Tagen habe ich nicht einen Schluck getrunken.« »Gott ist gut«, dachte Loma. »Wie kann er sich an meinem süßen Saft freuen, wenn er hört, dass ich einen alten Mann verdursten ließ?« Und er verschenkte seinen Saft und ging weiter. Von dem weiten Weg wurde er so müde, dass er sich hinlegen musste. »Wie soll ich Gott nun danken?«, dachte er noch und schlief ein. Als er aufwachte, fand er sich in den Armen des Großvaters wieder. Der hatte sich auf den Weg gemacht, um ihn zu suchen. »Großvater, ich habe Gott gesucht! Nun weiß ich noch nicht, wo er wohnt!« Und er erzählte dem Großvater alles, was er erlebt hatte. »Ach Großvater, ich habe Gott nicht gefunden!« »Doch, mein kleiner Loma, du hast Gott gefunden. Und er hat all deine Geschenke bekommen, den Poncho, den süßen Saft, die Äpfel! Gott liebt die Menschen so sehr, dass er alles Gute, was wir den Menschen geben, selbst annimmt.« »Aber Großvater, ich habe Gott nicht gesehen!« »Loma, wir können ihn auch nicht sehen. Aber hast du nicht gespürt, dass er ganz nahe bei dir ist? Komm, lege einmal deine kleine Hand in meine große Hand. Sieh, so wie meine Hand deine kleine Hand nun umgibt und hält und schützt und wärmt und ich dir so zeige, wie lieb ich dich habe, so umgibt Gott dich und jeden einzelnen Menschen. So sehr liebt er sie.«
Loma ließ die Hand des Großvaters nicht mehr los, als sie nach Hause gingen. Und glücklich sangen beide ein Lied.

Aus: Materialheft Schule und Mission, 1982, Päpstliches Missionswerk der Kinder in Deutschland, Aachen

11 bis 13 Jahre

Gebet
Herr Jesus Christus, manchmal sagst du
Dinge, die wir nur schwer verstehen können.
Du willst, dass wir das Gute tun.
Aber vieles Böse geschieht in der Welt.
Hilf, dass die Welt
durch unsere Hände und Füße,
durch unsere Augen, Ohren
und unseren Mund schöner wird. Amen.

Gestaltung: Böses und Gutes
In die Kästchen malen und eintragen, wie und wo wir erleben, dass in der Welt mit diesen Sinnesorganen Böses bzw. Gutes getan (oder auch Gutes nicht getan) wird. Überlegen, wie wir zum Guten beitragen können.

Schriftlesung

Womit	geschieht Böses auf der Welt,	wird Gutes getan?
Hände		
Füße		
Augen		
Ohren		
Mund		

27. Sonntag im Jahreskreis

Schriftstellen: Gen 2,18–24 / Hebr 2,9–11 / Mk 10,2–16

Schriftlesung: Nach Gen 2,18–24

Dann sprach Gott, der Herr: »Es ist nicht gut, dass der Mensch allein bleibt. Ich will ihm eine Hilfe machen, die ihm entspricht.«
Gott, der Herr, formte aus dem Ackerboden alle Tiere des Feldes und alle Vögel des Himmels und führte sie dem Menschen zu, um zu sehen, wie er sie benennen würde. Und wie der Mensch jedes lebendige Wesen benannte, so sollte es heißen.
Der Mensch gab Namen allem Vieh, den Vögeln des Himmels und allen Tieren des Feldes. Aber eine Hilfe, die dem Menschen entsprach, fand er nicht.
Da ließ Gott, der Herr, einen tiefen Schlaf auf den Menschen fallen, so dass er einschlief, nahm eine seiner Rippen und verschloss ihre Stelle mit Fleisch.
Gott, der Herr, baute aus der Rippe, die er vom Menschen genommen hatte, eine Frau und führte sie dem Menschen zu.
Und der Mensch sprach: »Das endlich ist Bein von meinem Bein und Fleisch von meinem Fleisch. Frau soll sie heißen; denn vom Mann ist sie genommen.«
Darum verlässt der Mann Vater und Mutter und bindet sich an seine Frau, und sie werden ein Fleisch.

Thematische Stichworte

(Verantwortung für die) Schöpfung / Es ist nicht gut, dass der Mensch allein ist

Liedvorschläge für die Altersgruppen

3–6: Ich, die Sonnenblume (SL 299)
3–10: Du hast uns deine Welt geschenkt (SL 302)
11–13: Eine Handvoll Erde (SL 305)

Gestaltung der Mitte

Aus Tüchern die Schöpfung nachlegen (Erde, Wasser, Blumen, Fotos von Menschen)

Ausmalvorlage

3 bis 6 Jahre

Gebet
Guter Gott, du hast uns
deine Welt geschenkt.
Die Bäume und Blumen,
die Vögel und Tiere und die Menschen.
Dafür danken wir dir. Amen.

Schriftlesung

Bildgestaltung: Früchtekorb
Miteinander über das Erntedankfest sprechen
und das Bild bunt malen.

7 bis 10 Jahre

Gebet
Guter Gott,
wir danken dir für deine Welt.
Du hast sie so wunderbar geschaffen,
dass wir nur danke sagen können.
Wir bitten dich, lass es uns nie vergessen. Amen.

Schriftlesung

Der Sonnengesang des Franz von Assisi
Zu den einzelnen Strophen des Sonnengesanges Bilder malen und Strophen mit Orffinstrumenten in Klang umsetzen.
Gelobt seist du
durch unsere Schwester Sonne.
Sie scheint für uns am Tag,
leuchtend und schön.
Gelobt seist du
durch unseren Bruder Mond und die Sterne.
Du hast sie geschaffen für die Nacht,
klar und leuchtend wie Edelsteine.
Gelobt seist du
durch unseren Bruder Wind und die Luft,
durch die Wolken und jegliches Wetter.
So erhältst du die Welt.
Gelobt seist du durch unsere Schwester Wasser. Sie ist köstlich und rein.
Gelobt seist du durch unseren Bruder Feuer.
Er leuchtet uns in der Nacht. Er ist schön und freundlich, gewaltig und stark.
Gelobt seist du durch unsere Mutter Erde.
Auf ihr wachsen Bäume und Sträucher,
Kräuter und Blumen.
Sie schenkt uns Nahrung
und Freude am Leben.
Gelobt seist du durch alle Menschen,
die den Frieden wollen und die zeigen,
dass du die Menschen liebhast.
Du bist bei ihnen,
auch wenn sie krank sind und Not leiden.
Gelobt seist du durch unseren Bruder Tod.
Alles auf der Welt vergeht,
aber du schenkst Leben, das nie aufhört.

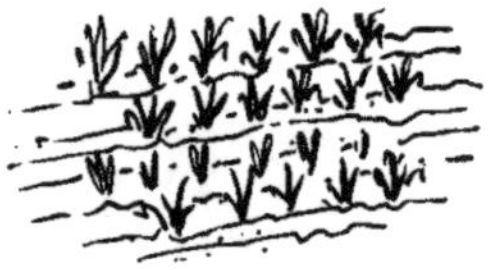

11 bis 13 Jahre

Gebet
Guter Gott,
du hast uns deine Schöpfung anvertraut.
Hilf uns, damit wir verantwortungsvoll
mit ihr umgehen. Amen.

Schriftlesung

Stilleübung: Eine Handvoll Erde
Alle sitzen im Kreis. In der Mitte liegt auf einem Brett ein großer Erdhaufen. Alle schauen zur Mitte. L spricht:
Nacheinander wollen wir jetzt zur Mitte gehen und uns eine Handvoll Erde holen.

Wenn alle wieder auf ihren Plätzen sitzen, spricht L:

Eine Handvoll Erde,
schau sie dir an.
Gott sprach einst:
Es werde! Denke daran.

Der kurze Text wird zwischendurch immer wieder gesprochen.

Eine Handvoll Erde halten wir in der Hand.
Wir spüren, wie kühl sie ist.
Wir sehen ihre dunkle Farbe.
Wir ahnen ihre bergende Kraft.

In der Erde ist es dunkel und feucht.
In der dunklen Erde
leben viele kleine Lebewesen,
die sie durch ihre unermüdliche Arbeit fruchtbar machen.
Die Erde birgt den Samen,
die Blumenzwiebel,
aus der die schönsten
und nützlichsten Pflanzen wachsen.
Ob kleine Gräser oder riesige Bäume,
sie alle entspringen der Erde.
Und sie birgt kostbare Schätze
und Mineralien.

Die Erde gibt allem Halt,
was auf ihr lebt und wächst.
In sie hinein
verankern die Bäume ihre Wurzeln.
In sie hinein bauen Tiere ihre Höhlen.
Auf ihr bauen Menschen ihre Häuser.
Auf ihr bewegen sich Menschen und Tiere.
Die Erde ist der tragende Grund.

Eine Handvoll Erde halten wir in der Hand.
Wir spüren, wie kühl sie ist.
Wir sehen ihre dunkle Farbe.
Wir ahnen ihre bergende Kraft.

Alle sprechen noch einmal den kurzen Text »Eine Handvoll Erde« und tragen dann vorsichtig ihre Handvoll Erde wieder zur Mitte.

28. Sonntag im Jahreskreis

Schriftstellen: Weish 7,7–11 / Hebr 4,12–13 / Mk 10,17–30

Schriftlesung: Nach Mk 10,17–30

Als sich Jesus wieder auf den Weg machte, lief ein Mann auf ihn zu, fiel vor ihm auf die Knie und fragte ihn: »Guter Meister, was muss ich tun, um das ewige Leben zu gewinnen?«

Jesus antwortete: »Warum nennst du mich gut? Niemand ist gut außer dem einen Gott. Du kennst doch die Gebote: Du sollst nicht töten, du sollst nicht die Ehe brechen, du sollst nicht stehlen, du sollst nicht falsch aussagen, du sollst keinen Raub begehen; ehre deinen Vater und deine Mutter!«

Er erwiderte ihm: »Meister, alle diese Gebote habe ich von Jugend an befolgt.«

Da sah ihn Jesus an, und weil er ihn lieb hatte, sagte er: »Eines fehlt dir noch: Geh, verkaufe, was du hast, gib das Geld den Armen, und du wirst einen bleibenden Schatz im Himmel haben; dann komm und folge mir nach!«

Der Mann aber war betrübt, als er das hörte, und ging traurig weg; denn er war sehr reich.

Da sah Jesus seine Jünger an und sagte zu ihnen: »Wie schwer ist es für Menschen, die viel besitzen, in das Reich Gottes zu kommen!«

Die Jünger waren über seine Worte bestürzt. Jesus aber sagte noch einmal zu ihnen: »Meine Kinder, wie schwer ist es, in das Reich Gottes zu kommen! Eher geht ein Kamel durch ein Nadelöhr, als dass ein Reicher in das Reich Gottes gelangt.«

Sie aber erschraken noch mehr und sagten zueinander: »Wer kann dann noch gerettet werden?«

Jesus sah sie an und sagte: »Für Menschen ist das unmöglich, aber nicht für Gott; denn für Gott ist alles möglich.«

Da sagte Petrus zu ihm: »Du weißt, wir haben alles verlassen und sind dir nachgefolgt.«

Jesus antwortete: »Amen, ich sage euch: Jeder, der um meinetwillen und um des Evangeliums willen Haus oder Brüder, Schwestern, Mutter, Vater, Kinder oder Äcker verlassen hat, wird das Hundertfache dafür empfangen: Jetzt in dieser Zeit wird er Häuser, Brüder, Schwestern, Mütter, Kinder und Äcker erhalten, wenn auch unter Verfolgungen, und in der kommenden Welt das ewige Leben.«

Thematische Stichworte

Nachfolge Jesu / Reich und Arm / Kamel und Nadelöhr / Für Gott ist alles möglich

Liedvorschläg für die Altersgruppen

3–10: Kindermutmachlied (SL 221)
7–13: Wir spinnen feine Fäden (SL 222)
11–13: Wenn jeder gibt, was er hat (SL 53)

Gestaltung der Mitte

Eine Jesuskerze auf einem Tuch, dazu ein Foto vom Reichtum

Ausmalvorlage

3 bis 6 Jahre

Gebet
Guter Gott, du schenkst uns alles,
was wir zum Leben brauchen.
Wir aber wollen oft immer noch mehr.
Bitte zeige uns,
was wirklich wichtig ist für uns. Amen.

Schriftlesung

Geschichte: Hans im Glück
Sieben Jahre hatte Hans bei seinem Herrn gearbeitet. Jetzt sagte er: »Herr, sieben Jahre habe ich für dich gearbeitet, jetzt möchte ich gerne wieder zurück zu meiner Mutter. Bitte, gib mir meinen Lohn.« Sein Herr gab ihm einen dicken Klumpen Gold als Lohn mit auf die Reise. Hans machte sich auf den Weg. Unterwegs begegnete ihm ein Reiter. Ach, dachte Hans bei sich, Reiten ist besser als laufen. Der Reiter hielt an und Hans sagte: »Gib mir dein Pferd, dafür gebe ich dir meinen Klumpen Gold.« Der Reiter war einverstanden und so ritt Hans weiter auf seinem Pferd. Aber das Pferd bockte und warf Hans ab.
Ein Bauer, der gerade mit seiner Kuh daher kam, fing das Pferd ein. Hans sagte: »So eine Kuh, das ist fein. Sie gibt Milch, daraus kann man Butter und Käse machen.« »Dann kannst du gerne dein Pferd gegen meine Kuh eintauschen!«, sagte der Bauer. Hans war einverstanden. Der Bauer ritt auf dem Pferd davon und Hans trieb gemütlich seine Kuh vor sich her.
Als er dann durstig war, wollte er seine Kuh melken. Aber so sehr er sich auch abmühte: Die Kuh gab keine Milch. Als es ihr dann zu bunt wurde, gab sie Hans einen solchen Tritt, dass er im hohen Bogen in den Graben fiel.
Da kam ein Metzger vorbei, der auf einer Schubkarre ein junges Schwein fuhr. Hans sagte: »Ich habe versucht, diese Kuh zu melken, aber sie gab mir nur einen Tritt.« Da sagte der Metzger: »Diese Kuh ist viel zu alt zum Melken. Sie taugt nur noch, um geschlachtet zu werden.« Hans antwortete: »So eine Kuh ist mir dann aber zu groß. Lass uns tauschen! Gib mir dein Schwein für diese Kuh!« Der Metzger war einverstanden.
Unterwegs traf Hans einen jungen Burschen, der eine Gans unter dem Arm trug. Der sagte zu ihm: »Na, ob du mit diesem Schwein wohl weit kommen wirst? Ich habe gehört, dass im nächsten Dorf ein Schwein gestohlen wurde.« »Oh«, sagte Hans, »vielleicht ist es besser, du nimmst das Schwein und gehst in die andere Richtung und ich nehme dafür deine Gans, mit der ich nach Hause zurückkehren kann.« Der Bursche war einverstanden.
Als Hans durch das letzte Dorf gekommen war, sah er einen Scherenschleifer. Bei seiner Arbeit sang er ein Lied. Hans dachte sich: »So ein Schleifstein ist ein schönes Ding. Wenn man damit arbeitet, ist man immer fröhlich.« Der Scherenschleifer sprach Hans an: »Du hast aber eine schöne Gans! Wo hast du die nur her?« »Die habe ich gegen ein Schwein eingetauscht.« »Und das Schwein?« »Gegen eine Kuh!« »Und die Kuh?« »Gegen einen schönen großen Klumpen Gold, den ich als Lohn für meine Arbeit bekommen habe!« »Da hast dur dir immer zu helfen gewusst!«, sagte der Schleifer. »Es wird dir dann auch nicht schwer fallen, dein Glück zu machen! Für die Gans da tausche ich dir einen Schleifstein ein und bei deinem Geschick wirst du damit schnell reich werden!«
Hans war einverstanden und ging glücklich weiter. Irgendwann wurde er sehr müde. Der Stein wurde immer schwerer und drückte ihn. Da er durstig war, machte er an einem Brunnen Rast. Er legte den Stein auf den Brunnenrand und – plumps – war er dagegen gestoßen und der Stein fiel in den Brunnen hinab. Hans schaute ihm verblüfft nach. Dann machte er einen Freudensprung und dankte Gott dafür, dass er ihm auch diese Last abgenommen hatte. »Ich bin der glücklichste Mensch auf der ganzen Welt!«, rief er aus und lief froh und befreit von aller Last nach Hause zu seiner Mutter.

Nach einem Märchen der Brüder Grimm

Gestaltung
(siehe Seite 222)

7 bis 10 Jahre

Gebet
Guter Gott, du schenkst uns so viel.
Wir wollen immer mehr haben.
Lehre uns zu verstehen,
dass wir auch glücklich sein können,
wenn wir nicht alles bekommen,
was wir haben möchten. Amen.

Gespräch
Was macht uns froh und glücklich? Was ist wirklich wichtig für unser Leben?
Wie war das mit dem jungen Mann in der Erzählung mit Jesus? Wie ergeht es Hans, der alles verliert?

Schriftlesung

Gestaltung zur Geschichte vom »Hans im Glück«

Vorstellung:	***Gestaltung:***	***Verklanglichung:***
Hans		*Für Hans eine Melodie erfinden, die je nach Gemütslage langsam und traurig oder fröhlich und schnell gespielt wird.*
Hans bei der Arbeit	*Ein braunes Tuch auf dem Boden ausbreiten.*	*Schläge im gleichmäßigen Rhythmus auf der Handtrommel*
Hans erhält den Klumpen Gold als Lohn.	*Eine gelbe Scheibe aus Tonpapier als Goldklumpen in die Mitte legen.*	*Töne mit der Triangel erzeugen.*
Das Pferd	*Das Bild eines Pferdes zur Mitte legen.*	*Schläge im Rhythmus der Pferdebewegung auf den Klanghölzern*
Die Kuh	*Das Bild einer Kuh zur Mitte legen.*	*Langsam mit einer Kuhglocke läuten.*
Das Schwein	*Das Bild eines Schweines zur Mitte legen.*	*Blockrasseln*
Die Gans	*Das Bild einer Gans zur Mitte legen.*	*Tiefe Töne auf dem Glockenspiel*
Der Stein	*Ein Stein wird zur Mitte gelegt.*	*Langsame, schwere Töne auf der Handtrommel*
Hans ist glücklich.	*Ein rotes Tuch der Freude über alle Dinge in der Mitte breiten.*	*Die Melodie von Hans wird jetzt fröhlich hüpfend gespielt.*

11 bis 13 Jahre

Gebet
Herr Jesus Christus, du sagst:
Für Reiche ist es schwer,
in das Himmelreich zu kommen.
Wir haben viel und sind reich.
Zeige uns Wege zu dir! Amen.

Schriftlesung

Gedanken der Personen im Evangelium
Die Gedanken der angegebenen Personen zum weiteren Verlauf des Evangeliums aufschreiben. Hinterher die verschiedenen Gedanken miteinander austauschen und ins Gespräch bringen.

Der junge Mann
Ich bin jung.
Ich habe von Jesus gehört.
Ich möchte mit ihm gehen.
Ich bemühe mich,
im Glauben alles richtig zu machen.
Ich bemühe mich, alle Gebote zu halten.
Ich will Jesus fragen, was ich noch tun kann.

Die Freunde Jesu
Habt ihr gehört, was Jesus gesagt hat?
Er soll alles verlassen
und weggeben, was er hat!
Wir haben doch auch viel!
Wer kann denn noch
in das Reich Gottes gelangen?
Was sagt Jesus da?

29. Sonntag im Jahreskreis

Schriftstellen: Jes 53,10–11 / Hebr 4,14–16 / Mk 10,35–45

Schriftlesung: Nach Mk 10,35–45

Einmal sprachen die beiden Brüder Jakobus und Johannes Jesus an und sagten: »Meister, wir möchten, dass du uns eine Bitte erfüllst.«
Er antwortete: »Was soll ich für euch tun?«
Sie sagten zu ihm: »Lass in deinem Reich einen von uns rechts und den anderen links neben dir sitzen.« Jesus erwiderte: »Ihr wisst nicht, um was ihr bittet. Könnt ihr den Kelch trinken, den ich trinke, oder die Taufe auf euch nehmen, mit der ich getauft werde?«
Sie antworteten: »Wir können es.« Da sagte Jesus zu ihnen: »Ihr werdet den Kelch trinken, den ich trinke, und die Taufe empfangen, mit der ich getauft werde. Doch den Platz zu meiner Rechten und zu meiner Linken habe nicht ich zu vergeben; dort werden die sitzen, für die diese Plätze bestimmt sind.«
Als die zehn anderen Jünger das hörten, wurden sie sehr ärgerlich über Jakobus und Johannes, weil sie bevorzugt wurden. Da rief Jesus sie zu sich und sagte: »Ihr wisst, dass die, die als Herrscher gelten, die Menschen oft unterdrücken und die Mächtigen ihre Macht über die Menschen missbrauchen. Bei euch aber soll es nicht so sein, sondern wer bei euch groß sein will, der soll euer Diener sein, und wer bei euch der Erste sein will, soll der Sklave aller sein. Denn auch der Menschensohn ist nicht gekommen, um sich dienen zu lassen, sondern um zu dienen und sein Leben hinzugeben als Lösegeld für viele.«

Thematische Stichworte

Dienen / Eifersucht / Wer groß sein will, soll dienen

Liedvorschläge für die Altersgruppen

3–6: Allein können wir nicht leben (SL 214)
7–10: Lasst uns miteinander (SL 17)
11–13: Einsam bist du klein (SL 215)

Gestaltung der Mitte

Eine goldene Krone als Zeichen der Macht auf einem blauen Tuch

Ausmalvorlage

3 bis 6 Jahre

Gebet
Gott, manchmal möchten wir unbedingt,
dass alle tun, was wir wollen.
Wir werden wütend und traurig,
wenn es nicht geschieht.
Bitte, hilf uns, auf die anderen
Menschen zu achten. Amen.

Schriftlesung

Stilleübung: Wenn ich ein König wäre
Alle sitzen im Kreis. In der Mitte liegt eine goldene Krone auf einem Tuch. L spricht:
Wir werden ganz still.
Wir schauen in die Mitte.
Wir sehen eine goldene Krone.
Ein König trägt eine Krone.
Wir sagen: Er ist mächtig.
Viele Menschen gehorchen ihm.
Wir schauen die Krone an.
Jetzt schlage ich einen Ton
auf dem Becken an.
Wir schließen die Augen und lauschen dem Ton, bis er verklungen ist.

L schlägt das Becken an.

Jetzt träumen wir.
Wir setzen uns die Krone auf,
die wir in der Mitte gesehen haben.
Jetzt bin ich ein König.
Alle Menschen tun, was ich sage.
Was sage ich den Menschen?
Was sollen sie tun?
Für mich sorgen?
Mich bedienen?
Mir alle Spielsachen der Welt bringen?
Sie sorgen dafür, dass es mir gut geht.
Jesus sagt:
Wenn du groß sein willst,
wenn du mächtig sein willst,
wenn du ein König sein willst,
dann musst du dich ganz klein machen.
Ein wirklicher König dient den Menschen.
Er sorgt dafür, dass es ihnen gut geht.
Wenn ich ein König wäre,
so wie Jesus es meint, was würde ich tun?
Ich würde meine Krone vom Kopf nehmen.
Ich würde schauen und genau hinsehen:
Was brauchen die Menschen,
die mich lieb haben?
Ich würde zuhören und trösten.
Den Armen würde ich zu essen geben.
Jeder sollte das bekommen,
was er zum Leben braucht.
So stellt sich Jesus einen König vor.
Jetzt öffnen wir die Augen.
Bei leiser Musik schauen wir die Krone in der Mitte noch ein wenig an.
Wir denken nach über das, was wir gehört haben.

7 bis 10 Jahre

Gebet
Guter Gott, du sagst:
Jeder von euch ist so viel wert wie ein König.
Dein Sohn Jesus sagt: Wer groß sein will,
wer ein König sein will,
soll dienen. Hilf uns dabei. Amen.

Schriftlesung

Geschichte: Vom König, der Gott sehen wollte
In einem fernen Land lebte einst ein König, den am Ende seiner Tage Schwermut befiel. »Seht«, sagte er, »nun habe ich in meinem Leben alles, was nur ein Mensch erleben und mit den Sinnen aufnehmen kann, erfahren, gehört und gesehen. Nur eines habe ich nicht gesehen in meinem ganzen Leben: Gott habe ich nicht gesehen. Ihn wünsche ich noch zu sehen.« Deshalb erließ der König an alle Machthaber, Weisen und Priester den Befehl, ihm Gott zu zeigen. Schwerste Strafen wurden ihnen angedroht, wenn es ihnen nicht gelänge. Der König gewährte eine Frist von drei Tagen.
Trauer kam über die Einwohner des königlichen Palastes, und alle warteten auf ihr bevorstehendes Ende. Genau nach drei Tagen um die Mittagszeit ließ der König sie vor sich rufen. Der Mund der Machthaber, der Weisen und der Priester aber blieb stumm. In seinem Zorn war der König schon bereit, das Todesurteil auszusprechen.
Da kam ein Hirte vom Felde, der von des Königs Befehl gehört hatte, und sagte: »Erlaube mir, König, deinen Wunsch zu erfüllen!«
»Gut«, sagte der König, »aber bedenke, es geht um deinen Kopf!«
Der Hirte führte den König auf einen freien Platz und zeigte ihm die Sonne. »Sieh hin«, sagte er. Der König hob seine Augen und wollte die Sonne sehen. Aber der Glanz blendete ihn, und er senkte den Kopf und schloss die Augen. »Willst du, dass ich erblinde?«, sagte er zu dem Hirten. »Aber König, das ist doch nur ein Ding der Schöpfung, ein schwacher Abglanz der Größe Gottes, ein kleines Fünkchen seines flammenden Feuers. Wie willst du mit deinen schwachen, tränenden Augen Gott sehen? Suche ihn mit anderen Augen.«
Der Einfall gefiel dem König. Er sagte zu dem Hirten: »Ich erkenne deinen Geist und sehe die Größe deiner Seele. Antworte mir nun: Was war vor Gott?« Nach einigem Nachdenken sagte der Hirt: »Sei nicht zornig wegen meiner Bitte, aber zähle!« Der König begann: »Eins, zwei –« »Nein, nein«, unterbrach ihn der Hirt, »nicht so, fange mit dem an, was vor eins kommt!« – »Wie kann ich denn? Vor eins gibt es doch nichts.« – »Sehr weise gesprochen, Herr. Auch vor Gott gibt es nichts.« Diese Antwort gefiel dem König noch besser als die vorhergehende.
»Ich werde dich reich beschenken, vorher aber antworte noch auf die dritte Frage. Was macht Gott?« Der Hirt sah, dass des Königs Herz weich geworden war. »Gut«, sagte er, »auch darauf will ich dir antworten. Nur um eines bitte ich dich: Lass uns die Kleider für eine kurze Zeit tauschen.« Und der König legte die Zeichen seiner Königswürde ab, kleidete damit den Hirten, und selbst zog er dessen unscheinbaren Rock an und hängte sich die Hirtentasche um. Und der Hirt setzte sich auf den Thron, nahm das Zepter und zeigte damit auf den an den Stufen seines Thrones mit seiner Hirtentasche stehenden König. »Siehst du, das macht Gott! Den einen erhebt er auf den Thron, und den anderen lässt er heruntersteigen.« Und der Hirt zog wieder seine eigenen Kleider an.
Der König stand in Gedanken versunken. Das letzte Wort des Hirten brannte auf seiner Seele. Aber plötzlich ermannte er sich, und unter sichtbaren Zeichen der Freude sagte er: »Jetzt sehe ich Gott.«

Leo N. Tolstoi

11 bis 13 Jahre

Gebet
Herr Jesus Christus, du sagst:
Wer der Größte unter euch sein will,
soll der Diener aller sein
Das ist für uns schwer zu begreifen.
Wir möchten gerne selber
die Größten und die Besten sein.
Hilf uns, immer mehr zu erkennen,
was du meinst. Amen.

Schriftlesung

Geschichte: Gespräch der Kleinen
Es war Abend geworden am kleinen Fluss, und die Dämmerung träumte sich in den Nebel hinein, der zwischen den Gräsern kroch wie heimliche Schleier.
Ganz zufällig trafen sich da ein Regentropfen, ein Pfennig und eine Ameise. Oder ist es nicht zufällig, wenn die Kleinen der Welt sich im Schutze des Nebels treffen?«
»Wisst ihr«, begann der Tropfen, »ich will ja nicht klagen; aber ich fühle mich so unwichtig. Wozu gibt es mich überhaupt? Ich habe doch keinen Sinn.«
Und wenn er nicht selber Tropfen gewesen wäre, hätte er ganz sicher einen Tropfen geweint. Aber auch das wäre sinnlos gewesen; denn wer sieht schon die Tränen der Kleinen?
»Ich verstehe dich gut«, meinte der Pfennig, »mir geht es ja ganz genauso. Keiner bückt sich nach mir. Wozu bin ich eigentlich geprägt worden?«
»Ihr habt gut reden«, meinte die Ameise traurig, »seht mal, mir geht es doch noch schlimmer: Unter Tausenden bin ich nur ein Arbeitstier, und beachtet werde ich schon gar nicht. Die Hauptsache ist, dass ich funktioniere.«
»Ihr habt sicher Recht«, begann der Tropfen wieder. »Aber bedenkt doch: Die Menschen stehen staunend vor den Niagara-Fällen oder am großen Meer. Wer überlegt sich aber schon, dass auch das größte Wasser nur möglich wird durch uns kleine Tropfen?«
»Mir geht es doch ebenso«, warf der Pfennig ein, »wer denkt schon darüber nach, dass auch der größte Reichtum letztlich nur aus Pfennigen besteht?«
»Sicher«, meinte die Ameise, »so gesehen haben wir dasselbe Schicksal; denn wer macht sich schon klar im Leben, dass alles Große nur aus der gemeinsamen Kraft der Kleinen entsteht?«
Während sie so miteinander sprachen und ihr Leben bedachten, war die Dunkelheit voll hereingebrochen, und die leisen Stimmen der Nacht waren plötzlich sehr laut. Das Gespräch der drei aber hatte unterschiedliche Folgen: Der Pfennig fügte sich in sein Schicksal, setzte Rost an und kam eines Tages unter die Räder. Der Tropfen hingegen zerrann vor Selbstmitleid. Die Ameise jedoch gewann Selbstvertrauen und entdeckte eine wichtige Erkenntnis: Ich bin, weil wir sind, und wir sind, weil ich bin!

Peter Spangenberg

Aus: Peter Spangenberg, Na gut, ... sagte der Bär, © Agentur des Rauhen Hauses, Hamburg 1996

30. Sonntag im Jahreskreis

Schriftstellen: Jer 31,7–9 / Hebr 5,1–6 / Mk 10,46–52

Schriftlesung: Nach Mk 10,46–52

Jesus kam mit seinen Freunden nach Jericho. Als er mit seinen Jüngern und einer großen Menschenmenge Jericho wieder verließ und durch das Stadttor gehen wollte, saß an der Straße ein blinder Bettler, Bartimäus. Als Bartimäus hörte, dass Jesus in der Nähe war, rief er laut: »Jesus, hab Erbarmen mit mir!«
Die Leute um ihn herum wurden ärgerlich und sagten: »Sei endlich ruhig!« Er aber schrie noch viel lauter: »Jesus, hab Erbarmen mit mir!« Das hörte Jesus. Er blieb stehen und sagte: »Ruft ihn her!« Sie riefen den Blinden und sagten zu ihm: »Hab nur Mut, steh auf, er ruft dich.« Da warf Bartimäus seinen Mantel weg, sprang auf und lief auf Jesus zu. Und Jesus fragte ihn: »Was willst du von mir?« Der Blinde antwortete: »Herr, ich möchte wieder sehen können.« Da sagte Jesus zu ihm: »Geh! Dein Glaube hat dir geholfen.« Im gleichen Augenblick konnte er wieder sehen, und er folgte Jesus auf seinem Weg.

Thematische Stichworte

Blind sein / Sehen können

Liedvorschläge für die Altersgruppen

3–6: Hände, die schenken (SL 158)
7–13: Blinde bleiben blind (SL 103)

Gestaltung der Mitte

Ein Tuch mit einer Jesuskerze

Ausmalvorlage

3 bis 6 Jahre

Gebet
Guter Gott, nicht sehen können ist schlimm.
Es ist dunkel.
Das Licht kommt nicht von außen.
Es muss dann von innen kommen.
Zeige uns das Licht. Amen.

Gestaltung zum Evangelium
Vor oder nach der Geschichte mit den Kindern spielen und nachempfinden, wie es ist, wenn man nicht sehen kann (einem Kind die Augen verbinden, ein anderes Kind führt es).

Text:	*Gestaltung:*
Hier seht ihr ein Tor. Durch dieses Tor können Menschen in die Stadt hinein und wieder aus ihr herausgehen. Die Stadt heißt Jericho.	*Ein Tor aus braunen Tüchern wird gelegt.*
Eine Straße führt durch das Tor.	*Mit Seilen wird eine Straße angedeutet, die durch das Stadttor führt.*
An dieser Straße sitzt Bartimäus.	*Eine kleine Kerze wird in die Nähe des Stadttors gestellt, aber nicht angezündet.*
Bartimäus ist krank. Er ist blind. Er kann nichts sehen.	*Um die kleine Kerze herum wird ein schwarzes Tuch (oder Tuchstreifen) gelegt.*
Jesus kommt aus der Stadt.	*Eine große Jesuskerze wird an das eine Ende der Straße gelegt.*
Um ihn herum sind viele Menschen. Seine Freunde, aber auch viele Menschen aus der Stadt, die Jesus sehen möchten.	*Bunte Tücher werden um die Jesuskerze gelegt.*
Bartimäus hört, dass Jesus näher kommt. Er beginnt zu rufen: »Jesus! Jesus!« Die Leute sagen: »Sei still! Du bist nicht wichtig!«	*Die Jesuskerze wird näher zu der kleinen Kerze von Jesus gestellt. Bunte Tüchter werden zwischen »Bartimäus« und »Jesus« gelegt.*
Jesus hört Bartimäus rufen. Er sagt zu den Leuten: »Bringt ihn zu mir!« Die Leute sagen zu Bartimäus: »Jesus ruft dich! Du sollst zu ihm kommen.« Bartimäus wirft seinen dunklen Mantel weg und lässt sich zu Jesus bringen.	*Die Kerze von Bartimäus wird näher zu Jesus gestellt, aus dem schwarzen Tuchkreis heraus.*
Jesus fragt Bartimäus: »Was willst du von mir?« Bartimäus sagt: »Herr, ich möchte wieder sehen können.« Jesus sagt: »Weil du Gott sehr lieb hast und einen starken Glauben in dir trägst, wird geschehen, was du dir so sehr wünschst.« Da kann Bartimäus wieder sehen und er geht mit Jesus und seinen Freunden.	*Die Kerze von Bartimäus wird an der Jesuskerze entzündet und direkt neben die Jesuskerze gestellt.*

7 bis 10 Jahre

Gebet
Herr Jesus, du hilfst den Menschen,
die in Not sind.
Aber immer sagst du:
Dein Glaube ist es, der dir hilft.
Bitte, schenke uns einen starken Glauben.
Amen.

Schriftlesung

Wahrnehmungsübung: Sehen
Die Mitte ist mit Blumen und einer Kerze gestaltet. Die Kinder sitzen im Raum verteilt. L spricht:
Wir werden still und schließen die Augen.
Wir lassen alles hinter uns,
was uns bewegt hat an diesem Tag.
Wenn wir uns frei und leer fühlen,
öffnen wir die Augen und
schauen uns unsere Umgebung bewusst an:
den Raum, die Menschen, die Dinge.
Vielleicht fällt uns etwas auf im Raum.
Wir gehen näher heran und schauen es an:
die Form, die Struktur der Oberfläche.
Wenn wir es genau betrachtet haben,
gehen wir zurück auf unseren Platz
und schließen die Augen.
Wenn wir sie wieder öffnen,
bleiben unsere Augen
an einem anderen Gegenstand hängen.
Auf den gehen wir wieder zu
und betrachten ihn genau.

Nach einer Weile fordert L alle Kinder auf, sich wieder hinzusetzen. L spricht:

Wir haben viele Dinge
in diesem Raum wahrgenommen.
Vielleicht möchte jemand erzählen,
was er, was sie gesehen hat.
(Darauf achten, dass die Kinder genauer beschreiben.)

Jetzt schließen wir die Augen.
Wir überlegen:
Wir haben nur einige Dinge
hier in diesem Raum
wahrgenommen und angeschaut.
In der Welt gibt es noch Millionen
andere Dinge und Wunder zu sehen.
Was wäre, wenn wir das alles
nicht mit unseren Augen sehen?

Stille und anschließend Austausch

Im Gespräch kann dann noch herausgearbeitet werden, dass wir oft blind sind, obwohl wir mit unseren Augen sehen können. Wann haben die Kinder das schon einmal erlebt?

11 bis 13 Jahre

Gebet

Herr, guter Gott,
du hast uns Augen gegeben,
damit wir sehen können.
Blind sein ist schlimm.
Wir sind manchmal blind und sehen nichts,
obwohl wir Augen haben,
die etwas erkennen können.
Hilf uns, die Augen für die Not
der Menschen zu öffnen. Amen.

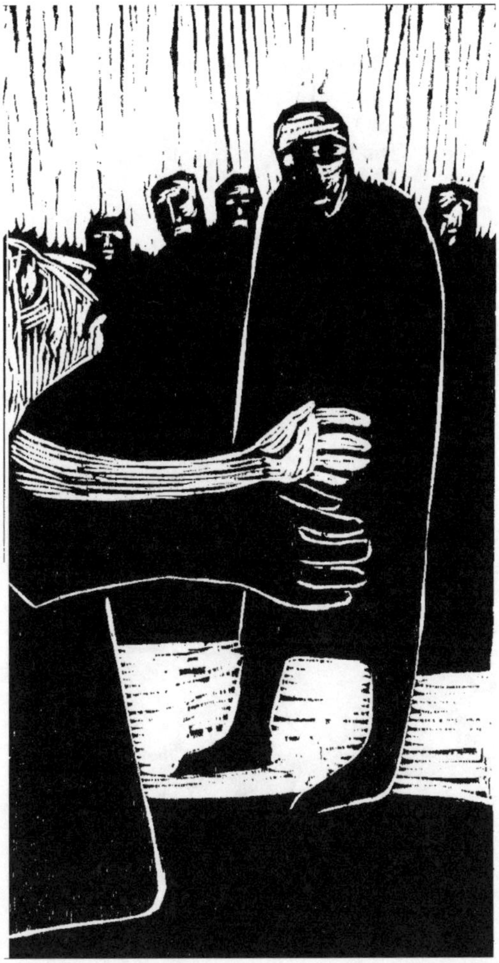

Schriftlesung

Bildbetrachtung und Text: Blind

Aus dem Dunkel
ans Licht wollen,
zum Wegkreuz
mehr kriechen
als gehen,
stundenlang warten,
ehe der kommt,
der die Wunder vollbringt.
Dann hineinhorchen
in das Stimmengewirr,
den heraushören, an den sich
die ganze Hoffnung klammert,
sich bemerkbar machen,
rufen, aufschreien,
als Störenfried weggeschubst werden.
Diesmal keinen Erfolg haben,
sich wieder auf den Heimweg machen,
auch ein blindes Huhn
findet einmal ein goldenes Korn.
Dann wieder Stimmen, die gesuchte
ist ganz nah jetzt und fragt.
Und das »Bring mir Licht« bricht
heraus aus dem Blinden.
Feuer fällt in erloschene Augen,
tausendfaches Feuer,
quälend, schmerzend, dann beglückend.
Geblendet noch wird er seinen Dank
in das Staunen der Menschen geben.
Dem der Dank gilt, wird fort sein.

Paul Reding

Aus: Paul Reding, Nebenan ist Jericho, Verlag Butzon & Bercker, Kevelaer 1976
Bildrechte: © VG Bild-Kunst, Bonn 1999

31. Sonntag im Jahreskreis

Schriftstellen: Dtn 6,2–6 / Hebr 7,23–28 / Mk 12,28b–34

Schriftlesung: Nach Mk 12,28b–34
Ein Schriftgelehrter, der Jesus schon länger zugehört hatte, ging zu Jesus und fragte ihn: »Welches Gebot ist das erste von allen?«
Jesus antwortete: Das erste ist: Höre, Israel, der Herr, unser Gott, ist der einzige Herr. Darum sollst du den Herrn, deinen Gott, lieben mit ganzem Herzen und ganzer Seele, mit all deinen Gedanken und all deiner Kraft. Als zweites kommt hinzu: Du sollst deinen Nächsten lieben wie dich selbst. Kein anderes Gebot ist größer als diese beiden.«
Da sagte der Schriftgelehrte zu ihm: »Sehr gut, Meister! Ganz richtig hast du gesagt: Er allein ist der Herr, und es gibt keinen anderen außer ihm, und ihn mit ganzem Herzen, ganzem Verstand und ganzer Kraft zu lieben und den Nächsten zu lieben wie sich selbst, ist weit mehr als alle Brandopfer und anderen Opfer.«
Jesus sah, dass er mit Verständnis geantwortet hatte, und sagte zu ihm: »Du bist nicht fern vom Reich Gottes.« Und keiner wagte es, Jesus eine Frage zu stellen.

Thematische Stichworte
Hauptgebot der Gottes- und Nächstenliebe / Reich Gottes

Liedvorschläge für die Altersgruppen
3–6: Gottes Liebe ist so wunderbar (S. 133)
7–10: Ins Wasser fällt ein Stein (SL 150)
11–13: Ein Gott des Feuers (S. 143)

Gestaltung der Mitte
Eine Sonne auf einem roten Tuch

Ausmalvorlage

3 bis 6 Jahre

Gebet
Guter Gott, Jesus sagt:
Es gibt nichts Wichtigeres,
als dich lieb zu haben.
Dann haben wir auch
die anderen Menschen lieb.
Hilf uns dabei. Amen.

Schriftlesung

Worauf wir achten sollen:
Gestaltung und Gespräch
Die Kinder erzählen anhand der Bilder, wie wir Gott lieben und ehren können.

Gott möchte unser Freund sein. Er möchte, dass wir ihn lieb haben.

Gott möchte unser Freund sein. Er möchte, dass wir seine Schöpfung, Pflanzen und Tiere achten und pflegen.

Gott möchte unser Freund sein. Er möchte, dass wir zu den Menschen, mit denen wir leben, gut sind.

Gott möchte unser Freund sein. Er möchte, dass wir zu uns selbst gut sind.

7 bis 10 Jahre

Gebet
Guter Gott, du gibst uns Gebote,
damit wir gut und richtig leben.
Hilf uns, dass wir dich nie vergessen. Amen.

Schriftlesung

Gewissenskompass
Das Hauptgebot der Gottes- und Nächstenliebe auf einen Zettel schreiben und in die Sonne in der Mitte legen:

»Du sollst den Herrn, deinen Gott, lieben mit ganzem Herzen und ganzer Seele, mit all deinen Gedanken und all deiner Kraft. Du sollst den Nächsten lieben wie dich selbst.«
Um die Sonne vier Bögen Papier legen mit den Stichworten: Gott / Mitmenschen / Schöpfung / Ich selbst. Gemeinsam überlegen, worauf wir achten sollten, damit Gottes Gebot befolgt wird. Jedem Kind das untere Schema kopieren und es persönlich eintragen lassen, was besprochen wurde.

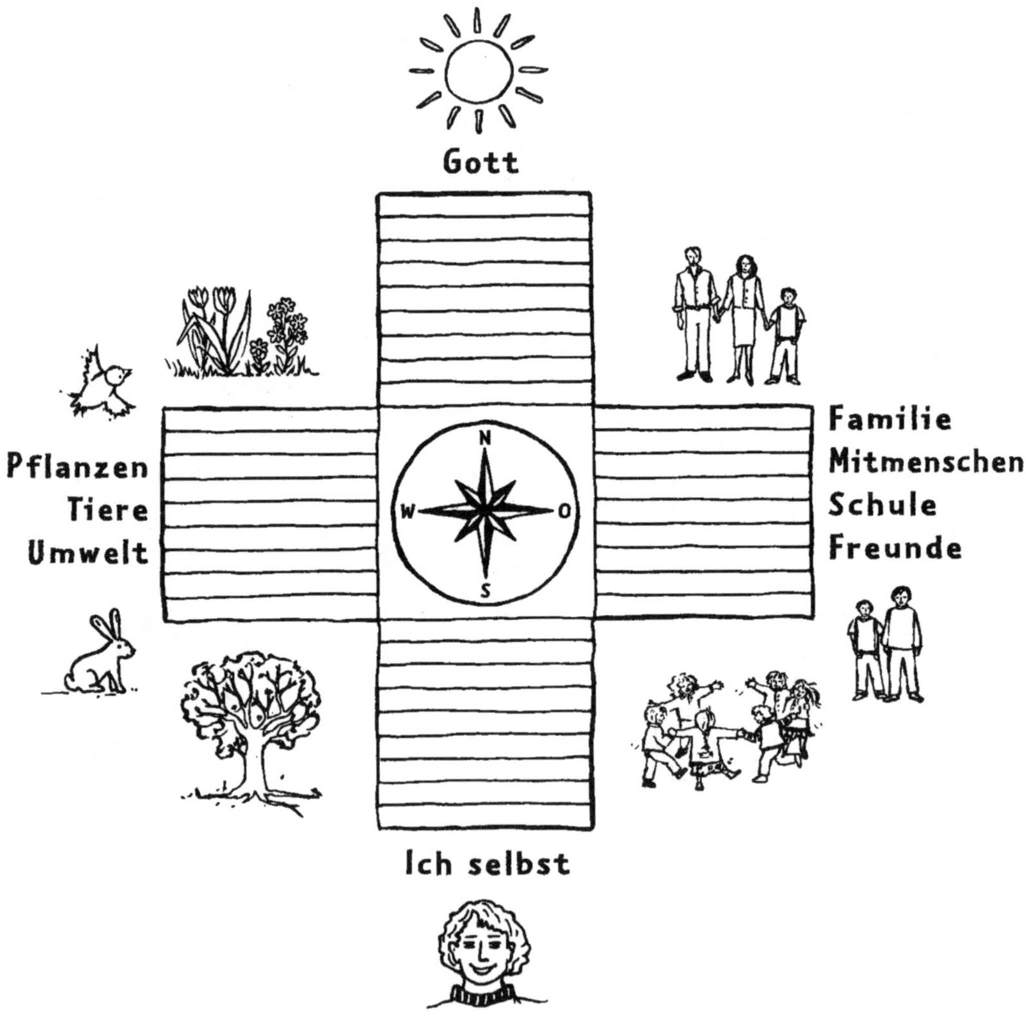

11 bis 13 Jahre

Gebet

Guter Gott, dein wichtigstes Gebot heißt:
Wir sollen dich lieben.
Wir sollen unsere Nächsten lieben.
Wir sollen uns selbst lieben.
Hilf uns dabei. Amen.

Schriftlesung

Die vier Richtungen unseres Lebens

Miteinander über die vier Richtungen des Lebens sprechen. Jedes Kind trägt für sich ein, was es verstanden hat und wie es dementsprechend handeln bzw. nicht handeln sollte. Gemeinsam kann aus Bildern, Texten, Zeitungsausschnitten auch eine Collage erstellt werden.

Gott, wenn wir dich lieben, dann müssen wir an dich denken.

Wir tun es, wenn	**Wir tun es nicht, wenn**

Gott, wenn wir dich lieben, dann müssen wir deine Schöpfung achten und ehren.

Wir tun es, wenn	**Wir tun es nicht, wenn**

Gott, wenn wir dich lieben, dann müssen wir auch gut zu den Menschen um uns sein.

Wir tun es, wenn	**Wir tun es nicht, wenn**

Gott, wenn wir dich lieben, dann müssen wir uns selbst auch annehmen und gern haben.

Wir tun es, wenn	**Wir tun es nicht, wenn**

32. Sonntag im Jahreskreis

Schriftstellen: 1 Kön 17,10–16 / Hebr 9,24–28 / Mk 12,38–44

Schriftlesung: Nach Mk 12,38–44

Jesus sprach zu seinen Freunden und sagte: »Nehmt euch in Acht vor den Schriftgelehrten! Sie gehen gern in kostbaren Gewändern umher. Sie lassen sich gerne auf den Straßen und Plätzen grüßen. Sie wollen im Gotteshaus die vordersten Plätze und bei jedem Festmahl die Ehrenplätze haben.

Sie betrügen die Armen um ihr Geld und die Witwen um ihre Häuser. Sie tun so, als seien sie fromm und verrichten in ihrer Scheinheiligkeit lange Gebete. Aber umso härter wird das Urteil sein, das sie erwartet.«

Als Jesus einmal dem Opferkasten gegenübersaß, sah er zu, wie die Leute Geld in den Kasten warfen. Viele Reiche kamen und gaben viel. Da kam auch eine arme Witwe und warf zwei kleine Münzen hinein. Er rief seine Jünger zu sich und sagte: »Amen, ich sage euch: Diese arme Witwe hat mehr in den Opferkasten hineingeworfen als alle anderen. Denn alle haben nur etwas von ihrem Überfluss gegeben; diese Frau aber, die kaum das Nötigste zum Leben hat, hat alles gegeben, was sie besaß, ihren ganzen Lebensunterhalt.«

Thematische Stichworte

Teilen / Opfern / Abgeben

Liedvorschläge für die Altersgruppen

3–6: Alles, was wir haben (SL 52)
7–13: Wenn jeder gibt, was er hat (SL 53)

Gestaltung der Mitte

Auf einem Tuch Spielgeld: 1 Pfennig und viele große Scheine

Ausmalvorlage

3 bis 6 Jahre

Gebet

Guter Gott, du sagst uns:
Teilt mit denen, die nichts haben.
Gebt ab von dem Vielen.
Hilf uns, dass wir es lernen.
Amen.

Schriftlesung

Geschichte: Sterntaler

Es war einmal ein kleines Mädchen. Es hatte keinen Vater und keine Mutter mehr. Die waren tot.

Das Mädchen war so arm, dass es kein Zimmer mehr hatte, in dem es wohnen konnte. Es hatte auch kein Bettchen, um darin zu schlafen. Es hatte nur noch die Kleider auf dem Leib und ein Stückchen Brot in der Hand, das ihm ein guter Mensch geschenkt hatte. Das Mädchen war gut und vertraute auf Gott. Und weil es von aller Welt verlassen war, ging es im Vertrauen auf den lieben Gott hinaus ins Feld.

Da begegnete ihm ein armer Mann, der sprach: »Ach, gib mir etwas zu essen, ich bin so hungrig.« Es reichte ihm das ganze Stückchen Brot und sagte: »Gott segne dir's«, und ging weiter.

Da kam ein Kind, das jammerte und sprach: »Es friert mich so an meinem Kopf, schenk mir etwas, womit ich ihn bedecken kann.« Da tat es seine Mütze ab und gab sie ihm.

Und als es noch eine Weile gegangen war, kam wieder ein Kind und hatte keinen Pullover an und fror. Da gab es ihm seins; und noch weiter; da bat eins um ein Röcklein, das gab es auch von sich.

Endlich gelangte es in einen Wald, und es war schon dunkel geworden; da kam noch eins und bat um ein Hemdlein, und das fromme Mädchen dachte: Es ist dunkle Nacht, da sieht dich niemand, du kannst wohl dein Hemd weggeben, und zog das Hemd ab und gab es auch noch hin.

Und wie das Mädchen so stand und gar nichts mehr hatte, fielen auf einmal die Sterne vom Himmel und waren lauter blanke Taler – und ob es gleich sein Hemdlein weggegeben, so hatte es ein neues an, und das war vom allerfeinsten Leinen. Da sammelte es sich die Taler hinein und war reich für sein Lebtag.

Nach einem Märchen der Brüder Grimm

Goldsterne basteln

Material: Goldpapier, Scheren, Pappe, Stifte

Die Sterne auf der nächsten Seite als Schablonen mit dickerer Pappe anfertigen. Die Umrisse auf das Goldpapier übertragen und die einzelnen Vierecke um die Sterne ausschneiden. Jedes Kind erhält dann einen Stern, um ihn auszuschneiden.

Die Geschichte nachspielen

Gemeinsam überlegen, welche Personen in der Geschichte vorkommen. Die einzelnen Rollen verteilen. Die Kinder mit Tüchern verkleiden, dann die Geschichte vorlesen und nachspielen.

Gespräch zur Geschichte

Miteinander überlegen, was die Kinder von dem, was sie haben, abgeben können. Die Verbindung zum Schrifttext herstellen, evtl. mit dem Spielgeld in der Mitte veranschaulichen. (Von den vielen großen Scheinen wird einer in einen Korb gelegt und es bleiben noch viele übrig. Der eine Pfennig wird in den Korb gelegt und nichts bleibt übrig.)

7 bis 10 Jahre

Gebet
Herr, guter Gott, wir haben alles,
was wir zum Leben brauchen.
Wir könnten gut etwas abgeben.
Aber wir wollen meistens alles behalten.
Zeige uns, was wirklich wichtig
für unser Leben ist. Amen.

Schriftlesung

Geschichte: Sterntaler
(siehe Seite 237)

Sterntaler zum Verschenken
In die ersten drei Sterne wird hineingeschrieben, was das Kind verschenkt. In die anderen Sterne schreiben die Kinder, was sie selbst verschenken können (evtl. noch mehr Sterne zum Ausfüllen kopieren).

11 bis 13 Jahre

Gebet
Guter Gott, wir gehören
zu den wenigen Menschen auf der Welt,
denen es richtig gut geht.
Hilf uns, dass wir lernen zu teilen.
Hilf uns, unseren Reichtum
nicht so wichtig zunehmen. Amen.

Schriftlesung

Geschichte von der Kuh und dem Schwein
Ein reicher Mann beklagte sich bei seinem Freund: »Die Menschen mögen mich nicht, sie nennen mich geizig und habsüchtig; dabei habe ich doch in meinem Testament verfügt, dass mein ganzes Vermögen einst einer wohltätigen Institution gehören soll.« Der Freund antwortete ihm: »So höre die Geschichte von der Kuh und dem Schwein: Das Schwein kam zur Kuh und jammerte: ›Die Menschen sprechen immer nur über deine Freundlichkeit. Zugegeben: Du gibst Milch! Doch von mir haben sie viel mehr: Schinken, Speck, Borsten. Und selbst meine Füße verspeisen sie. Und doch hat mich niemand gern. Für alle bin ich bloß das Schwein. Warum?‹ – Die Kuh dachte einen Augenblick nach und sagte dann: ›Vielleicht ist das so, weil ich gebe, während ich noch lebe.‹«

Kurt Bucher

Aus: Kurt Bucher, Wegmarken. Kurze Geschichten als Predigthilfen, rex verlag, Luzern 1980

Geschichte: Ein bisschen Silber
»Rebbe, ich verstehe das nicht. Kommt man zu einem Armen, der ist freundlich und hilft, wo er kann. Kommt man aber zu einem Reichen, der sieht einen nicht mal. Was ist das bloß mit dem Geld?«
Da sagt der Rabbi: »Tritt ans Fenster! Was siehst du?«
»Ich sehe eine Frau mit einem Kind. Und einen Wagen, der zum Markt fährt.«
»Gut. Und jetzt tritt vor den Spiegel. Was siehst du?«
»Nu, Rebbe, was werd' ich sehen? Mich selber.«
»Nun siehst du: Das Fenster ist aus Glas gemacht, und der Spiegel ist aus Glas gemacht. Man braucht bloß ein bisschen Silber dahinterzulegen, schon sieht man nur noch sich selbst.«

Nach Sigismund von Radecki

Geschichtenvergleich
Den Schrifttext und die beiden Geschichten miteinander vergleichen.
Was wird über den Reichtum und das Teilen ausgesagt?
Was sind die wichtigsten Aussagen der drei Geschichten?

Schrifttext	Kuh und Schwein	Silber

33. Sonntag im Jahreskreis

Schriftstellen: Dan 12,1–3 / Hebr 10,11–14.18 / Mk 13,24–32

Schriftlesung: Nach Mk 13,24–32

Jesus erzählte seinen Freunden, wie er sich das Ende der Welt vorstellte, bevor Gottes Reich ganz Wirklichkeit würde. Er sagte: »In jenen Tagen, wenn die große Not vorbei ist, wird sich die Sonne verfinstern, und der Mond wird nicht mehr scheinen; die Sterne werden vom Himmel fallen, und die Kräfte des Himmels werden erschüttert werden. Dann wird man den Sohn Gottes und der Menschen mit großer Macht und Herrlichkeit auf den Wolken kommen sehen. Und er wird die Engel aussenden und die von ihm Auserwählten aus allen vier Windrichtungen zusammenführen, vom Ende der Erde bis zum Ende des Himmels.

Lernt etwas aus dem Vergleich mit dem Feigenbaum! Sobald seine Zweige saftig werden und Blätter treiben, wisst ihr, dass der Sommer nahe ist.

Genauso sollt ihr erkennen, wenn ihr all das geschehen seht, dass das Ende vor der Tür steht. Himmel und Erde werden vergehen, aber meine Worte werden nicht vergehen.

Doch jenen Tag und jene Stunde kennt niemand, auch nicht die Engel im Himmel, nicht einmal der Sohn, sondern nur der Vater.«

Thematische Stichworte

Wiederkunft Christi / Baum / Sonne und Mond / Unordnung / Weltbild / Himmel und Erde

Liedvorschläge für die Altersgruppen

3–6: Gottes Liebe ist so wunderbar (S. 133)
7–10: Der Himmel geht über allen auf (S. 139)
11–13: Wenn der Himmel in unsre Nacht fällt (SL 205)
Ein neuer Himmel (SL 200)

Gestaltung der Mitte

Blaues Tuch mit Mond und Sternen

Ausmalvorlage

3 bis 6 Jahre

Gebet
Gott, du schenkst uns vieles.
Wir sehen es oft nicht.
Öffne unsere Augen. Amen.

Schriftlesung

Stilleübung: Wenn Jesus wiederkommt
Alle sitzen im Kreis. In der Mitte liegt unter dem Tuch mit Sonne, Mond und Sternen ein Baum aus Tüchern, mit Blättern und Früchten. Dazwischen eine Jesuskerze, die brennt. L spricht:
Wir schauen in die Mitte.
Wir sehen den Himmel.
Am Himmel sind Sonne, Mond und Sterne.
Wir freuen uns, wenn wir sie sehen.

L legt ein dunkles Tuch über den Himmel.

Jesus sagt:
Wenn ich wiederkomme,
dann wird es erst ganz dunkel.
Man sieht die Sonne nicht mehr.
Man sieht die Sterne nicht mehr
und den Mond.
Aber dann wird es ganz hell,
weil mein Vater, Gott,
allen Menschen Licht ist.
Wir glauben:
Weil Gott uns lieb hat,
fühlen wir uns hell und warm.

L nimmt das dunkle Tuch wieder vom Himmel herunter. L spricht:

Seht den Baum an in der Mitte!
Ihr kennt den Frühling,
wenn die Blätter und die Blüten wachsen.
Den Sommer, in dem die Früchte reifen.
Wenn die Blätter vom Baum fallen,
wissen wir: Es ist Herbst.
Jesus sagt:
Lernt vom Baum. An ihm seht ihr,
welche Jahreszeit es gerade ist.
So sollt ihr auch erkennen,
wenn Gott möchte, dass ihr gut seid.
Seid wach und aufmerksam!
Alle Menschen werden erleben,
wenn ich wiederkomme.
Alles vergeht.
Aber wer bei Gott ist wird immer da sein.

7 bis 10 Jahre

Gebet
Herr Jesus, du beschreibst uns,
wie es am Ende der Zeiten sein wird.
Es ist für uns sehr schwer vorzustellen.
Aber wir wissen,
dass dann Gottes Reich ganz fertig ist.
Hilf uns schon jetzt, dass wir uns
für die Menschen einsetzen. Amen.

Schriftlesung

Verklanglichung der Stilleübung: Wenn Jesus wiederkommt
(siehe Seite 241)

Vorstellung:	***Verklanglichung:***
Der Himmel	*Mit den Fingerkuppen über eine Handtrommel fahren.*
Sonne	*Cymbeln (nicht zu heftig aneinander schlagen)*
Mond	*Ein Schlag auf einer großen Triangel (nicht zu laut)*
Sterne	*Im oberen Winkel einer Triangel schnell hin und her schlagen (leise).*
Es wird dunkel.	*Dumpfe Töne mit Watteschlegeln auf einer großen Pauke oder einer Handtrommel*
Es wird hell.	*Immer lauter werdender Schlag von innen nach außen mit einem Filzschlegel auf dem hängenden Becken*
Weil Gott uns lieb hat, fühlen wir uns hell und warm.	*Eine kleine Melodie auf dem Glockenspiel*
Der Baum	*Eine einfache Melodie auf dem Xylophon*
Der Baum treibt Blätter.	*Das Wachsen mit immer lauter werdenden Rumbarasseln imitieren.*
Blüten kommen.	*Einzelne Töne auf dem Glockenspiel*
Der Baum trägt Früchte.	*Einzelne Töne auf dem Metallophon*
Die Blätter fallen vom Baum.	*Einzelne Töne abwärts auf dem Xylophon*
Der Baum ist kahl.	*Harte Schläge mit den Klanghölzern*
Wer bei Gott ist, wird immer da sein.	*Alle Stabspiele spielen eine Melodie, dazu spielen die Instrumente, die Sonne, Mond und Sterne, Blätter, Blüten und Früchte dargestellt haben.*

11 bis 13 Jahre

Gebet
Guter Gott, du sagst,
wir sollen aufmerksam sein.
Wir sollen die Zeichen der Zeit deuten.
Hilf uns, genau hinzuschauen. Amen.

Schriftlesung

Text: Es kommt ein Tag
Es kommt ein Tag
nach allen Tagen
dieser alten Erde
Tag des Herrn genannt
an dem Gott Schluss macht

Schluss macht
mit der Macht der Mächtigen
über die Angst der Schwachen

Schluss macht
mit dem Weinen der Kinder
weil die Mutter kein Brot hat

Schluss macht
mit dem Stöhnen der Gefolterten
und dem Sadismus ihrer Peiniger

Schluss macht
mit dem Gleichgewicht des Schreckens
und dem Verbrennen seiner guten Erde

Schluss macht
mit der Verachtung der Wahrhaftigen
und den gemeinen Intrigen der Lügner

Schluss macht
mit der Verfolgung seiner Kinder
und den Verhören in der Nacht

Dann
wird unsagbare Freude sein
wird helles Lachen herrschen
wird an reichen Tischen gegessen
werden Menschen lallen vor Glück
werden wir sein wie die Träumenden

Jetzt schon
träumen wir
von diesem Land
mit wachen Sinnen
in guter Hoffnung
üben Zukunft ein
widerstehen der Bosheit
und verkünden sein Heil

Johannes Hansen

Rechte unbekannt

Gespräch zum Text
Wie wirkt der Text des Evangeliums auf uns?
Die Stimmung des Evangeliums mit bunten Tüchern in der Mitte nachlegen. Die Kinder dabei frei wählen lassen.
Wir lesen den Text auf dieser Seite. Wir erklären alle Worte, die wir nicht verstehen.
Wir überlegen: Wo geschieht das alles, was im Text genannt ist?
Die Stimmung des Textes mit bunten Tüchern in der Mitte nachlegen. Die Kinder dabei frei wählen lassen.
Gibt es einen Unterschied, gibt es Gemeinsames in beiden Texten?
Zum Text evtl. eine Zeitungscollage erstellen.

Christkönigssonntag

Schriftstellen: Dan 7,2a.13b–14 / Offb 1,5b–8 / **Joh 18,33b–37**

Schriftlesung: Nach Joh 18,33b–37

Jesus war gefangen genommen worden. Er wurde zu Pilatus geführt. Der verhörte Jesus. Er fragte ihn: »Bist du der König der Juden?« Jesus antwortete: »Sagst du das von dir aus, oder haben es dir andere über mich gesagt?« Pilatus entgegnete: »Bin ich denn ein Jude? Dein eigenes Volk und die Hohenpriester haben dich an mich ausgeliefert. Was hast du getan?« Jesus antwortete: »Mein Königtum ist nicht von dieser Welt. Wenn es von dieser Welt wäre, würden meine Leute kämpfen, damit ich den Juden nicht ausgeliefert würde. Aber mein Königtum ist nicht von hier.«
Pilatus sagte zu ihm: »Also bist du doch ein König?« Jesus antwortete: »Du sagst es, ich bin ein König. Ich bin dazu geboren und dazu in die Welt gekommen, dass ich für die Wahrheit Zeugnis ablege. Jeder, der aus der Wahrheit ist, hört auf meine Stimme.«

Thematische Stichworte

Christus, unser König / König sein

Liedvorschläge für die Altersgruppen

3–6: Menschenkinder auf Gottes Erde (SL 307)
7–10: Wir wünschen, dass jedes Kind (SL 287)
11–13: Wir sehen schon die neue Stadt (SL 196)

Gestaltung der Mitte

Eine Krone aus Goldpapier und eine Krone aus Stacheldraht auf einem roten Tuch.

Ausmalvorlage

3 bis 6 Jahre

Gebet
Herr Jesus, du sagst, du bist ein König.
Es ist gut, dass du es bist, der uns lieb hat.
Danke. Amen.

Schriftlesung

Gestaltung: Jesus – der König
Alle sitzen im Kreis. In der Mitte liegt ein rotes Tuch. L spricht:
Ein rotes Tuch ist in der Mitte ausgebreitet.
Rot, so sagen die Menschen,
das bedeutet Liebe.
Sie schenken sich rote Rosen und sagen:
Ich habe dich lieb.
Sie malen rote Herzen
und meinen damit: Ich habe dich lieb.

Rot ist aber auch die Farbe des Blutes.
Das Blut ist Leben.
Es fließt durch unsere Adern.
Wenn du dir weh getan hast und es blutet,
dann siehst du: Blut ist rot.
Das Blut ist unser Lebenssaft.
Aber wenn wir es sehen, denken wir:
Das tut weh.

L legt ein Holzkreuz ohne Korpus auf das rote Tuch.

Ein Kreuz liegt auf dem roten Tuch.
Das Kreuz erinnert uns an Jesus.
Es sagt uns: Jesus hat uns sehr lieb gehabt.
Er hat uns so sehr lieb gehabt,
dass er uns sein Leben schenkte.
Er ist gestorben am Kreuz.
Aber er hat gesagt:
Vergesst nicht, ich habe euch lieb.
Ich bleibe nicht im Grab.
Ich gehe zu Gott, meinem Vater.
Wenn ich das getan habe,
dann könnt auch ihr dahin kommen,
auch wenn ihr tot seid.

L legt eine Krone aus Goldpapier zum Kreuz.

Wir sehen eine Krone.
Jesus sagt: Ich bin ein König.
Die Menschen haben ihn ausgelacht.
Aber Jesus sagt:
Mein Königreich ist bei Gott.
Es ist viel schöner und wunderbarer
als alle Königreiche auf dieser Erde.

7 bis 10 Jahre

Gebet
Herr Jesus, die Menschen
haben dich verspottet.
Sie haben dich geschlagen.
Aber du sagst:
Ich bin ein König.
Aber mein Königtum sieht ganz anders aus,
als ihr es euch vorstellt.
Hilf uns, das zu verstehen. Amen.

Schriftlesung

Besinnungstext: Königskrone – Dornenkrone
In der Mitte liegt ein rotes Tuch. Auf dem Tuch liegt eine Krone aus Goldpapier und eine Krone aus Stacheldraht. L spricht:
Wir sehen auf dem Tuch in der Mitte zwei Kronen liegen.
Die eine sieht so aus,
wie wir uns eine Königskrone vorstellen.
Sie glänzt golden.
Sie erinnert an Reichtum und Pracht.
Sie erinnert an einen prächtigen Königspalast.
Sie erinnert an Macht.
Vielleicht könnt ihr noch mehr sagen, woran euch diese Krone erinnert!

Die Kinder haben die Möglichkeit, eigene Assoziationen zur goldenen Krone zu benennen.

Daneben liegt auch eine Krone.
Sie ist aus Stacheldraht.
Wir stellen uns vor, wir müssten diese Krone auf den Kopf setzen.
Wir spüren die Schmerzen, wenn die Stacheln auf unsere Haut drücken.
Eine Krone aus Dornen hat Jesus getragen.
Die Soldaten haben sie ihm
auf den Kopf gesetzt.
Sie haben Jesus verspottet:
»Du willst ein König sein? Hier hast du deine Krone!«, haben sie gesagt.
Pilatus sieht Jesus.
Er fragt sich: Wie kann dieser gequälte Mann ein König sein?
Er fragt Jesus: Bist du ein König?
Jesus antwortet: Ja, ich bin ein König.
Aber mein Königreich
ist nicht in dieser Welt.
Mein Königreich, größer und kostbarer
als alle Königreiche der Welt,
ist bei Gott.

Kronen basteln
Die Kinder basteln jetzt kleine Kronen aus Goldpapier und kleine Kronen aus Stacheldraht. Sie legen ihre kleinen Kronen zu den großen Kronen in der Mitte.
Jedes Kind, das eine Krone in die Mitte legt, formuliert einen Dank für etwas, das unser Leben hell und froh macht, wenn es eine goldene Krone ist, und eine Bitte für etwas, das schlecht oder unrecht in unserer Welt ist, wenn es eine Dornenkrone ist. Nach jedem Dank bzw. nach jeder Bitte einen entsprechenden Liedruf singen (z. B. ein »Herr erbarme dich« oder den Refrain von SL 232).

11 bis 13 Jahre

Gebet

Herr Jesus Christus,
dein Königtum ist das Königtum,
das Gott will.
Uns Menschen fällt es schwer,
das zu begreifen.
Kein Königtum mit Pracht und Reichtum,
sondern eines, das nur das Gute
für die anderen Menschen will.
Hilf uns, das zu verstehen. Amen.

Schriftlesung

Geschichte: Der weise König

Alexander aus Mazedonien kam einst in eine entlegene, goldreiche Provinz von Afrika; die Einwohner gingen ihm entgegen und brachten ihm Schalen dar, voll goldner Äpfel und Früchte. »Esst ihr diese Früchte bei euch?«, sprach Alexander. »Ich bin nicht gekommen, eure Reichtümer zu sehen, sondern von euren Sitten zu lernen.« Da führten sie ihn auf den Markt, wo ihr König Gericht hielt.

Eben trat ein Bürger vor und sprach: »Ich kaufte, o König, von diesem Manne einen Sack voll Spreu und habe einen ansehnlichen Schatz in ihm gefunden. Die Spreu ist mein, aber nicht das Geld, und dieser Mann will es nicht wiedernehmen. Sprich zu ihm, o König, denn es ist das Seine.«

Und sein Gegner, auch ein Bürger des Ortes, antwortete: »Du fürchtest dich, etwas Unrechtes zu behalten; und ich sollte mich nicht fürchten, ein solches von dir zu nehmen? Ich habe dir den Sack verkauft nebst allem, was drinnen ist, behalte das deine. Sprich ihm zu, o König.«

Der König fragte den Ersten, ob er einen Sohn habe. Er antwortete: »Ja.« Er fragte den anderen, ob er eine Tochter habe, und bekam Ja zur Antwort.

»Wohlan«, sprach der König, »ihr seid beide rechtschaffene Leute: verheiratet eure Kinder untereinander und gebt ihnen den gefundenen Schatz zur Hochzeitsgabe; das ist meine Entscheidung.«

Alexander erstaunte, da er diesen Ausspruch hörte. »Habe ich unrecht gerichtet«, sprach der König des fernen Landes, »dass du also erstaunest?« »Mitnichten«, antwortete Alexander, »aber in unserem Lande würde man anders richten.« »Und wie denn?«, fragte der afrikanische König. »Beide Streitenden«, sprach Alexander, »verlören ihre Häupter, und der Schatz käme in die Hände des Königs.«

Da schlug der König die Hände zusammen und sprach: »Scheint denn bei euch auch die Sonne? Und lässt der Himmel noch auf euch regnen?« Alexander antwortete: »Ja.« »So muss es«, fuhr der König fort, »der unschuldigen Tiere wegen sein, die in eurem Lande leben: denn über solche Menschen sollte keine Sonne scheinen, kein Himmel regnen.«

Johann Gottlieb Herder

Rollenspiel zur Geschichte

Ein Kind spielt den König bzw. die Königin. Die anderen Kinder überlegen sich eine Situation, in der sie Unstimmigkeiten oder Streit hatten. Sie erzählen dem »König« bzw. der »Königin« den Vorfall. Diese/r muss dann versuchen, »Recht« zu sprechen, so gut er/sie das vermag. Anschließend Rollenwechsel. Über die unterschiedlichen Richtersprüche miteinander reden, andere Vorschläge einbringen usw.

Schlussfrage: Jesus ist ein König. Wie würde er entscheiden?

Verzeichnis der Lieder